„… ÜBERALL, IN DEN KÖPFEN UND FÄUSTEN"

W0049140

„… ÜBERALL, IN DEN KÖPFEN UND FÄUSTEN"

Auf der Suche nach Ursachen und Konsequenzen
von Gewalt

Herausgegeben von
HANS THIERSCH, JÜRGEN WERTHEIMER
und
KLAUS GRUNWALD

WISSENSCHAFTLICHE BUCHGESELLSCHAFT
DARMSTADT

Einbandbild:
Eva Becker-Stähle, Ellen Padutsch, Monika Schrimpf, Karin Wichert
Reaktion. Studenten/Studentinnen der FH Darmstadt gegen Fremdenhaß

Die Deutsche Bibliothek – CIP-Einheitsaufnahme

„… überall, in den Köpfen und Fäusten":
auf der Suche nach Ursachen und Konsequenzen
von Gewalt / hrsg. von Hans Thiersch … –
Darmstadt: Wiss. Buchges., 1994
   (WB-Forum; 90)
   ISBN 3-534-80172-5
NE: Thiersch, Hans [Hrsg.]; GT

© 1994 by Wissenschaftliche Buchgesellschaft, Darmstadt
Gedruckt auf säurefreiem und alterungsbeständigem Werkdruckpapier
Gesamtherstellung: Wissenschaftliche Buchgesellschaft, Darmstadt
Printed in Germany
Schrift: Wilke, 9.5/10.5

ISBN 3-534-80172-5

Inhalt

Vorwort der Herausgeber VII

Hans Thiersch
Gewalt – Bemerkungen zur gegenwärtigen Diskussion   1

Otto Backes
Strafrecht und Gewalt 23

Hans-Jürgen Kerner
**Auf amtlichen Spuren der Gewalt – Realitätsbilder
staatlicher Gewaltkommissionen in Deutschland** . . 39

Wolfgang Thierse
Wege aus der Gewalt 71

Birgit Rommelspacher
Frauen und Rassismus – Im Widerspruch zwischen Diskriminierung und Dominanz 83

Lothar Böhnisch
Ist Gewalt männlich? 103

Jürgen Wertheimer
**Elitäre Grausamkeit – Literatur und Kunst als Ort der
Gewalt** 114

Ute Gerhard
**Diskurstheoretische Überlegungen zu Strategien des
Rassismus in Medien und Politik – Flüchtlinge und**

Zuwanderer in Deutschland als wiederkehrendes
Thema im 20. Jahrhundert 138

Gunter Klosinski
Intrafamiliale Gewalt 153

Reinmar du Bois
Mißhandelte Eltern – Analyse einer Umfrage 169

Walther Specht
**Jugendliche Gewalt – Hintergründe und Handlungs-
ansätze** 182

Hartmut Gabler
**Gewalt, Jugend und Sport – Ein sportspezifisches oder
ein allgemeines gesellschaftliches Phänomen?** . . . 195

Autorenbibliographie 217

Vorwort der Herausgeber

Gewalttätigkeiten gegen Ausländer, gegen Schwächere, Gewalttätigkeiten im Kontext rechtsextremistischer und rassistischer Einstellungen stehen zur Zeit im Mittelpunkt öffentlicher Diskussion. Sie stellen die bedrohliche Frage nach der Stabilität und Integrationskraft einer Gesellschaft, die mit Orientierungskrisen, wirtschaftlicher Rezession und den Folgeproblemen der Vereinigung okkupiert ist.

Diese zur Zeit so brisante Diskussion aber darf nicht für sich isoliert geführt werden; sie ist eingebettet in jene allgemeinere, weitere Gewaltdiskussion, die in den letzten Jahren mit großer Intensität geführt wurde. Sie hat die Frage der Gewaltdefinition thematisiert und vor allem Erscheinungsformen, Ursachen und Konsequenzen von Gewalttätigkeiten in den unterschiedlichen Lebensbereichen von Recht, von Familie und Schule, von Medien und Kunst, von Sport analysiert. Der aktuelle und zugleich erweiterte Gewaltdiskurs ist Gegenstand des vorliegenden Bandes, der auf einer interdisziplinären Vortragsreihe des Tübinger Studium Generale beruht.

In den Erörterungen zu den unterschiedlichen Erscheinungsweisen und Hintergründen von Gewalt kann es nicht einfach um den Gestus moralischer Verurteilung gehen, sondern darum, den Blick zu schärfen für eher verdeckte Dunkelzonen im gesellschaftlichen Kontext.

Unter dem Titel ›Gewalt – Bemerkungen zur gegenwärtigen Diskussion‹ erörtert **Hans Thiersch** einleitend Probleme des derzeitigen öffentlichen Gewaltdiskurses und einer engeren und weiterer Definition des Gewaltbegriffs und der Motivation im Gewalthandeln.

In seinem Beitrag ›Strafrecht und Gewalt‹ verhandelt **Otto Backes** die unterschiedlichen Funktionen von Recht und Rechtsprechung in verschiedenen Konfliktzonen, z. B. der mißglückten Sozialisation oder der Gewalt von rechts.

Hans-Jürgen Kerner nimmt in ›Auf amtlichen Spuren der Gewalt‹ die in jüngster Zeit erstaunlich vernachlässigte, aber dringliche Diskussion zwischen der Gewaltkommission der Bundesregierung, ihren Kritikern und den Konzepten anderer offizieller Gewaltberichte auf und bestimmt im abwägenden Gegeneinander die Unterschiedlichkeit möglicher Positionen.

Wolfgang Thierse begründet in seinem Beitrag ›Wege aus der Gewalt‹ die gegenwärtigen Gewaltprobleme in der Unterschiedlichkeit der deutschen Geschichte und fragt nach den notwendigen Konsequenzen für eine Politik, die sich einer Gesellschaft nach menschlichem Maß verpflichtet weiß.

Birgit Rommelspacher analysiert unter der Überschrift ›Frauen und Rassismus – Im Widerspruch zwischen Diskriminierung und Dominanz‹ die geschlechtsspezifischen Verwerfungen zwischen Gewalttätigkeit und Rassismus und fragt selbstkritisch nach den Grenzen feministischer Konzepte angesichts des Widerspruchs von Macht und Unterdrückung in weiblichen Lebenszusammenhängen.

Unter der Frage ›Ist Gewalt männlich?‹ differenziert **Lothar Böhnisch** patriarchalische Gesellschaftsstruktur und männliche Sozialisation und deckt in der Kombination psychoanalytischer, sozialisationstheoretischer und anomietheoretischer Konzepte verborgene Ängste und Hilflosigkeit im typisch männlichen Verhalten auf und analysiert vor allem jene Verdrängung, die sich als Gewalt ausagiert.

In seinem Beitrag ›Elitäre Grausamkeit – Literatur und Kunst als Ort der Gewalt‹ entwirft **Jürgen Wertheimer** das Bild einer Gesellschaft, deren mentale Gespaltenheit sich im profit- und lustorientierten Wechselspiel zwischen moralischer Verurteilung und ästhetischem Genuß von Gewaltszenarien kundtut.

Ute Gerhard macht unter dem Titel ›Diskurstheoretische Überlegungen zu Strategien des Rassismus in Medien und Politik‹ deutlich, wie sehr das Faktum der Eigenart von Ausländern hergestellt wird durch Sprachfiguren, in denen alte und tief verwurzelte Typisierungen von Zugehörigkeit, Bedrohtheit und Ausschließung in immer neuen historischen Situationen in gleicher Weise benutzt werden.

Gunter Klosinski entwirft in ›Intrafamiliale Gewalt‹, gestützt durch vielfältige empirische Belege, das weitgefächerte und differenzierte Panorama familialer Gewaltverhältnisse und akzentuiert Probleme des psychiatrisch-therapeutischen Umgangs.

Reinmar du Bois beschreibt und analysiert in ›Mißhandelte Eltern – Analyse einer Umfrage‹ das neuerdings zunehmend beachtete, dem allgemeinen Diskussionstrend zuwiderlaufende Phänomen der Battered Parents in Fallgeschichten und Ergebnissen einer eigenen Untersuchung.

Walther Specht widmet sich unter der Überschrift ›Jugendliche Gewalt – Hintergründe und Handlungsansätze‹ den gewaltorientierten, rechtsextremen Cliquen und skizziert vor dem Hintergrund von Ansätzen zur Rekonstruktion ihres Verhaltens das Konzept einer mobilen Jugendarbeit, die sich auf Cliquen in ihrem Lebensfeld einläßt, um mit ihnen mögliche produktive Handlungsalternativen zu entdecken.

Hartmut Gabler verhandelt in seinem Beitrag ›Gewalt, Jugend und Sport – Ein sportspezifisches oder ein allgemeines gesellschaftliches Phänomen?‹ Gewalt in verschiedenen Sportarten, der Berichterstattung in den Medien und am Rande sportlicher Aktivitäten.

Wir danken Mathias Hamberger und Michael Hager, die uns bei der Endkorrektur der Texte halfen.

Hans Thiersch

Gewalt –
Bemerkungen zur gegenwärtigen Diskussion

Die Erde ist gezeichnet von Gewalt, von Gewalt zwischen Völkern und Volksstämmen, von Gewalt gegen Arme, von Gewalt gegen Vertriebene, Heimatlose und Andersdenkende, von Aufruhr, Terror und Folter, von Gewalt auch im privaten Raum, Gewalt also gegen Frauen, gegen Kinder, gegen Alte. Das Ausmaß dieser Gewalt ist – die UNO hat gerade wieder daran erinnert – ungeheuerlich.

Dies ist nicht Gegenstand der folgenden Überlegungen. Deren Thema ist Gewalt in Deutschland. Der Hinweis aber auf die Weltverhältnisse scheint mir notwendig, damit wir unsere Probleme relativieren und uns – im Unterschied zu anderen Verhältnissen – bewußt sind, daß die Frage der Gewalt in Deutschland die Frage ist nach Gewalt in einem sehr reichen Land, in einem wohlfahrtsstaatlich gesicherten Land, in einem Land mit stabilen rechtsstaatlichen Institutionen, in einem Land, das das Glück hat, eine wie auch immer belastete, aber doch friedliche Wiedervereinigung hinter sich zu haben. Was aber bedeutet es, daß unser Land Gewalttätigkeiten produziert? Was bedeutet es als Aussage über unsere gesellschaftlichen Verhältnisse und für unsere politischen Prioritäten?

Die derzeitige Diskussion geht aber vor allem um Gewalt gegen Ausländer, also Asylanten und hier ansässige Ausländer, um Gewalt gegen Behinderte, um Gewalt auf der Straße, um die in den letzten Jahren geradezu explodierte Gewalt im rechtsextremen, rassistischen Kontext; sie geht ebenso um Gewalt in den Schulen, um Gewalt in den Familien und gegen Kinder, um Gewalt in den Medien und schließlich um Gewalt in deren unterschiedlichen Ausformungen in den alten und neuen Bundesländern. Die Diskussion dieser sehr vielfältigen und verschiedenartigen Gewalttätigkeiten ist in den letzten Jahren intensiv und zunehmend dramatischer geführt worden. Dies erweckt den Eindruck, als nehme Gewalt überhaupt zu, als werde es gerade zunehmend unsicher in Deutschland, als gerate unser Land in einen Strudel, in dem bewährte und eingefahrene Umgangsformen versagen, in einen Sog neuer Brutalisierung. Aber ist dem so? – Die Frage ist schwieriger zu beantworten, als es angesichts der öffentlichen Diskussion scheint. Die von der Bundesregierung berufene unabhängige Kommission zur Frage von Gewalt und Gewaltprävention (Schwind/Baumann 1992) bilanziert eher zurückhaltend und insistiert darauf, daß Gewalttätigkeiten in den unterschiedlichen Lebensbereichen sehr unterschiedlich verstanden und gewichtet werden müssen.

Gewalt z. B. im privaten Raum der Familie ist nicht das gleiche wie Gewalt im öffentlichen Raum der Schule oder Gewalt auf der Straße, wie Gewalt im Kontext etwa von Demonstrationen oder im Dunstkreis und Kontext rechtsextremer, rassistischer Ideologien, wie Gewalt, schließlich und nicht zuletzt, im Kontext unterschiedlich historisch-gesellschaftlicher Gegebenheiten, also in den alten und in den neuen Bundesländern. Solche Differenzierungen aber können nicht Gegenstand der folgenden, einleitenden und damit notwendig allgemeinen Überlegungen sein; sie werden in den späteren spezielleren Referaten verhandelt. Hier kann es zunächst nur darum gehen, einige Rahmenbedingungen der gegenwärtigen Gewaltszene und Gewaltdiskussion zu skizzieren, die vielleicht einen tragfähigen Rahmen für speziellere Diskussionen abgeben und so vielleicht auch einige gewiß nicht hinreichende, aber doch notwendige Problemzugänge und Klärungen deutlich machen.

1. Die öffentliche Rede von Gewalt

Verdacht erweckt zunächst die Art, in der zur Zeit über Gewalt geredet wird. Intensität und Ubiquität des Gewaltdiskurses nämlich gehen einher mit einem sehr breiten Gewaltbegriff.

Es wird geredet von Gewalt als direkter, tätlicher, physischer Gewalt, aber auch als Drohung mit ihr und als Bereitschaft und Gewilltheit zu ihr, als Gewaltbilligung. Es wird ebenso gehandelt von Gewalt als Vergewaltigung, Zudringlichkeit, Annahme. Es wird gehandelt von Gewalt als psychischer Gewalt, also als psychischer,

2

verbaler, situativer Erpressung, Nötigung, Isolierung, Demütigung. Es wird gehandelt von Gewalt, die in vorgegebenen Lebens-
verhältnissen angesiedelt ist, also in der Situation der Armut, der
Isolierung, der Lebensbedrohlichkeit von Umwelten in Beton-
städten oder Umweltkatastrophen, also von Gewalt in Verhältnissen, von struktureller Gewalt.

Was aber bedeuten diese Facetten von Gewalttätigkeiten? Was
meint, in so vielfältige Formen konkretisiert, Gewalt? Der Begriff
ist breit, vornehm formuliert: vergeistigt, direkter formuliert: diffus
und unscharf. Ist jede Tätlichkeit Gewalt, jede Kränkung, jede Nötigung? Ist jede Unterlegenheit Vergewaltigung? Und: Gibt es nicht
vermeidliche und unvermeidliche Zwänge? Wird die Notwendigkeit dieser Unterscheidung und damit überhaupt der Unterschied
nicht im Zeichen eines so offenen Gewaltbegriffs verwischt?

Die Weite des Gewaltbegriffs erzeugt notwendig Unbehagen:
„Die Erweiterung des Begriffs bezweckt die Generalisierung eines
außerordentlich handlungsrelevanten Symbols, dessen Zuschreibung praktische Folgen hervorruft. Einen Vorgang Gewalt zu
nennen, heißt eine Anklage formulieren und die Schuldfrage mora-
lisieren. Eine Erweiterung des Begriffs vervielfacht diese Folgen
(...). Wird der Gewaltbegriff zu einem 'catch all'-Konzept, das in
Konflikten beliebig hin- und hergeschossen werden kann, dann
führt dies auch in Fällen, die es nicht verdienen, zu einer moralischen Überhitzung dieser Konflikte und die Wahrscheinlichkeit
produktiver Lösungen nimmt ab" (Neidhardt 1986, S.140). Also:
Konflikte werden dramatisiert und überdramatisiert; die überdi-
mensionierte Rede von Gewalt erzeugt den Druck von Notstand
und Panik; es gibt Täter, die in ihrer Gewalttätigkeit gehindert, Situationen, die aufgebrochen werden müssen, es gibt Opfer. Abwehr
und Gegenmaßnahmen werden zwingend und sind gleichsam
selbstverständlich legitimiert. Und: Diese Situation kann sehr gezielt dazu benützt werden, um mit der Schubkraft der Bedrohtheit
mit Entwicklungen abzurechnen, die man zurückdrängen, denun-
zieren und so verhindern will. Also: Auf der Straße brauchen wir
Polizei, in Gerichtsverfahren strenge Urteile und schärfere Gesetze.
Der Staat muß sich endlich wieder trauen, seine Ansprüche und
Rechte deutlich zu machen und durchzusetzen, er muß – so heißt es
dann – sich endlich wieder dazu bekennen, Staat zu sein. In der
Familie ebenso wie in der Schule muß endlich wieder erzogen

werden, müssen Forderungen als Forderungen durchgesetzt werden; daß eine emanzipativ orientierte Erziehung falsch war, wird nun – so heißt es – deutlich: Wo man nämlich versäumt hat, entschieden, deutlich und streng zu erziehen, ist Entartung die notwendige Konsequenz. Gewalt also als Quittung für Emanzipation und Liberalität, als offenkundiges Produkt der Verirrungen der 68er-Intentionen. (Wie interessengeleitet gerade dieses Argument ist, wird nicht nur daran deutlich, daß gerade die 68er-Intentionen für Entwicklungen in der Ex-DDR nicht beigezogen werden können, sondern auch daran, daß – empirisch belegt – sich bei heutigen rechtsextrem motivierten Tätern eher jene rigid-autoritären Familienverhältnisse konstatieren lassen, die von den 68er-Intentionen nicht berührt wurden.) Also: Die Überdramatisierung von Gewalt erlaubt im Zeichen einer gleichsam frei flotierenden Moralisierung Panik und Gewaltgewinne: Der Gewaltdiskurs wird von Gewaltgewinnlern funktionalisiert, um im Sturm dieses Diskurses gesellschaftliche Interessen durchzusetzen, die weit über diesen Diskurs hinausreichen.

Gegenüber einer so gleichsam in Notstandsreaktionen hineingeratenen Diskussion kommt alles darauf an, sich ihrem Sog zu entziehen und nüchtern zu prüfen, was „der Fall ist". Daß der damit gemachte Vorschlag einer Unterscheidung von Rede und Realität nicht erkenntnistheoretisch prinzipiell gemeint sein darf, ist evident. Es gibt keine Gewalt an sich, sondern immer nur eine Rede – ein interpretiertes Bild – von Gewalt; die Unterscheidung meint also – aber darin scheint sie mir notwendig – die Differenz zwischen unterschiedlichem und unterschiedlich belegbarem und plausiblem Reden von Gewalt.

Im folgenden will ich versuchen,

– nach den Hintergründen der heutigen, so offenen Bestimmung des Gewaltbegriffs zu fragen und danach, welche definitorischen Konsequenzen für das Verständnis plausibel sein könnten,

– unterschiedliche individuelle Motivationen und Funktionen von Gewalttätigkeit zu erörtern und damit die Frage nach den Bewertungsmöglichkeiten von Gewalt, die Frage also nach ihrer „Moral" zur Diskussion zu stellen und schließlich

– nach strukturellen Bedingungen in der heutigen Gesellschaft zu fragen, die Gewalthandeln provozieren und begünstigen.

4

2. Formen der Gewalttätigkeit in der modernen Gesellschaft

Ein Ansatz, um die Diskussion zu klären, sind Vorschläge, die Definition zu präzisieren. So wird neuerdings mit Nachdruck für einen eingeschränkten, restriktiven Gewaltbegriff plädiert: Gewalt als unmittelbare, tätliche, körperliche Schädigung von Personen und Sachen. Damit ist – so heißt es – die Möglichkeit gegeben, die Eigensinnigkeit von Gewalthandeln zu fassen: Es könne nämlich aus der Eigenart körperlich-sozialer Beziehungen bestimmt werden. In der werde der Angriff direkt, unerbittlich, gleichsam an und für sich geführt.

So plausibel aber nun eine solche dem Objektiven angenäherte Definition von Gewalt ist – und sie bestimmt auch den gleichsam harten Kern vieler Darstellungen –, so muß doch gegengefragt werden, ob sie im heutigen Kontext hinreicht, warum unsere Diskussion den Gewaltbegriff so offen verwendet. Helge Peters konstatiert: „Bedauerlich ist, daß die Begriffsentgrenzungs-Tendenzen vor allem als Störungen wissenschaftlicher Gewaltanalyse und nicht als deren Gegenstand definiert werden" (Peters 1993). Also: Was bedeutet es, wenn Gewalt so eingeschränkt wird? Was ist das Problem, das sich hinter der heutigen ausgeweiteten Sprachpraxis zur Gewalt verrät?

Ich hole knapp aus. Norbert Elias (1969) hat in seinen Studien zur Entstehung unserer modernen, zivilen Gesellschaft eindrucksvoll gezeigt, wie selbstverständlich im ausgehenden Mittelalter Gewalt zunächst ein Zeichen von Stärke, von Macht, von Spontaneität war, deren man sich – in aller Brutalität und Unbeherrschtheit – nicht zu schämen hatte; das war gleichsam selbstverständliches Moment des Lebens. Die Geschichte unserer neuzeitlichen Zivilisation erweist sich als zunehmend sublim zwischen den Menschen. Unsere heutige Gesellschaft kann charakterisiert werden als eine, in der im „normalen" Leben die direkte, gewalttätige Auseinandersetzung geächtet ist; Gewalt ist Monopol des Staates und seiner Institutionen, die Bürger haben gewalttätige Auseinandersetzungen an ihn delegiert, ihnen steht das Recht auf Gewalt nicht zu. (Im Groben verdeutlicht: Wenn ich auf der geschützten Spielstraße sehen muß, daß mein dort friedlich spielendes kleines Kind von einem angetrunkenen Motorradraser überfahren worden ist, steht es mir nicht zu, mich an ihm direkt und unmittelbar zu rächen; täte ich es, würde ich strafbar, wenn auch vielleicht mit mildernden Umständen; ich habe die Polizei zu holen).

Gerade auch unsere neuere Geschichte bringt immer wieder eindrucksvolle Belege, wie dieser allmähliche Prozeß der Tabuisierung von Gewalt in unserer Gesellschaft Bereich um Bereich erfaßt, z. B. die Schule: Uns Älteren, wenn ich das, statt sozialgeschichtlich belegt zu argumentieren, etwas abgekürzt und persönlich formulieren darf, sind die Gewalttätigkeiten des autoritären Schulsystems noch sehr gegenwärtig: auf seiten der Lehrer das Prügeln, das Am-Ohr-Ziehen, das In-die-Ecke-gestellt-Werden, die demütigenden Rituale des Vor-der-Klasse-blamiert-Werdens; auf seiten der Schüler, oft als Racheakt: Meine 15jährige Gymnasialklasse hat zwei schwächere Lehrer so fertiggemacht, daß diese sich, nachdem sie den Unterricht in unserer Klasse abgegeben hatten, nicht mehr trauten, uns auch nur auf dem Schulflur zu grüßen; einem anderen, besonders verhaßten, haben wir zum 50. Geburtstag eine große Torte mit der Aufschrift „Zum 65." geschenkt, er hat es verstanden und – nach Herzattacken – die Konsequenz der vorzeitigen Pensionierung gezogen. Dies ist heute nicht mehr so, der Umgangston im Unterricht ist dezidiert freundlich, in der Schule sind Prügeln und andere Gewalttätigkeiten verboten, was auch schon die kleinen SchülerInnen wissen und in kritischen Situationen durchaus den LehrerInnen gegenüber geltend machen. Z. B. die Familie: Die Zeugnisse in älteren Autobiographien über die Selbstverständlichkeit beispielsweise des Prügelns, über die Ekstase des Prügelns und die machtbesessenen Exzesse von Demütigungen Kindern (und Frauen) gegenüber sind uns heute schlechthin unvorstellbar; wo es in der Familie nach wie vor zu Gewalt kommt, wird dies thematisiert, der Tatbestand der Vergewaltigung auch in der Ehe steht gerade zur Diskussion. Backes/Albrecht resümieren, daß wir in „einem der gewaltärmsten Abschnitte der Geschichte unserer Gesellschaft" (Albrecht/Backes 1990) leben, mit sich weiter ausdehnender Tendenz.

Dieser Rückgang der direkten Gewalt geht einher mit Verschiebungen in den Gewaltformen.

Wenn auch die direkte Gewalt in unserer Gesellschaft geächtet ist, so ist das Bedürfnis, Krisen und Konflikte gewalttätig zu lösen, damit nicht unterdrückt; es zeigt sich – trotz allen Rückgangs – in

Räumen, die weniger kontrolliert und sanktioniert sind, also z. B. in dem freien Raum der Straße (Verkehr!), im Privatraum der Familie oder in gleichsam extraterritorialen Räumen, z. B. im Umkreis von Sport-Großveranstaltungen. Und indem Gewalt als direkte Auseinandersetzung geächtet ist, wird sie genötigt, sich zu sublimieren; psychische Gewalt – Gewalt also in nicht unmittelbar tätlichen Auseinandersetzungen, sondern in Kränkungen, Demütigungen, In-die-Enge-Treiben – bietet sich als Ausweg an. (Im Spot-light: Was früher spontane, wilde, brutale Alltagspraxis war und in Dichtungen [z. B. in Shakespeares Dramen] agiert wurde, ist für uns heute vielleicht Gegenstand von Phantasien; sie werden im Schonraum von Therapien geäußert und dort in „symbolischen" Interaktionen verhandelt. Für unsere Zeit sind Strindbergs ›Totentanz‹ oder Albees ›Wer hat Angst vor Virginia Woolf?‹ charakteristisch.)

Und schließlich: In den nicht kontrollierten Räumen bilden sich im Zusammenspiel alter und neuer Formen von Gewalt neue Gewaltszenen aus. Wenn in der Schule auch – so jedenfalls die Gewaltkommission der Bundesregierung noch 1990 – keine „amerikanischen Verhältnisse" konstatiert werden müssen, so gibt es doch hier, vor allem in Schulen in besonders belasteten Regionen, dramatische Zuspitzungen: Die Auseinandersetzungen unter Schülern in Pausen z. B. werden heftiger, und eingespielte Regeln greifen nicht mehr; man kämpft bis zum harten Ende, bis zum Ruin des Gegners, man kann nicht aufhören. Für die Familie wird – so z. B. Honig (1992) – konstatiert, daß sich hier, in Konsequenz des Wandels des Familienlebens, neue Formen von Gewalttätigkeit ausbilden, die die Frage stellen lassen, ob die generelle Humanisierung im Umgang nicht neue Belastungen und Gewalttätigkeiten erzeugt, die den „Friedlichkeitsgewinn" gleichsam aufzehren.

Zivilisation bedeutet – so noch einmal z. B. Elias – zunehmende Vergesellschaftung; die Relevanz von Organisationen, Institutionen, Bürokratien wächst, universalistisch orientierte Produktions-, Markt- und Politikstrukturen setzen sich durch. Diese gesellschaftlichen und sozialen Vorgaben ergeben in ihrer gleichsam abstrakten Eigenlogik als strukturelle Zwänge Konflikte. Foucaults (1976) Analysen zur ›Mikrophysik der Macht‹ zeigen, wie subtil und mächtig diese Zwänge sind. Backes/Albrecht (1990) resümieren, daß wir – parallel zur Zurücknahme direkter Gewalt – in einem Abschnitt unserer Gesellschaft leben, in dem die gesellschaftlichen und strukturellen Zwänge so groß sind wie noch nie.

Schließlich: Die zunehmende Tabuisierung direkter körperlicher Gewalt und die sich steigernde Sensibilität für psychische Gewalttätigkeit und gesellschaftliche Zwänge sind – so Neidhardt (1986) – eine andere Seite jenes modernen Prozesses der Individualisierung, in dem sich Freiheit und Unantastbarkeit des menschlichen Lebens als politischer und moralischer Selbstanspruch durchsetzen. Abgekürzt formuliert: Sensibilität gegen Einschränkungen, Zwänge und Nötigungen, also gegen Gewalttätigkeiten im weiteren Sinn und Emanzipation sind komplementär.

Wenn so das heutige offene Verständnis von Gewalt im historischen Kontext gesehen wird, gewinnt – so scheint mir – das Bild gleichsam Tiefenschärfe und interne Akzentuierung: Ältere, im Rückzug begriffene Formen der direkten, körperlichen Gewalt gehen einher mit neueren, sublimeren Formen der psychischen Gewalttätigkeit und mit zunehmender Sensibilität für strukturelle Zwänge. Zugleich mit dem Rückgang direkter, körperlicher Gewalt verschieben sich die Formen gewalttätiger Auseinandersetzungen und dramatisiert sich die Sensibilität für Gewalterfahrungen in den verschiedenen Dimensionen.

Was bedeutet nun – so war ja die Ausgangsfrage dieser Überlegungen – vor diesem Hintergrund ein präzisierend einschränkendes Verständnis von Gewalt? Es thematisiert die eigentlich überwundenen Formen der Auseinandersetzung, und damit gleichsam Restbestände. Damit bietet dieses Konzept die Möglichkeit, das Erschrecken und die Hilflosigkeit angesichts neu sich bildender Szenen direkter Gewalt – also in unserer Zeit z. B. die Szenen von Straßengewalt und rechtsextrem inspirierter Straßengewalt – besonders zu skandalisieren und so die Frage zu stellen, was solche „Rückfälligkeit" bedeutet, und dahinter die weiterführende Frage nach der Ambivalenz, der Schwäche, ja der Ohnmacht unserer Zivilentwicklung. Solchen Gewinnen eines präzisierend einschränkenden Gewaltbegriffs aber steht entgegen, daß in ihm jene besonderen Tatbestände, die, im Kontext des Gesamtbildes gesehen, eher als „Ausreißer" verstanden werden müssen, so sehr beachtet werden, daß die anderen Formen von Gewalttätigkeiten, die doch generell für die neuere Entwicklung charakteristisch sind, verblassen.

In dieser Situation scheint es mir allein weiterzuführen, ebenso festzuhalten an einem erweiterten Gewaltbegriff, wie in ihm auf Unterscheidungen zu drängen, also auf präzise, differenzierende Bezeichnungen des je Gemeinten, also der direkten, körperlich-tätlichen Auseinandersetzung, der psychisch-kommunikativen Demütigung und der strukturellen Zwänge. Ein solcher offener und strukturierter Gewaltbegriff ist auch nötig, um die Zusammenhänge und Übergänge der Gewalt zu verstehen. Direkte körperliche Gewalt ergibt sich oft im Prozeß als letzte Stufe einer Eskalation verschiedener Formen von Gewalt und Zwängen im weiteren Sinn, gleichsam als Ultima ratio. Erpressung, Mißverstehen, Demütigung, Blamage und Überforderung kann zur Entladung in tätlicher Gewalt führen. Ohnmacht in strukturellen Zwängen, in Zwängen der Armut, der Isolation, der vorenthaltenen Lebensressourcen (z. B. in bezug auf Arbeit, attraktive Arbeitsperspektiven oder auch Wohnraum) führt in die Explosion direkter Gewalt, zu Vandalismus z. B. im Erziehungsheim, zu Gewaltausbrüchen gegenüber Menschengruppen, denen man unterstellt, sie nähmen die Ressourcen weg, die man selbst braucht (also z. B. gegenüber Asylanten, für die gebaut wird). Für die heutige Schule machen z. B. die Streßuntersuchungen von Hurrelmann u. a. (1991) deutlich, wie sehr Heranwachsende durch die gesellschaftlichen und institutionellen Erwartungen, die auf den Schülern liegen, belastet sind; Untersuchungen zu den besonderen Streßsituationen für heutige Familien kommen zu ganz analogen Aussagen.

Ein solcher, zugleich offener und in sich strukturierter Gewaltbegriff zwingt zur Präzisierung und Differenzierung der Diskussion der heutigen Gewaltszene; die Interpretation, sie sei Indiz einer zunehmenden Brutalisierung der Gesellschaft – und dies war ja die Ausgangsfrage meiner Überlegungen – verbietet sich angesichts der aus dem historischen Kontext gewonnenen Interpretation der verschiedenen Gewaltformen; die heutige Gewaltdiskussion, pointiert geredet, kann nur als vielgliedrig differenziertes Panorama unterschiedlicher Gewaltformen gesehen werden; sie muß verstanden werden auch als Indiz einer zunehmenden Sensibilität für Gewalttätigkeiten. (Daß damit die Realität der harten, direkten Gewalt und der Erklärungsbedürftigkeit gerade dieser Phänomene nicht relativierend verharmlost werden soll, ist, hoffe ich, evident, soll aber noch einmal ausdrücklich betont werden; ich komme darauf im weiteren wieder zurück.)

Und schließlich: Mit dem Plädoyer für einen so offenen und in sich strukturierten Gewaltbegriff sehe ich den Gewaltbegriff in Analogie zu anderen Leitbegriffen, in denen unsere moderne Gesellschaft versucht, ihre Verhältnisse zu verstehen. Armut z. B. meint zwar immer noch – und zu Recht – unmittelbare materielle Armut. Unesco und Weltgesundheitsorganisation aber verstehen Armut notwendigerweise – und ganz übereinstimmend mit der Forschung – auch als mangelnde Chancen zu gesellschaftlicher Partizipation, als Ausschluß von sozialen Ressourcen; materielle und psychische Armut sind komplementär aufeinander bezogen; sie gegeneinander zu unterscheiden, ist ebenso nötig wie ihren unlöslichen Zusammenhang zu betonen. Oder: Behinderung läßt sich zweifellos restriktiv im klassischen Sinn als Blindheit, Lahmheit, Taubheit usw. verstehen; solche Bestimmungen aber erweisen sich angesichts des Zusammenhangs von körperlicher Behinderung und sozialen Lebensumständen und angesichts der sozialen Folgen der Deprivation und Isolation als unzulänglich; brauchbar ist nur ein in sich differenter, vielgliedriger und offener Behinderungsbegriff. Daß die Diskussion des Krankheitsbegriffs eine ähnliche Struktur zeigt, ist evident.

3. Bedeutung von Gewalttätigkeit: Individuelle Motivationen und Funktionen

Ein Grund des Unbehagens an der gegenwärtigen Gewaltdiskussion liegt darin – so zeigte es sich ja oben –, daß die Kriterien, nach denen Gewalttätigkeiten verstanden und gewertet werden, so undeutlich sind.

Auch hier stellt sich die Frage, ob ein auf unmittelbare tätliche Auseinandersetzungen eingeschränkter Gewaltbegriff Abhilfe schaffen kann. Direkte körperliche Gewalt wirkt konkret, unerbittlich; sie bedürfe, so heißt es, anders als z. B. eine Beleidigung oder Bedrohung, keiner symbolischen Vermittlung, sei also kulturell voraussetzunglos wirksam und müsse nicht erst verstanden werden; physische Gewalt könne man verstehen als eine gleichsam protosoziale Universalsprache, die gerade auch dort funktioniere, wo Worte nicht oder nicht mehr zur Verfügung stehen (Luhmann in Neidhardt 1986). Gewiß ist körperliche direkte Gewalt elementar bedrohlich; Messer und Faust sind unmittelbar eindeutig. Aber: Auch in körperlichen Gewalttätigkeiten gibt es Grade und Stufen; nicht alle ihre Äußerungen werden im historischen und sozialen Kontext in gleicher Weise als schädigend verstanden. Dies zeigt die gesellschaftliche und pädagogische Diskussion zur Bedeutung des Prügelns ebenso wie – in jüngster Zeit und ja sehr provozierend – die Diskussion zur unterschiedlichen Einschätzung der schädigenden Behinderung von freiem Verkehr im Kontext z. B. der Friedensbewegung oder im Kontext des europäischen Lastwagenverkehrs z. B. auf dem Brenner.

Also: Trotz der ganz unbezweifelbaren Unterschiede in der Unmittelbarkeit von Gewalttätigkeiten zwischen ihren verschiedenen Formen gibt es keine durchschlagend objektive Bestimmung dessen, was als schädigend gelten soll. Dies ist nur im Kontext individueller, sozialer und historischer Deutungen und Bedeutungen auszumachen. Es muß also konkretisierend gefragt werden, welche Konflikte gewalttätig bewältigt werden, welcher Sinn in Gewalttätigkeiten – als Akten des sozialen Handelns – liegt, welche Motive und Funktionen diese Gewalttätigkeiten für die Täter erfüllen.

Zunächst aber: Diese Frage könnte einen eindeutigen Zusammenhang zwischen Absicht und Tat, einen gleichsam kausalen Bezug suggerieren; der ist aber nicht durchgehend gegeben. Zufällige, situative Gegebenheiten bestimmen viele Taten. Es ist in der Rekonstruktion privater und öffentlicher Gewalttätigkeiten immer wieder schwer nachvollziehbar und bedrückend, was nicht passiert wäre, wenn nicht Alkohol, Provokationen oder unvorhersehbare Komplikationen, unbeabsichtigte Verängstigungen mit hineingespielt hätten.

Unter diesen Vorbehalten lassen sich unterschiedliche Motivationen und Funktionen im Gewalthandeln unterscheiden, die allerdings im konkreten ineinanderliegen, also sich überlappen können.

Gewalt kann erwachsen aus der Sicherheit einer unangefochtenen Position, die sich auf Zweifel und Widerstand nicht einläßt, sei es aus Überzeugung, sei es aus Borniertheit, sei es aus stumpfer Unempfindlichkeit. Solche Gewalttätigkeiten sind zunächst und primär Gewalttätigkeiten als Repräsentation von Rücksichtslosigkeit, von sicherer Stärke.

Gewalt kann sich in Situationen ergeben, in denen Menschen erproben wollen und damit experimentieren, wie stark sie sind, wie weit ihre Kraft der Schädigung und Drohung reicht; sie wollen erfahren, wer sie sind. Solche Gewalttätigkeiten scheinen naheliegend und attraktiv vor allem auch für Heranwachsende, die in riskanten, abenteuerlichen Arrangements, in Situationen, „wo etwas los ist" (action ist, Goffman 1971), Gewalt als Experiment der Grenzüberschreitung suchen, oft auch, um sich so innerhalb der Gruppe zu profilieren. Untersuchungen zur Entstehung von Jugendbanden-Kriminalität machen immer wieder den Zusammenhang von Gruppenunternehmung, Risikolust und Gewalt deutlich (vgl. Specht 1979). Untersuchungen zu den jetzt in der Ex-DDR auftretenden Banden von Kids und jungen Leuten zeigen auf, wie sehr viele Gewaltaktivitäten nicht ihrer Selbstproklamation folgend im Kontext rechtsextremer Ideologien und rassistisch-nazistischer Parolen gesehen werden dürfen, also der gleichsam harten Szene ideologisch festgelegter rechter Gruppierungen zugeschlagen werden können, sondern zunächst im Kontext jugendlicher Abenteuer- und Gesellungsbedürfnisse gesehen werden müssen. Die „Karrieren" einzelner Jugendlicher durch unterschiedliche Gruppierungen und der damit einhergehende Wechsel in der Ideologie sind deutliche Belege. (Daß damit das Fakt eines harten Kerns organisierter rechtsextremer Gewalttätigkeit und vor allem Bestrebungen rechtsextremer politischer Gruppierungen, sich in Jugendgruppen eine breitere Basis zu verschaffen, nicht verharmlost werden dürfen, ist ebenso evident, wie das Faktum einer weitverbreiteten Offenheit für rechtsorientierte Parolen.)

Gewalt kann sich in Situationen ergeben, die unzumutbar, unaushaltbar sind. Menschen erfahren sich als unterdrückt und eingeengt in ihren elementaren Möglichkeiten der Lebensgestaltung. Gewalt in solcher gleichsam befreienden Absicht repräsentiert sich in Aufständen (Gewalt ist – so der Theologe Helmut Gollwitzer (1969) – in bezug auf die Dritte Welt eine „fremde paradoxe Gestalt der Liebe", eine Gestalt der Liebe in der Selbstentäußerung); solche Gewalt repräsentiert sich auch in individuellen Entwicklungsprozessen, in denen Menschen sich aus ihren Verhältnissen herausarbeiten, z. B. Heranwachsende aus dem Familien- oder Erziehungssetting. Wenn Freud – sehr grob und abgekürzt formuliert – darauf insistierte, daß der Mensch („exemplifiziert" als Mann) nur dann zu sich selbst finde, wenn er die Ödipus-Situation bestanden habe, zielt das genau darauf; im Mord am Vater erfährt der Sohn seine Identität.

Solche Formen der Gewalttätigkeit sind auch bestimmt durch die Hoffnung auf geänderte, bessere Verhältnisse; daneben und dagegen aber gibt es Gewalttätigkeiten, in denen die Erfahrung von Ohnmacht und Hilflosigkeit nur zu Wut und Haß führen, die sich in einer Zerstörung um der Zerstörung willen erfüllen. Solche Gewalttätigkeiten, aus der eigenen Ohnmacht und Zerstörtheit erwachsend, richten sich nicht nur direkt gegen die Zwänge und Personen, die als demütigend erfahren werden; sie produzieren sich auch – und oft – gegenüber denen, die ihrerseits schwächer sind und sich nicht wehren können: Gewalttätigkeit wird feige und repräsentiert sich in Verschiebungen auf Sündenböcke, in Exzessen gegen Minderheiten, z. B. gegen Ausländer, Juden oder Behinderte. Zur Analyse solcher Formen von Gewalttätigkeit bietet sich noch immer das Muster der autoritären Persönlichkeit an: Weil Menschen getreten und zertreten werden, treten sie ihrerseits weiter und nach unten. Diese Formen von Gewalttätigkeit verbinden sich leicht mit Strategien der Neutralisierung und Abwertung des anderen, die Gewalt als gerecht erscheinen lassen, und ihrerseits aus dem Reservoir rassistisch-faschistoiden Denkens stammen.

Gewalt zeigt sich – schließlich – auch, wenn es gilt, Attacken gegen die Selbstverständlichkeiten unserer Gesellschaft und unserer Lebensführungsmuster abzuwehren; Gewalt als Gegengewalt ist notwendig, um Schädigungen, Drohungen, Destruktionen zu verhindern; solche Gegengewalt wird praktiziert vom Staat im Namen seines Gewaltmonopols, ebenso aber auch z. B. in der Psychiatrie oder Pädagogik, um Einschränkungen zum Schutz anderer und zum Schutz gewalttätiger Täter vor sich selbst zu realisieren.

Solche Motivationen und Funktionen lassen sich auch, gleichsam quer oder windschief zu den skizzierten Hinweisen gelesen, unterscheiden in gutartige und bösartige, zerstörerische Formen, wenn ich so in Analogie zu Fromms (1980) Diskussion der Aggression unterscheiden kann, oder in solche, in denen Konflikte direkt oder verschoben, an anderen, an Sündenböcken, agiert werden. Solche Motivationen sind in und zwischen den Positionen im konkreten nicht immer deutlich zu unterscheiden, sie überlagern und überlappen und – vor allem – verschieben sich; dies hat seinen Grund auch in jenen Prozessen der Eskalation von Gewalt, in denen unterschiedliche Formen und Motivationen sich vor allem auch zwischen den Positionen ergeben.

Für alle diese vielfältigen Motivationen und Funktionen aber gilt: Gewalt ist Gewalt, ist schädigendes Verhalten. Diese Aussage gewinnt aber – so scheint es mir – vor dem Hintergrund der unterschiedlichen Intentionen, die sich in Gewalt repräsentieren, ganz unterschiedliche Bedeutungen – wie ein Bild vor unterschiedlichem Grund, in unterschiedlichen Feldern ein unterschiedliches Gesicht hat. Gewalt ist Gewalt, aber in ihren Bedeutungen, und deshalb auch in den Konsequenzen, die sie provoziert, höchst unterschiedlich.

Die Rede von Gewalt – so ergibt sich – ist nicht möglich ohne Diskussion zur Bedeutung von Gewalt. Diese Frage erweist sich unter unterschiedlichen Aspekten als höchst prekär.

Die Frage nach der Bedeutung von Gewalt stellt sich im politischen, polizeilichen und pädagogisch-therapeutischen Kontext mit unterschiedlichen Akzenten. Es geht ganz unterschiedlich um Strafe, um Hilfe, um Verhinderung und Schutz oder um Prävention, es geht um die Bewahrung oder die Veränderung von Strukturen oder um individuelle Möglichkeiten der Konfliktbewältigung; die Unterscheidung dieser notwendig unterschiedlichen Interessen an Gewalt scheint mir eine unabdingbare Voraussetzung zur Transparenz der Diskussion.

Diese unterschiedlichen Diskurse aber verweisen alle auf die gleiche Grundfrage; in mühsamen Diskursen muß ausgehandelt, ja ausgekämpft werden, wie die Schädigung, die in allem Gewalthandeln liegt, vermittelt werden kann mit den Absichten, die sich in ihm repräsentieren, wie also – gleichsam in einem Prozeß der Güterabwägung – Gewalttätigkeit bewertet werden kann. Die Front dieser Auseinandersetzungen liegt zur Zeit ebenso in der Diskussion um die Prügelstrafe in der Familie wie in der um den Straftatbestand der Vergewaltigung in der Ehe. Diese Diskussionen sind besonders heikel da, wo Gewalt sich als Gegengewalt des Stärkeren versteht, also z. B. Polizisten, Psychiater oder Pädagogen sich gegen die Verführung ausweisen müssen, aus ihrer eigenen Machtposition heraus zu definieren, was sie als Gewalttätigkeit verhüten oder ahnden wollen.

Die Frage nach der Bedeutung von Gewalttätigkeit – eine Frage, die, um es etwas hochtrabend anzusetzen, in Analogie gesehen werden kann zu jenem alten Lehrstück der Diskussion um den Tyrannenmord, in dem das Faktum des Mordes gegen die Frage der

Notwendigkeit dieses Mordes steht – ist auch deshalb so schwierig, weil der notwendige Aushandlungsprozeß Teil hat an jenen normativen Verunsicherungen, die unsere Gegenwart charakterisieren; die Prozesse der Erosion tradierter Wertungen, die Prozesse im Kontext dessen, was als Individualisierungsschub, als charakteristisch für unsere Gegenwart beschrieben wird, prägen auch die Diskussionen zur Bedeutung von Gewalttätigkeiten. Sie können – so scheint es – bewältigt werden in Formen einer moralisch inspirierten Kasuistik (Thiersch 1992), in Formen also, in denen die Gegebenheiten der Situation mit ihren internen Strukturen, Möglichkeiten und Schwierigkeiten abgewogen und bewertet werden im Hinblick auf generelle, moralische Orientierungen, wie sie sich im historischen Kontext (z. B. seit der Aufklärung) als für unsere Gesellschaft verbindlich ausgebildet haben; davon war oben ja auch schon die Rede. Diese Offenheit von Verhandlungen, hinter die in der heutigen gesellschaftlichen Diskussion nicht zurückgegangen werden kann, darf nicht verwechselt werden mit mangelnder Sorgfalt in der Unterscheidung der unterschiedlichen Frageaspekte und mit Unentschiedenheit in bezug auf die Deutlichkeit jener Leitmaximen, die die elementaren Voraussetzungen unseres zivilen Lebens darstellen.

4. Bedingungen zur Ausbildung von Gewalttätigkeiten in unserer Gesellschaftsstruktur

Wie aber kommt es in unserer Gesellschaft zur derzeitigen Gewaltszene, also zu den sich ausbreitenden Formen von Gewalttätigkeit im weiteren Sinn, zum Wiedererstarken direkter Gewalt? Welche Entwicklungen und Strukturmuster in unserer Gesellschaft befördern die Ausbildung von Gewalttätigkeiten?

Auch hier gilt zunächst Vorsicht. Wenn ich nämlich den Zusammenhang zwischen Absicht und Handeln problematisieren muß, dann kann – analog – auch hier nur nach Möglichkeiten der Bedingungen, also nach Risikofaktoren, (wie man heute formuliert) gefragt werden, nach Möglichkeiten, die im konkreten immer erst wirksam werden im Kontext der individuellen und sozialen Gegebenheiten, also der biographischen und sozialen Lebens- und Lerngeschichte mit ihren Erfahrungen von Verboten, Einschüchte-

15

rungen, Ängsten, aber auch von bestärkenden Beispielen und Bekräftigungen; nach Möglichkeiten, die – davon war oben die Rede – auch zufalls- und situationsbestimmt sind. Und: Auch hier gilt, daß solche Bedingungsfaktoren differenziert für unterschiedliche Formen von Gewalttätigkeiten in den unterschiedlichen Lebensfeldern bestimmt werden können; die derzeitige Diskussion unterscheidet deshalb z. B. zwischen der Frage nach familialer Gewalt als Generationenkonflikt oder als innerfamiliale Vergewaltigung, nach Gewalt im Kontext von Unterricht oder zwischen Jugendcliquen-Gangs usw. So ist es schwierig, in dem hier nur möglichen allgemeinen Zusammenhang Hinweise zu skizzieren; auf sie zu verzichten aber wäre fatal, weil die dann fehlende Dimension der gesellschaftlichen Bedingtheit von Gewalttätigkeiten das Bild verzerrt.

Gewalttätigkeit verweist auf sehr unterschiedliche gesellschaftliche Hintergründe. Sie hat Wurzeln im tradierten Männerbild (direkte, tätliche Gewalt ist männlich!); dieses Faktum darf aber nicht nur als Produkt der geschlechtsspezifisch unterschiedlichen Lebensbilder gesehen werden, sondern muß auch als Repräsentant der spezifischen Form unserer Produktions- und Leistungsgesellschaft verstanden werden, also ihrer patriarchalen Struktur. Gewalt erwächst aus Lebenskontexten, in denen sie schon immer praktiziert wird, z. B. in Familien- und Lebensstrukturen, die durch dauerhafte Auseinandersetzungen zwischen den Erwachsenen und vor allem durch Alkoholprobleme geprägt sind.

Unsere Gesellschaft als Zweidrittel-Eindrittel-Gesellschaft erzeugt den Ausschluß von Lebensressourcen und Partizipationschancen und damit Existenzunsicherheit, Enge, Einschränkung, Ressentiment und Neid; daß diese Probleme sich im Lauf der wirtschaftlichen und politischen Entwicklung der nächsten Jahre weiter verschärfen werden, ist evident. Die aus ihnen stammenden Belastungen haben ihren Grund vor allem auch in den zunehmend wegbrechenden wohlfahrtsstaatlichen und arbeitsmarktpolitischen Sicherheiten und Selbstverständlichkeiten, sie zeigen sich vor allem in dem aus unzulänglicher Bildung stammenden Schwierigkeiten, sich in der Gesellschaft zurechtzufinden; diese Gruppe jedenfalls ist z. B. unter Tätern im rechtsextremen Umfeld überrepräsentiert.

Die Strukturen der ungleichen Verteilung von Lebenschancen sind in unserer Gesellschaft zunehmend überlagert und gebrochen durch die Verunsicherungen, die aus der Erosion tradierter Lebensmuster und den damit einhergehenden individualisierenden Zumutungen in bezug auf die eigene Lebensgestaltung stammen. Die in diesen Verhältnissen liegende Belastung wird – so zeigt sich – vor allem indirekt deutlich; für Heranwachsende werden die Gruppen und Cliquen der Gleichaltrigen wichtig, und sie übernehmen ihre Lebensmuster; viele sind, obwohl sie von Familie, Ausbildung oder Arbeit her nicht besonders belastet sind, doch mit den aus dem Konkurrenz- und Anpassungsdruck der Gesellschaft stammenden Erwartungen an sich selbst überfordert; dies erzeugt eine Angst, die die gegebenen Ressourcen, die Möglichkeiten einer gleichsam geschlossenen Gesellschaft, verteidigen läßt gegenüber Mitkonkurrenten, gegenüber Eindringlingen. Der sich darin ausbildende „Wohlstandschauvinismus" liiert sich leicht mit völkischen und rassistischen Konzepten; Heitmeyer (1992) hat die einprägsame Formel des „Machiavellismus" als Lebensorientierung geprägt. Belastungen also stammen gleichsam aus dem Doppelgesicht unserer Gesellschaft, aus dem Ausschluß von Ressourcen und aus der Anstrengung um wenig abgesicherte Chancen; beides verweist auf die gleichen zentralen Entwicklungsprobleme in unserer Gesellschaft. Daß diese Strukturen und die damit gegebenen Belastungen sich in den alten und neuen Bundesländern unterschiedlich – gleichsam ungleichzeitig und durch die Konfrontation unterschiedlich akzentuiert – darstellen, ist evident.

In unserer Gesellschaft aber gibt es auch sehr spezifischen, politischen Support für Gewalttätigkeiten. Politik zündet an der Asyl- und Ausländerfrage und suggeriert damit, Gewalt praktizierende Jugendliche könnten das erfüllen, wozu Politiker sich selbst nicht trauen dürften; weitergreifend wird man konstatieren müssen, daß die zunehmende Betonung von Nationalität und Eigensinnigkeit der Nationalität gleichsam auch in ihrem unbeabsichtigten Schatten die Ausländerfrage zum Problem werden läßt. Und: Mit dem wiedererstarkenden nationalen Selbstbewußtsein können sich auch die wieder offeneren Bezüge auf die spezifisch deutsche, faschistische Vergangenheit verstärken; in vielfältigen biographisch orientierten Rekonstruktionen der Gewaltkarrieren rechtsextremer Jugendlicher trifft man auf die Spuren einer nicht bewältigten, ressentimentgeladenen Familien- oder Freundesgruppenvergangenheit.

Und schließlich: Medien suggerieren in vielfältigster Form, wie attraktiv gewaltförmige Konfliktlösungen sind und bieten sie, dem Marktgesetz der Steigerung entsprechend, in zunehmend massiver und prägnanter Form. Zu den sich hier stellenden, schwierigen und zur Zeit auch sehr unübersichtlichen Fragen der Wirkung solcher symbolischen Gewaltdarstellungen auf die Realität von Gewalthandeln (und der vermittelnden Faktoren zwischen beiden) will ich hier nur anmerken, daß wir z. Zt. nicht wissen, inwieweit wir davon ausgehen können, daß Menschen – und vor allem auch Heranwachsende – fähig sind, zwischen Bild und Realität, zwischen Erzählung, Fiktion und Alltagsleben auch dann zu unterscheiden, wenn sich Zeitintensität und Attraktivität zwischen den Erfahrungsbereichen so verschieben, wie dies zur Zeit der Fall ist; gerät die Gesellschaft hier in eine Zerreißprobe zwischen den Erfahrungswelten, oder (auch dies wäre ja denkbar) stellen sich hier Probleme, mit denen umzugehen wir noch nicht gelernt haben, so wie sie sich z. B. im Umbruch von der mündlichen zur schriftlichen Kultur im Lauf der frühen Neuzeit stellten?

Daß solche Relativierung des Gewaltproblems im Kontext des allgemeinen Medienproblems die Frage nach der zunehmenden Gewalttätigkeit in den Bildern nicht aufhebt, ist evident; vor allem auch deshalb, weil sie im Zusammenhang gesehen werden muß mit jener zunehmenden Faszination durch Gewalt, die unsere intellektuelle Diskussion bestimmt, sei es in künstlerischen Produkten (Gewalt als Ausdruck eines wahren, authentischen, wilden und nicht durch moralinträchtige Reflexivität gedämpften und verstellten Lebens) oder sei es z. B. in der Rehabilitation der Kampfkonzepte von Karl Schmid. Angesichts dieser neueren Entwicklungen, die ja durchaus auch auf direkte, tätliche Gewalt hinzielen, stellt sich die Frage, ob das für die Entwicklung unserer zivilen Gesellschaft charakteristische Gewalttabu, so wie oben von ihm die Rede war, nicht zunehmend unterlaufen und konterkariert wird: Es wird zugleich beschworen und unterlaufen; die öffentliche Diskussion wird zunehmend zweideutig.

5. Ausblick: Umgang mit Gewalt, die Anfälligkeit des Menschen für Gewalt

Die im vorangegangenen skizzierten unterschiedlichen Zugänge zur Frage nach Gewalt, die Fragen also
- nach den unterschiedlichen und schwierigen Definitionen,
- nach den heiklen Abwägungs- und Aushandlungsprozessen zur Bewertung von Gewalt im Kontext individueller Motivationen und Funktionen und schließlich
- nach den vielfältigen Formen einer gleichsam fördernden gesellschaftlichen Provokation von Gewalttätigkeit.

Diese Zugänge ergaben im einzelnen Hinweise darauf, wo anzusetzen wäre, was die Gesellschaft es sich kosten lassen müßte, wenn sie Gewalttätigkeiten abbauen und ihre Ausbildung verhindern will.

- Gewalt stellt Aufgaben für die öffentliche Diskussion, die sich Panik und Notstandsemotionalität, und damit die illegitimen Gewaltgewinne, versagen muß, um die gegebenen Schwierigkeiten konkret und differenziert auszuhandeln. Man könnte vom Ergebnis der hier vorgetragenen Überlegungen aus die Vermutung haben, daß die derzeitige, in manchem so aufgeheizte Gewaltdiskussion ihrerseits Indiz einer gesellschaftlichen Verunsicherung ist, die sich aus ihren Offenheiten zurückzieht in die Konkreta einer Gewaltszene mit Tätern und Opfern, mit Unrecht und Recht, hinter der die Schwierigkeit gesellschaftlich-moralischer Aushandlungsprozesse ebenso wie die gesellschaftlich-struktureller Belastungen verschwinden können.
- Gewalt stellt Aufgaben an eine gesellschaftlich moralische Diskussion zu den Mustern gelingender und mißlingender Konfliktlösungen, also zur Deutlichkeit und Kasuistik eines zugleich offenen und institutionell gesicherten Konfliktarrangements.
- Gewalt stellt Aufgaben an die gesellschaftliche Ordnung, also z.B. auf Arbeitsverteilung, Familienpolitik, aber − vor allem auch − an die Ausländerpolitik.
- Gewalt stellt daneben − und nicht alternativ − Aufgaben für den Erwerb eines individuellen und gruppenspezifischen Konfliktverhaltens. Gewalttätigkeit als bedrohliche und schädigende Lösung von Konflikten kann nur unterlaufen werden durch eine Lernkultur von Konfliktlösungen.

Wenn ich allerdings so von Konflikt und Konfliktlösung, von Gewalt, ihren Formen, ihren Funktionen, ihrer Entstehung und Fragen des Umgangs mit Gewalt rede, stellt sich die Frage, ob ich damit das Phänomen Gewalt nicht verharmlose und die in Gewalt sich ausdrückende, gleichsam elementare Bedrohtheit kleinmache und verkenne? Das Christentum kennt die Erbsünde, die Philosophen fragen nach dem Urphänomen des Bösen; Freud ist ausgegangen von einer Polarität des Lebenstriebs und des Todestriebs; in den 60er Jahren war die Diskussion bestimmt durch die Frage, ob Gewalt als Aggressivität angeboren sei; Erich Fromm (1980) hat – in der Auseinandersetzung mit Freud ebenso wie mit den Verhaltensforschern – ein Konzept entworfen, nach dem Menschen in überfordernden Umständen sich als so schwach erweisen, daß sie in die Zerstörung um der Zerstörung willen, in die Destruktion als Nekrophilie verfallen.

Aber wie dem auch sei: Gewalt als destruktive Gewalt liegt dicht unter der Oberfläche nicht gewaltförmiger Interaktionen und Konfliktregelungen. Das berühmte Milgramexperiment (das Experiment, inwieweit Menschen bereit sind zu quälen, wenn man es ihnen unter dem Vorwand des wissenschaftlichen Fortschritts nahelegt) bestätigt in bestürzender, beängstigender, ja verzweiflungsvoller Weise, was die Geschichte schon immer und die Gegenwart gerade wieder im benachbarten Jugoslawien zeigt: Wenn die Situation Gewalt erlaubt und nicht sanktioniert, macht sie sich breit: im faschistischen Regime gegenüber Minderheiten, im Krieg gegenüber den Feinden, im Bürgerkrieg gegenüber den anderen; Gewalt als Grausamkeit, Zerstörung, als Brutalität, Vergewaltigung, Lust an Vergewaltigung. Die Psychoanalytiker insistieren darauf, daß jeder in sich – so das berüchtigte Diktum – den Hitler erkennen und akzeptieren muß. Wenn ich noch einmal auf die Eingangsbemerkungen zur Weltsituation zurückkommen darf, stellt sich die Frage, wie unsere derzeitige Gesellschaft, die offenbar schon in den gegebenen, gesicherten Verhältnissen überstrapaziert ist (Wohlstandschauvinismus, Ausländerprobleme), sich verhalten wird, wenn die ausgebeutete Dritte Welt sie bedroht, die Frage also, wie es gelingen soll, die auf uns zukommenden Konflikte der Neuverteilung von Ressourcen innerhalb einer Weltinnenpolitik anzugehen, ohne in neue gewaltförmige Lösungen zu geraten.

In der Bewältigung seiner Verhältnisse – anders kann man die

Konsequenz nicht ziehen – ist der Mensch in einer Weise überfordert, daß er aus verläßlichen und zivilen Regeln immer wieder ausbricht in Gewalttätigkeiten. In seinem Entwurf ›Zum ewigen Frieden‹ hat Kant (1964) ein Konzept entworfen, das mir – als Analogie genommen – eine Perspektive für den Umgang mit Gewalttätigkeit zu eröffnen scheint: Angesichts der Tatsache nämlich, so Kant, daß der Mensch aus krummem Holz ist, komme es nicht darauf an, ihn zu ändern oder zu bessern, sondern Regelungen zu finden, die ihn nötigen, den Frieden einzuhalten. Daraus ergibt sich – verallgemeinert geredet – die Notwendigkeit, jenseits der Frage nach Herkunft und Intensität gegebener Gewalttätigkeiten Regelungen, also Zugänge im Umgang mit Gewalttätigkeit zu entwickeln, die ihren manifesten Ausbruch verhindern; daß solche Maximen in unserer gesellschaftlichen Situation besonders schwer zu finden und durchzuhalten sind, ist, denke ich, im Laufe der Überlegungen deutlich geworden. Eine Alternative aber gibt es nicht.

Nur: Wie weit trägt eine solche alternativlose Strategie? Freud bilanziert im ›Unbehagen in der Kultur‹: „Die Schicksalsfrage der Menschenart scheint mir zu sein, ob und in welchem Maße es ihrer Kulturentwicklung gelingen wird, der Störung des Zusammenlebens durch den menschlichen Aggressions- und Selbstvernichtungstrieb Herr zu werden" (Freud 1982). Aber wer kann den Erfolg und den Ausgang voraussagen?

Literatur

Albrecht, P.-A./Backes, O. (Hrsg.): Verdeckte Gewalt. Plädoyers für eine „Innere Abrüstung". Frankfurt 1990.

Cremer-Schäfer, H.: Skandalisierungsfallen. In: Kriminologisches Journal (24) 1992, S. 23 ff.

Elias, N.: Über den Prozeß der Zivilisation. Bern/München 1969.

Foucault, M.: Mikrophysik der Macht. Über Strafjustiz, Psychiatrie und Medizin. Berlin 1976.

Freud, S.: Das Unbehagen in der Kultur (1930). Studienausgabe Bd. 9. Frankfurt/M. 1982.

Fromm, E.: Anatomie der menschlichen Destruktivität (Gesamtausgabe Bd. 7). Stuttgart 1980.

Goffman, E.: Interaktionsrituale. Über Verhalten in direkter Kommunikation. Frankfurt/M. 1971.

Gollwitzer, H.: Die Bewohner des Reiches Gottes und die Gesellschaft. In: Diskussion zu Theorie der Revolution. Mainz/München 1969.

Heitmeyer, W. u. a.: Die Bielefelder Rechtsextremismusstudie. Weinheim/ München 1992.

Honig, M. S.: Die Kunst des Liebens. In: Sozialwissenschaftliche Literatur Rundschau 25, 1992, S. 27 ff.

Honig, M. S.: Verhäuslichte Gewalt. Frankfurt 1992, 2. Aufl.

Hurrelmann, K./Mansel, J.: Alltagsstreß bei Jugendlichen. Weinheim/ München 1991.

Kant, I.: Werke in 6 Bänden. Hrsg. von W. Weischedel (Bd. 6): Zum ewigen Frieden. Ein philosophischer Entwurf. Frankfurt/M. 1964.

Neidhardt, F.: Gewalt. Soziale Bedeutungen und sozialwissenschaftliche Bestimmungen des Begriffs. In: Bundeskriminalamt (Hrsg.): Was ist Gewalt? (Bd. 1). Wiesbaden 1986, S. 109 ff.

Otto, H.-U./Merten, R. (Hrsg.): Rechtsradikale Gewalt im vereinigten Deutschland. Bonn 1993.

Peters, H.: Gewalt in der Bundesrepublik. Sammelbesprechung von H. D. Schwind/J. Baumann: Ursachen, Prävention und Kontrolle von Gewalt. In: Soziologische Revue (16) Heft 1, 1993, S. 15 ff.

Schwind, H.-D./Baumann, J. (Hrsg.): Ursachen, Prävention und Kontrolle von Gewalt. Bde. 1–4. Berlin 1990.

Specht, W.: Jugendkriminalität und mobile Jugendarbeit. Darmstadt/Neuwied 1979.

Thiersch, H.: Lebensweltorientierte Soziale Arbeit. Aufgaben der Praxis im sozialen Wandel. Weinheim/München 1992.

Otto Backes

Strafrecht und Gewalt

1. Einleitung

In Deutschland grassiert die Angst vor Gewalt. Täglich berichten Medien von Mordfällen, schweren Mißhandlungen, von Übergriffen gegenüber Ausländern, Brandstiftungen und Raubüberfällen. Auch wenn die oft dramatische Darstellung spektakulärer Fälle durch die Medien eine übertriebene Angst in der Bevölkerung schüren mag, die gelegentlich schon hysterische Formen annimmt, wie z. B. ein in Berlin kursierender „Mordatlas", dem man den Gefahrenindex des jeweiligen Stadtviertels entnehmen kann – nicht zu leugnen ist, daß die Zahl der Straftaten mit Gewaltanwendung seit 1988 stetig zunimmt. Beängstigend ist aber nicht nur die wachsende Zahl, sondern auch, daß die Täter (vor allem gegenüber Ausländern) immer jünger werden und daß sie sich ihre Opfer auch unter den schwächeren Mitbürgern aussuchen (Alten, Obdachlosen, Behinderten).

Gefährlicher noch als die Wirklichkeit ist der weitverbreitete Eindruck von der Wirklichkeit: Gewalttaten seien allgegenwärtig und alltäglich, Polizei und Strafjustiz verfolgten sie nicht energisch genug. Das diffuse, aber reale Gefühl der Verunsicherung proviziert den Ruf nach einem starken und durchgreifenden Staat. Und schon beginnt der Wettstreit der Parteien, die mit Sonderangeboten zur Inneren Sicherheit in wahltaktischer Absicht auf das Bedrohungsgefühl der Bevölkerung reagieren und sich mit zwar markig klingenden, aber praktisch kaum realisierbaren und letztlich auch ineffizienten Gesetzesvorschlägen zu überbieten versuchen.

Die aktuellen Reformvorschläge zur Eindämmung der Gewalt, die hier im einzelnen nicht näher erörtert werden können, stimmen trotz aller Unterschiede im Detail in zwei zentralen Punkten überein: mehr und schärfere Kontrolle potentieller Gewalttäter, mehr und schärfere Strafen gegenüber verurteilten Gewalttätern. Auf den ersten Blick erscheint diese Reaktion des Staates richtig. Denn wer grundlegende Normen des sozialen Zusammenlebens gefährdet oder verletzt, muß wegen dieser in der Gewalttat zum Ausdruck gekommenen Gefährlichkeit, aber auch zur Abschreckung anderer potentieller Täter zur Verantwortung gezogen werden. Der Straftäter stört durch seine Tat die Ordnung der Gemeinschaft, die sie zum Schutze elementarer Rechtsgüter errichtet hat. Der Störenfried muß deshalb „zur Ordnung gerufen", d. h. mit den im Gesetz vorgesehenen Strafen belegt werden, wenn er für die Tat verantwortlich ist; fehlt es an dieser Verantwortlichkeit, weil der Täter sich aus bestimmten Gründen nicht am Recht orientieren oder zwar orientieren, aber nicht entsprechend motivieren kann, dann müssen gegen ihn Maßnahmen der Besserung und Sicherung verhängt werden. Straftaten erscheinen als das Produkt eines böswillig oder unverantwortlich Handelnden (badness or madness); die Ursache für den Normbruch wird in beiden Fällen in der Person des Täters gesucht, im individuellen Verhalten.

Dieser täterorientierte Ansatz vermittelt jedoch ein unzutreffendes Bild über den Ursprung der Gewalt. Er suggeriert, daß die Persönlichkeit des Täters sich gleichsam autonom und selbstverantwortlich für die Gewalttat entscheidet. Damit wird jedoch der Blick auf die vielfältigen und vielschichtigen Gründe, die den Täter zur Gewalttat veranlaßt haben, verstellt: Denn je mehr wir den Täter und seine Schuld zum Ursprung und Mittelpunkt der Gewalttat machen, desto mehr schwindet das Interesse an der Aufhellung von Zusammenhängen, die zur Begehung der Gewalttat geführt haben, desto weniger wird uns bewußt, daß die Gewalttat möglicherweise nur ein „Antwortverhalten" auf biographische, soziale oder situative Konflikte oder Kontexte sein könnte; und je weniger wir uns um die Aufhellung dieser Zusammenhänge kümmern, desto geringer ist die Chance, daß wir wirksame strafrechtliche Instrumente gegen Gewalttaten entwickeln.

Im folgenden soll deshalb der Versuch unternommen werden, anhand von Beispielen aus diversen Gewaltbereichen eine *interaktionistische Perspektive auf Gewalttaten* zu entwickeln, die zu differenzierten strafrechtlichen Reaktionen führen könnte.

2. Gewalt in der Sozialisation

2.1 Ende der 60er Jahre wurde Jürgen Bartsch (vgl. Miller 1980) im Alter von 23 Jahren wegen Mordes an vier Kindern verurteilt, die er, in einem Zeitraum von vier Jahren – zwischen seinem 15. und 19. Lebensjahr –, auf grausame Weise getötet hatte. Er lockte seine Opfer in einen ehemaligen leeren Luftschutzbunker, schlug sie, fesselte sie, manipulierte an ihren Genitalien, tötete dann die Kinder durch Erwürgen oder Erschlagen, schnitt ihnen den Leib auf, leerte Bauch- und Brusthöhle und begrub die Überreste. Das vierte Opfer band er in der Höhle an einen Pfahl und schlachtete das schreiende Kind, ohne es vorher zu töten. Bartsch erklärte vor Gericht, daß er außerdem in mehr als hundert Fällen vergeblich versucht hatte, andere Kinder in seinen Bunker zu locken und in seine Gewalt zu bringen.

Der Journalist Paul Moor hat längere Zeit mit dem verurteilten Jürgen Bartsch korrespondiert und zahlreiche Zeugen über seine Person befragt. Das Bild, das er von diesem in den Zeitungen als „Bestie" apostrophierten Täter zeichnet, ist erschütternd:

Schon am Tage der Geburt wird Jürgen von seiner Mutter, die an Tuberkulose litt und wenige Wochen später verstarb, getrennt; eine Ersatzmutter für das Baby gibt es nicht. Er bleibt bis zum elften Monat im Krankenhaus, bis ihn das Ehepaar Bartsch adoptiert. Obwohl Jürgen schon im Krankenhaus „sauber" war, wird er nun rückfällig, was Frau Bartsch, die als Putzteufel charakterisiert wird, schier zur Verzweiflung bringt. Sie schlägt das Kind so brutal, daß ihr Mann immer wieder eingreifen muß und schließlich sogar erwägt, sich von ihr scheiden zu lassen.

Die Eltern Bartsch betreiben zwei Metzgereien und haben für ihr Kind nie Zeit. Bis zur Einschulung ist Jürgen in einem Kellerraum unter Tage mit vergitterten Fenstern eingeschlossen. Ein Kontakt mit anderen Kindern wird ihm verwehrt, da er sich sonst dreckig machen könnte. Nur an der Hand der Oma darf er auf die Straße. Nach der Einschulung wird er in der Klasse, er ist der Kleinste, gehänselt und herumgeschubst; wehren kann er sich nicht. Auch zu Hause ist er weiterhin nur Opfer, einer, der überall im Wege steht, der angeschrien und grundlos geschlagen wird; weder Mutter noch Vater beschäftigen sich mit ihm; im Gegenteil: Die Mutter prügelt ihn mit Kleiderbügeln und wirft gezielt mit einem Schlachtermesser nach ihm. Zärtlichkeiten zwischen ihm und der Mutter gibt es nicht.

Mit zehn Jahren kommt Jürgen in ein Kinderheim, zwei Jahre später in ein katholisches Internat mit etwa 300 Schülern, darunter einige schwer Erziehbare. Im Internat herrscht eine strenge militärische Zucht. Die Kinder müssen lernen, die Absurditäten und Launen der Erzieher widerspruchslos und ohne Gefühl von Haß hinzunehmen. Gleichzeitig wird ihnen unter Androhung schwerster Strafen verboten, sich mit einem Mitschüler anzufreunden oder sich „mit ihm sehen" zu lassen. Das strenge Verbot hindert aber einen der Patres nicht, eines Nachts Jürgen in sein Bett zu holen und ihn zu mißbrauchen. Jürgen flieht am nächsten Tag aus dem Internat, wagt aber zu Hause über den Vorfall nichts zu erzählen und wird wieder in das Internat zurückgeschickt – trotz seiner inständigen Bitte, dies nicht zu tun. Mit fünfzehn verläßt er dann das Internat und beginnt eine Metzgerlehre.

In ihrem Buch ›Am Anfang war Erziehung‹ analysiert Alice Miller das Leben des Jürgen Bartsch „vom Ende her wahrgenommen". Sie weist darauf hin, daß hinter den von Jürgen Bartsch begangenen Verbrechen eine Geschichte verborgen ist, die sich aus den einzelnen Details und Inszenierungen der Tat ablesen läßt (Miller 1980, S. 264):

– das unterirdische Versteck, in dem er die Kinder umbringt, erinnert an das jahrelange Eingesperrtsein im Keller mit Gittern und hohen Mauern;
– er hat die Kinder mit dem Messer, „mit unserem Messer", wie er schreibt, aufgeschnitten;
– es erregte ihn besonders, in die verängstigten, gefügigen Augen seines Opfers zu blicken. Jürgen Bartsch hatte sowohl im Elternhaus wie im Internat immer wieder erfahren müssen, daß Eltern und Erzieher ihre Wut und ihren Jähzorn an ihm ungehemmt austoben durften, während von ihm von klein auf die Beherrschung seiner Affekte verlangt wurde. Es erregte ihn nun, wenn er in die erschrockenen und hilflosen Augen seiner Opfer schaut, weil er in diesen Augen sich selbst mit den Gefühlen begegnet, die er hatte unterdrücken müssen. Zugleich erlebt er sich in der Rolle des verführenden erregten Erwachsenen, dem er einst ausgeliefert war. Seine Taten sind nachgestellte Inszenierungen jener Situationen, in denen sein eigenes Selbst vernichtet wurde

und die ihm jetzt erlauben, als mächtiger Verfolger wie ein Erwachsener zu dominieren.

Der Fall Bartsch macht zweierlei deutlich.

Erstens: Gewalttaten fallen nicht wie Blitze aus heiterem Himmel; sie sind nicht einfach Ausbruch einer im Täter schlummernden kriminellen Energie und es ist nicht das Böse an sich, das sich hier Bahn bricht. Vielmehr: Taten haben ihre Vorgeschichte; sie sind Antworten auf das, was ihnen vorausgegangen ist.

Doch nur in den allerseltensten Fällen machen sich die Personen, die an den Vorgeschichten, den Interaktionen mit dem späteren Straftäter beteiligt waren, bewußt, wie sich ihr Verhalten auswirken könnte. Denn hierbei handelt es sich nicht um vorhersehbare und voraussagbare Kausalabläufe, sondern um einen relativ ergebnisoffenen Interpretationsprozeß. Es geht auch gar nicht darum, die Interakteure schuldig oder mitschuldig an der fremden Straftat zu sprechen. Ganz abgesehen davon, daß auch sie für sich in Anspruch nehmen könnten, ihrerseits von anderen beeinflußt worden zu sein, und sich somit ein Spiel ohne Grenzen eröffnete – das Strafgericht ist kein Forum, vor dem das Handeln der Gesellschaft gegen das Individuum, sondern das Handeln des Individuums gegen die Gesellschaft angeklagt und verhandelt wird. Dennoch ist die nach der Tat, „vom Ende her wahrgenommene" Erkenntnis wichtig, daß auch ein Täter Opfer sein kann und daß seine Straftat weniger einem freien Willen, den es durch hohe Strafen zu brechen gilt, entspringt, als vielmehr Handlungs- und Lebenszusammenhängen, die weiterhin so lange kriminogenes Verhalten erzeugen und fördern, bis sie selbst positiv verändert werden.

Zweitens: Es ist keineswegs zwangsläufig, daß geschlagene Kinder weiter schlagen, daß Bedrohte weiter drohen und an der Seele Getötete weiter töten. Ob sich die Aggressionen des Opfers später gegen andere oder gegen sich selbst richten, ob es Auswege in Alkohol- oder Drogenräuschen, im Suizid oder in Gewalttaten sucht, ist weniger vom Willen als vom Zufall bestimmt. Doch Kinder, die schwer mißhandelt oder gedemütigt wurden, werden sehr viel eher als andere ihren früh aufgestauten kindlichen Haß in destruktivem Handeln entladen. Das Gewaltmuster, das ihnen in Problemsituationen von anderen vorexerziert und an ihnen exekutiert wurde, bietet sich wie selbstverständlich als probates Lösungsmuster in späteren Konfliktsituationen an.

2.2 Gibt es in Fällen wie Bartsch eine befriedigende strafrechtliche *Lösung?*

Die Antwort ist einfach und unbefriedigend: nein. Zwar holen die Gerichte bei Kapitalverbrechen in der Regel psychiatrische und psychologische Gutachten ein und erörtern mit den Gutachtern die Verflochtenheit der Straftat mit psycho-sozialen Ereignissen aus dem Leben des Täters. Doch wenn dem Täter Schuldunfähigkeit nicht zu attestieren ist, wird allenfalls eine in der Höhe reduzierte Freiheitsstrafe ausgesprochen. Zwei Bereiche bleiben jedoch unberührt: Das Gericht kann keinerlei Maßnahmen ergreifen, um das Umfeld des Täters, in dem er gelebt hat und in dem straftatfördernde Faktoren begründet sind, positiv zu beeinflussen. Das Gericht hat aber auch keinerlei Möglichkeiten, auf das Umfeld des Täters einzuwirken, in das er bei Strafantritt gerät. Auch wenn der Gutachter zu dem Ergebnis kommt, daß ein Gewalttäter in einzel- oder gruppentherapeutischen Sitzungen lernen müsse, mit seinen Aggressionen umzugehen, und das Gericht diese Meinung teilt, so kann es dennoch nicht mit seiner Entscheidung auf die Ausgestaltung des Vollzugs einwirken und sicherstellen, daß dem Verurteilten auch die Chance zur erforderlichen Therapie geboten wird. Denn für den Vollzug ist das Gericht nicht mehr zuständig. Das Gericht kann nicht einmal verhindern, daß der Verurteilte in eine Gemeinschaft von Strafgefangenen gerät, in dem die Spirale der Gewalt sich von neuem zu drehen beginnt.

3. Gewalt in Fernsehfilmen

3.1 Bartsch hat in seiner Kindheit leibhaftig und qualvoll erfahren, daß Menschen immer wieder Gewalt einsetzten, um sein Verhalten in ihrem Sinne zu steuern. Millionen von Kindern und Jugendlichen können täglich die gleiche Erfahrung machen, zwar nicht am eigenen Leib und nicht schmerzhaft, wohl aber am Modell. Sie können nahezu zu jeder beliebigen Stunde des Tages einen oder mehrere Fernsehkanäle finden (notfalls sich aber auch Videos kaufen oder ausleihen), in denen Gewalt in unterschiedlichsten Varianten als Mittel zur „Lösung" von Konflikten eingesetzt wird. Junge Zuschauer bekennen offen, so wie die Akteure in den Filmen möchten auch sie kämpfen und sich wehren lernen. Wer derartige

Szenen konsumiert und verinnerlicht, in dessen Kopf verfestigt sich das Ablaufschema: Konflikt – Kampf – Gewalt – Erfolg; er beschäftigt sich nicht mit der Frage, ob überhaupt Gewalt, sondern nur wie Gewalt angewandt werden soll. Und noch mehr: Je stärker die mentale Gewaltbereitschaft, desto stärker färbt sie auch die Wahrnehmung der Situation als Konfliktsituation ein, die Gewaltanwendung erforderlich zu machen scheint.

Psychologen haben diese Zusammenhänge durch zahlreiche Experimente nachgewiesen. Doch beim Experiment bleibt es nicht. Vor einigen Jahren wurde in Nordrhein-Westfalen ein 15jähriger Schüler verurteilt, weil er seinen nur wenig jüngeren Freund gefesselt und ihm solange Sand in den Mund gestopft hatte, bis dieser erstickte. Vor Gericht ließ er sich ein, der Freund habe ihn ein „Beamtensöhnchen" genannt und damit beleidigt. Im Zimmer des Jugendlichen fand man ein Horrorvideo, das zeigte, wie ein Opfer auf die gleiche Weise hingerichtet wurde, weil es den Täter einen „Hurensohn" genannt hatte.

Die Interakteure der durch Video und Fernsehfilme angeleiteten Straftäter – Produzenten, Händler und Fernsehintendanten – verschanzen sich gern hinter dem Argument, Millionen sähen sich diese Filme an, ohne zu Straftätern zu werden, ursächlich für Straftaten könnten deshalb solche Filme nicht sein; Kain habe seinen Bruder Abel schließlich auch getötet – ohne mediale Einwirkung. Derartige „Beweisführungen" liegen jedoch neben der Sache. Es geht nicht um den Nachweis eines monokausalen Zusammenhanges, sondern um die Einsicht, daß derartige Filme das Risiko erhöhter Gewaltakzeptanz und -bereitschaft bei den Zuschauern vergrößern, zumal dann, wenn andere Risikofaktoren hinzutreten wie ungesicherter oder gefährdeter Sozialstatus, ungefestigte Familienstrukturen oder gar eigene Erfahrungen als Gewaltopfer.

3.2 Das in Gewaltfilmen und -videos liegende Potential zur Förderung von Gewalttaten Dritter wird derzeit nur unzureichend rechtlich kontrolliert (vgl. Stock 1993). Soweit die landesrechtlichen Regelungen Sendungen für unzulässig erklären, die gegen § 131 StGB (Gewaltdarstellung; Aufstachelung zum Rassenhaß) oder gegen § 184 StGB (Pornographie) verstoßen, oder die „offensichtlich geeignet sind, Kinder und Jugendliche sittlich schwer zu gefährden", führen diese Bestimmungen nicht über das allgemeine Strafrecht, das jedermann solche Handlungen verbietet, hinaus.

29

Das Strafrecht aber ist (notwendigerweise) äußerst lückenhaft, kann leicht umgangen werden und erfaßt eine Vielzahl höchst problematischer Gewaltanwendungen, wie sie die privaten Fernsehsender aus offenkundig kommerziellen Gründen zunehmend präsentieren, überhaupt nicht: z. B. wenn autoaggressive Gewalthandlungen wiedergegeben werden, wenn Gewalt in sog. TV-Reality-Sendungen als Wirklichkeit nachgespielt oder Menschen in öffentlichen Shows zu Objekten aggressiver Verbalexzesse degradiert werden. Zuzustimmen ist deshalb einer *Verbotserweiterung* von Fernsehsendungen, die sich am Maßstab eines (weit über das Strafrecht hinausgehenden oder sich gänzlich von ihm ablösenden) rundfunkspezifischen Schutzes der Menschenwürde ausrichtet und deren Beachtung durch differenzierte Sanktionsmöglichkeiten sichergestellt und durchgesetzt werden muß (Programmrüge, Suspendierung und Entziehung der Lizenz, Bußgeldtatbestände). Entsprechende Verbote mit vergleichbaren Sanktionen wären für den Videoverkauf und -verleih zu entwickeln.

4. Gewalt in der Drogenszene

4.1 Zahlreiche Gewaltdelikte stehen in Zusammenhang mit der sog. Beschaffungskriminalität. Darunter versteht man jene Straftaten, die Drogenabhängige begehen, um sich das nötige Geld für den Kauf von Drogen in der Szene zu beschaffen. Da sich der Drogenumsatz in der Bundesrepublik nach vorsichtigen Schätzungen auf jährlich ca. 5 Milliarden DM beläuft, läßt sich ungefähr erahnen, wieviel Geld die meist arbeits- und mittellosen Drogenabhängigen pro Tag auf illegale Weise „beschaffen" müssen, um ihre Sucht zu befriedigen. Wenn auch die meisten Straftaten Fälle des einfachen Diebstahls oder des Diebstahls unter erschwerenden Umständen betreffen, so findet sich im Rahmen der Beschaffungskriminalität doch auch eine große Zahl von Gewaltdelikten: Raub (insbes. Handtaschenraub, Straßenraub), Erpressung, gefährliche Körperverletzung und Mord. Wie sich aus der polizeilichen Kriminalstatistik 1991 ergibt (Bundeskriminalamt 1992, S. 123 f.), rangieren Städte mit bekanntermaßen großer, meist offener Drogenszene wie Berlin, Hamburg, Bremen, Hannover und Frankfurt beim Straßen- und Handtaschenraub seit Jahren auf einem enorm hohen Level mit steigender Tendenz; nicht alle, doch ein großer Teil dieser Straftaten wird, wie wir aus polizeilichen Berichten wissen, von Drogenabhängigen begangen. Obwohl Polizei und Staatsanwaltschaft den personellen Einsatz im Kampf gegen Drogen- und Beschaffungskriminalität verstärkt haben (in manchen Städten bis zu 20 und mehr Prozent des Personals), ist eine Trendwende nicht in Sicht. Immer mehr verbreitet sich auch unter Fachleuten, z.B. dem Bund Deutscher Kriminalbeamter, die Einsicht, daß kaum eine Chance besteht, diese Art von Kriminalität mit strafrechtlichen Mitteln wirksam bekämpfen zu können. Dies folgert man u.a. aus der immer geringer werdenden Menge sichergestellter Drogen im Vergleich zu der um ein Vielfaches größeren Menge, die jährlich zur Bedarfsdeckung der Süchtigen umgesetzt wird.

Diese Resignation, einen aussichtslosen Kampf zu führen, verstärkt sich noch durch einen weiteren Umstand. Neuerlich tritt immer mehr in das Bewußtsein der Drogenfachleute, daß Drogen nicht nur ein Gift im Blutkreislauf ihrer Konsumenten sind, sondern auch ein Gift, das in sozialen, politischen und wirtschaftlichen Strukturen der Gesellschaft zirkuliert und diese zu zersetzen beginnt (Amendt 1992). Die enormen Gewinne der Rauschgiftmafia, die sie trotz neuerer Gesetze gegen Geldwäsche auch weiterhin in die Wirtschaft einschleusen kann, bringen nicht nur große Markt- und Wettbewerbsvorteile gegenüber Unternehmen, die sich ihre Kredite auf dem Kapitalmarkt besorgen müssen, sie führen auch zu deren Marktverdrängung und einem unkontrollierbaren Einfluß auf das gesamte Wirtschaftsleben, zumal internationale Verflechtungen eine Aufdeckung praktisch ausschließen. Die Erkenntnis wächst, daß die von der Polizei selbst über Jahre hin als außerordentlich bedrohlich beschworene organisierte Kriminalität nicht mehr mit polizeilichen Mitteln wirksam zu bekämpfen ist, auch dann nicht, wenn diese immer mehr – z.B. durch das Gesetz zur Bekämpfung des illegalen Rauschgifthandels und anderer Erscheinungsformen der organisierten Kriminalität vom 5.7.1992 – zu geheimdienstlichen Mitteln ausgebaut und verfeinert werden. Das Problem der Drogenkriminalität und der mit ihr verbundenen Beschaffungs-, vor allem aber der Wirtschaftskriminalität hat sich mittlerweile zu einem Strukturproblem unseres Staates entwickelt und kann deshalb auch nur durch strukturelle Maßnahmen gelöst werden.

4.2 Nur wenn der Staat alle Drogen, weiche wie harte, zur ärztlich kontrollierten Abgabe kostenlos *freigibt,* bricht der Drogenmarkt mangels Nachfrage zusammen, entfällt die Beschaffungskriminalität und versiegen die Geldströme aus den Drogengeschäften. Damit löst man zwar nicht das unmittelbare Suchtproblem der Drogenabhängigen – aber das schaffen wir auch mit den jetzigen Mitteln von Verbot und Strafe nicht –, doch würden sie immerhin in Kontakt mit Ärzten kommen, so daß längerfristig durchaus begründetere Hoffnung auf hilfreiche Beratung mit dem Ziel einer Drogenreduktion oder -substitution besteht als derzeit, wo sich kaum ein Arzt um sie kümmert. Vor allem aber: Die Drogenabhängigen könnten weiterhin in ihrem beruflichen und sozialen Umfeld verbleiben, ohne Gefahr zu laufen, persönlich und gesundheitlich zu verelenden oder kriminalisiert zu werden; sie wären nicht mehr gezwungen, sich durch Beschaffungskriminalität das nötige Geld für Drogen zu besorgen.

Solange man an der Vorstellung festhält, Straftaten hätten ihren Ursprung allein in der Person des Täters, seien insoweit ausschließlich Ausdruck individuellen Fehlverhaltens, dürfte es schwerfallen, der hier für den Drogenbereich dargestellten Entkriminalisierung zuzustimmen. Sofern man aber eine interaktionistische Perspektive im Strafrecht einnimmt und akzeptiert, daß eine Tat nur dann eine Straftat ist, wenn der Gesetzgeber sie so definiert hat, dann muß man auch akzeptieren, daß sie nur solange eine Straftat ist, wie der Gesetzgeber diese Definition beibehält. Gewiß wird er die Definition nicht nach Belieben, also willkürlich aufheben oder ändern. Doch wenn eine Prüfung der Wirksamkeit strafrechtlicher Normen ergibt, daß ihre Existenz und Umsetzung in der Praxis das eigentliche Normziel (die Unterbindung des Drogenhandels und -konsums) verfehlt, darüber hinaus aber neue und kaum mehr lösbare Probleme schafft (Beschaffungs- und Wirtschaftskriminalität), dann ist es sachlich geradezu geboten, daß der Gesetzgeber nach anderen, nicht-strafrechtlichen Ordnungsmitteln sucht, die zu einem Zusammenbruch des die Wirtschaft und die Gesellschaft bedrohenden Drogenmarktes und damit zu einer Beseitigung der durch die strafrechtliche Bekämpfung entstandenen Probleme führen.

5. Gewalt von rechts

5.1 Die Gewaltanwendung durch Täter wie Jürgen Bartsch spiegelt Gewaltmuster wider, denen diese selbst als Opfer unterworfen waren. Was aber ist mit der Gewalt jener, vor allem junger Menschen, die solche persönlichen Gewalterfahrungen nicht machen mußten, sich aber heute auf unschuldige Menschen stürzen, sie ängstigen und verprügeln, ihre Wohnheime anzünden und sie in den Tod treiben, nur weil sie als Ausländer in unser Land gekommen sind? Warum wenden sie Gewalt an?

Wilhelm Heitmeyer (1993) hat in zahlreichen Publikationen zur Erklärung fremdenfeindlicher und rechtsextremistischer Gewalttaten Jugendlicher auf deren Desintegration hingewiesen: Jugendliche erfahren am eigenen Leib familiale, berufliche und politische Desintegrationsprozesse und damit Verluste von bisher handlungsleitenden und Sicherheit verbürgenden Orientierungsmustern oder sie antizipieren derartige Prozesse und Verluste in ihren Zukunftsängsten. Nicht nur wer tatsächlich arbeitslos oder ohne Wohnung ist, sondern auch wer den Verlust seines Arbeitsplatzes oder seiner Wohnung fürchtet, sieht vor allem in Ausländern und Asylanten Konkurrenten und ein Bedrohungspotential der eigenen Sicherheit. Die ursprünglich durch Desintegration entstandenen Ohnmachtsprozesse schlagen um in gewaltakzeptierende Orientierungen.

Dieser Umschlag von Frustration und Enttäuschung in Aggression ist allerdings kein Automatismus. Vielmehr setzt er Hinweise darauf voraus, daß die Aggression sozial angemessen oder sogar erwünscht ist (Rommelspacher 1993). An derartigen „Hinweisen" gegen Ausländer hat es in unserer Gesellschaft in letzter Zeit gewiß nicht gefehlt. Jahrelang haben Politiker vom Ausländerstrom geredet, der uns „überschwemmt"; vom Asylantenproblem, das unsere existentielle Grundlage nachhaltig bedrohe, weil die Flüchtlinge in Wahrheit nur „Sozialschmarotzer" seien; von der Gefahr einer „durchrassten" Gesellschaft – mit der Folge, daß der Grundtenor dieser Ausländerpolitik gerade auch für Jugendliche unüberhörbar wurde: Wir wollen diese Menschen nicht in unserem Land, sie bedrohen unseren wirtschaftlichen und gesellschaftlichen Wohlstand. „Insofern sind männliche Jugendliche die geeigneten Projektionsfiguren für unbewußte gesellschaftliche Aggressionen, sie leben die gewalttätigen, menschenverachtenden Phantasien aus." (Rommelspacher 1993, S. 201.)

Dazu ein – leider nicht vereinzelt gebliebener – Fall (Süddeutsche Zeitung v. 25.4.1992): In einer westdeutschen Großstadt warfen in der Nacht zum 3. Oktober 1991, dem Tag der Deutschen Einheit, zwei Jugendliche Molotowcocktails in ein von 20 Asylbewerbern bewohntes Heim. Bewohner kamen nicht zu Schaden, da die meisten sich selbst retten konnten oder von der Feuerwehr gerettet wurden. Die Jugendlichen wurden wegen schwerer Brandstiftung und Verstoßes gegen das Waffengesetz zu einem Jahr und neun Monaten zur Bewährung verurteilt, nicht aber wegen versuchten Mordes, obwohl sie wußten, daß das Heim zur Tatzeit bewohnt war. Die Richter konnten einen auch nur bedingten Tötungsvorsatz bei den Jugendlichen nicht feststellen. Bei der Urteilsverkündung drängte sich allerdings der Verdacht auf, daß die Richter vor allem deshalb die Anwendung des Mord- oder Totschlagsparagraphen vermeiden wollten, weil sie sonst zur Verhängung einer weitaus höheren, nicht mehr zur Bewährung auszusetzenden Freiheitsstrafe gezwungen gewesen wären, die man vor allem deshalb vermeiden wollte, weil die Jugendlichen zu der Tat mehr oder weniger von Erwachsenen verleitet worden seien. Denn der Tat waren massive Protestaktionen zahlreicher Bürger vorausgegangen, die sich gegen die Errichtung eines Asylbewerberheimes in ihrem Stadtteil zur Wehr setzten und wochenlang gegen den Betrieb der „Drogenvilla" polemisierten. Die Jugendlichen erklärten vor Gericht, sie hätten sich als verlängerter Arm der Erwachsenen gefühlt, die mit ihren Protesten allein nichts ausgerichtet hätten; sie hätten so letztlich nur das in die Tat umgesetzt, wozu den Erwachsenen der Mut gefehlt habe.

Sicherlich wurde hier durch das Verhalten der Erwachsenen eine gefährliche fremdenfeindliche Atmosphäre geschaffen, in der die Tatgeneigtheit der Jugendlichen entstehen und Auftrieb finden konnte. Gewiß durften die Richter bei der Urteilsfindung dieses Verhalten der Erwachsenen und ihren Einfluß auf die Jugendlichen nicht übergehen. Dennoch ist die richterliche Zurückhaltung dogmatisch falsch und kriminalpolitisch verfehlt. Niemandem ist gedient, wenn Normverletzungen nicht verdeutlicht, unrechtes Verhalten nicht beim Namen genannt und dadurch verharmlost oder gar verdrängt wird: Mord muß auch dann Mord genannt werden, wenn die zu verhängenden Sanktionen gravierend sind. Alles andere privilegiert in ungerechtfertigter Weise die Anwendung von Gewalt gegen Ausländer und trägt zu der fatalen Einschätzung bei, auch die Gerichte könnten in diesen Taten kaum mehr als nur dumme Jungenstreiche sehen. Die Gefahr ist groß, daß Jugendliche das richterliche „Übersehen" massiver Normverletzungen sogar als stillschweigende Zustimmung und Billigung fremdenfeindlicher Gewalt mißdeuten können.

5.2 Doch trotz der gebotenen Normverdeutlichung durch das Gericht und einer eindeutigen Grenzziehung: bis hierher und nicht weiter! bleibt die Frage offen, welche Strafen das Gericht für die beim Namen zu nennenden fremdenfeindlichen Straftaten jugendlicher Gewalttäter verhängen soll.

Wenn Gewalt die Folge von erfahrenen oder antizipierten Desintegrationsprozessen ist, dann ist es ein unabweisbares Gebot an die Strafjustiz, alles zu vermeiden, was diesen Desintegrationsprozeß aufrechterhalten oder gar forcieren kann. Wer die Zustände in Strafanstalten, auch Jugendstrafanstalten kennt, wird kaum bestreiten, daß die hier Inhaftierten trotz aller Resozialisierungsbemühungen und -beteuerungen einem der massivsten Desintegrationsprozesse unterworfen sind: überfüllte Anstalten, keine nennenswerten sozialen Kontakte, keine beruflichen Karrieren, kein gleicher Lohn für gleiche Arbeit, Geschlechtertrennung – um nur einige Auswirkungen der „totalen Institution" zu nennen. Wer zur Freiheitsstrafe verurteilt wird, gerät zwangsläufig an einen Ort, an dem die Ursachen für gewaltakzeptierende Orientierungen verstärkt auf ihn einwirken. Wer hier als rechtsextremistischer Gewalttäter auch noch auf einsitzende Ausländer trifft, wird in ihnen wohl kaum „Leidensgenossen" sehen und seine Einstellung zu ihnen ändern, die doch seiner Meinung nach „an allem", auch an seiner Inhaftierung, schuld sind. Die Spirale der Gewalt, zumindest der Gewaltbereitschaft, beginnt sich erneut zu drehen. Was als Lösung des Gewaltproblems ausgegeben wird, die Inhaftierung, erweist sich selbst als eine weitere Quelle des Problems, bleibt mithin eine „pathologische Lösung" (Heitmeyer).

Wenn aber die Strafjustiz erkennt, daß nichts die Gewaltbereitschaft Jugendlicher mehr fördert als ihre Inhaftierung, dann muß sie alles vermeiden, was zu einer kontraproduktiv wirkenden Vollstreckung der Freiheitsstrafe bei diesen Tätern führen kann. Das beste Mittel dafür ist der Verzicht auf die Vollstreckung der Freiheitsstrafe gegenüber Jugendlichen. Dies wird freilich dort nicht möglich sein, wo ein jugendlicher Gewalttäter „die Öffentlichkeit mit einem realen Risiko weiterer erheblicher Straftaten bedroht"; dann „muß unter Notwehraspekten eingesperrt werden, wenn es keine Sicherheitsalternativen gibt" (Breymann 1993).

In den meisten Fällen aber wird auf effizientere *Alternativen,* die das Jugendgerichtsgesetz ermöglicht, zurückgegriffen werden können: Trainingskurse, in denen systematisch die soziale Fähigkeit Jugendlicher geschult und kontrollierter Umgang mit Aggressionen vermittelt werden, intensive persönliche Betreuung, Täter-Opfer-Ausgleich oder gemeinnützige Arbeit. Auf diese Weise können durch individuelle Bearbeitung der einer Gewalttat zugrunde liegenden Probleme, durch Kennenlernen auch der Lebensprobleme von Ausländern, durch Förderung gemeinsamer Interessen eher und nachhaltiger Einstellungsveränderungen erreicht werden als im Strafvollzug, der den Jugendlichen durch Einsperrung von der Gesellschaft aussperrt und mit seinen Konflikten allein läßt. Derartige durchaus mit Erfolg praktizierte Konzepte sind allerdings personalintensiv, fordern mehr Phantasie und den Mut, auf die Jugendlichen zuzugehen, statt sie von vornherein als unerziehbar auszuschließen, führen aber zu mehr Integration und damit zu einem effizienteren Rechtsgüterschutz als das Verwahren in Strafanstalten.

6. Abschließende Bemerkungen

Das Strafrecht definiert Gewalt als ein Mittel, mit dem auf den Willen oder das Verhalten eines anderen durch ein gegenwärtiges empfindliches Übel eine Zwangswirkung ausgeübt wird. Es mag sein, daß diese für alle Formen der Gewalt zutreffende Definition auch dazu verführt, eine einheitliche Lösung zur Eindämmung der Gewalt zu suchen, und zwar in einer Verschärfung der Strafen für Gewalttaten. Dies ist jedoch ein Irrweg.

Die Definition der Gewalt liefert nur auf einer abstrakt-begrifflichen Ebene eine einheitliche Beschreibung sehr unterschiedlicher Gewaltformen, in Wirklichkeit aber steht der Begriff in bezug zu höchst verschiedenartigen Lebenssachverhalten. So ist die Gewalt, die ein Mann anwendet, um eine Frau zum Beischlaf zu zwingen, nicht mit der Gewalt vergleichbar, mit der ein Autofahrer einen anderen zwingt, die Überholspur freizugeben; die nur symbolisch gemeinte, aber gleichwohl als nötigende Gewalt strafbare Sitzblockade ist nicht auf eine Stufe zu stellen mit fremdenfeindlichen Gewalttaten.

Die strukturelle Verschiedenheit dieser und anderer gewaltbedrohter Lebensbereiche, in denen kaum miteinander vergleichbare Interaktionen ablaufen, erfordern deshalb auch eine differenzierte sektorale Lösung des Gewaltproblems. Was z.B. für die Eindämmung der Gewaltförderung durch bestimmte Fernseh- und Videofilme rechtspolitisch geboten sein kann, nämlich die Schaffung von sanktionsbewehrten Verboten, kann sich auf anderen Gebieten, z.B. im Drogenbereich, eher kontraproduktiv auswirken; während bei schweren Gewalttaten Erwachsener meist nur Freiheitsstrafe als Sanktion eingesetzt werden kann, ist für Jugendliche und Heranwachsende im Rahmen von Diversionsprogrammen, aber auch im Vollzug für erzieherische Maßnahmen Raum. Eine sektoral unterschiedliche Behandlung des Gewaltproblems anerkennt, daß die Straftat aus ihrem jeweiligen Entstehungszusammenhang gesehen werden muß. Andernfalls nehmen wir die Straftat nur als Spitze eines Eisberges wahr und verkennen Größe und Gefahr des breiten Sockels, der diese Spitze trägt.

Wer die Gewalttat nur am Täter festmacht, sie nur als persönlich vorwerfbares Unrecht begreift, bagatellisiert sie in Wirklichkeit, weil er die bedrohlichen sozialen Untergründe ausblendet, aus denen sie hervorging. Wer auf Gewalttaten nur mit höherer Strafe gegen die Täter reagiert, leugnet den gesellschaftlichen Anteil an der Genese der Gewalttaten, der sich in den Desintegrationsprozessen und -ängsten vor allem Jugendlicher manifestiert und denen die Politik nur wenig entgegenzusetzen hat. Der Ruf nach mehr und härterem Strafrecht befaßt sich nur mit dem Symptom; die Ursachen der Gewaltkriminalität bleiben indessen unberührt.

Literatur

Amendt, G.: Die Droge, Der Staat, Der Tod. Auf dem Weg in die Drogengesellschaft. Hamburg 1992.

Breymann, K.: Gewalttaten rechtsorientierter Skinheads in Ostdeutschland. In: Otto, H.-U./Merten, R.: Rechtsradikale Gewalt im vereinten

Deutschland. Jugend im gesellschaftlichen Umbruch. Bonn 1993, S. 294–300.

Bundeskriminalamt (Hrsg.): Polizeiliche Kriminalstatistik, 1992, S. 123 f.

Heitmeyer, W.: Rechtsextremistische Entwicklungslinien und die Probleme gesellschaftlicher Reaktionen. 1993.

—: Gesellschaftliche Desintegrationsprozesse als Ursache fremdenfeindlicher Gewalt und politischer Paralysierung. In: Aus Politik und Zeitgeschehen, B. 2/3, 1993.

Miller, A.: Am Anfang war Erziehung. Frankfurt/M. 1980, S. 232–281.

Rommelspacher, B.: Männliche Gewalt und gesellschaftliche Dominanz. In: Otto, H.-U./Merten, R.: Rechtsradikale Gewalt im vereinten Deutschland. Jugend im gesellschaftlichen Umbruch. Bonn 1993, S. 200–210, S. 201.

Stock, M.: „Gewaltproblematik und Rundfunkaufgabe". In: Zeitschrift für Urheber- und Medienrechte, 1993, S. 379–385.

Hans-Jürgen Kerner

Auf amtlichen Spuren der Gewalt – Realitätsbilder staatlicher Gewaltkommissionen in Deutschland

1. Thematisierung von Gewalt über Kommissionen: Zum Hintergrund der deutschen Situation

Was Gewalt an sich sei und welche Verhaltensweisen der Gewalt zugerechnet werden dürfen oder müssen: darüber hat jede(r) von uns eine ungefähre gestalthafte Vorstellung, die für die alltägliche Meinungsbildung und für die Orientierung in der alltäglichen Lebenswelt auch meistens hinreicht. Sollten wir aber die Aufgabe bekommen, verbindlich zu klären, wann man mit überindividueller Gültigkeit und mit Aussicht auf Konsens *genau* von Gewalt reden könne bzw. dürfe, etwa im Zusammenhang mit einem aktuell wieder häufiger diskutierten Verbot oder zumindest deutlicher Einschränkung von Gewalt in den Medien – dann würden wir garantiert in eben genau diejenigen oder mindestens in ähnliche Abgrenzungsschwierigkeiten geraten, in die Versuche anderer Personen oder Institutionen auch bisher schon geraten sind.

So sagt etwa Klaus Rolinski in einer „Bestandsaufnahme und Begriffserklärung" das Folgende: „Die – auch kulturelle – Geschichte des Menschen zeigt eine exzessive Anwendung von Gewalt durch den Menschen. Mord und Totschlag untereinander und Kriege zwischen den Nationen sind sozusagen Konfliktlösungsmuster mit Tradition. Aber auch bei kleineren Konflikten, z. B. bei Erziehungsfragen zwischen Eltern und Kindern, wird Gewalt als letztes Mittel eingesetzt, um den Streit zu beenden. Schwer ist es deshalb, ein derart ubiquitäres Handlungsmuster begrifflich zu fassen und auf spezifische Ursachen zurückzuführen. Erschwert wird die Bestandsaufnahme zusätzlich dadurch, daß zwischen ‚unerlaubter‘ und ‚gerechtfertigter‘ Gewalt unterschieden wird."[1]

Jörg Schuh, der die Tagung der Schweizerischen Arbeitsgruppe für Kriminologie zum Thema ›Gewalt im Alltag‹ im März 1990 geleitet hatte, deutet im Vorwort zum Tagungsband zusätzliche Aspekte an, wenn er u. a. sagt: „Wir hätten über GEWALT sprechen können: Diesen allumfassenden Begriff in all seinen Spektren zu behandeln, hielten wir für vermessen und unglaubwürdig. Wir wollten nicht über die großen Gewaltereignisse sprechen, wie sie uns in eindrücklicher Weise ständig von den Medien nahegebracht werden. Es ging uns vielmehr um die hintergründige, unterschwellige Gewalt, der wir alle unterworfen sind und durch die wir andere unterwerfen wollen. (...) Faszinierend am Thema war schon die sprachliche Schwierigkeit von Definition und Abgrenzung. Autorität, Aggressivität, Macht und Gewalt. Wo liegen die Grenzen? Wo ist das eine Ausdruck beeindruckender Dynamik und wo wird das andere zum lebensbedrohenden, die persönliche Freiheit einschränkenden Faktor? Ein ‚gewaltiger Sonnenaufgang‘ ist etwas anderes als ein ‚gewalttätiger Mensch‘. Schönheit der Natur gegen die eigene Machtlosigkeit Mitmenschen und Situationen gegenüber. ‚Überwältigend‘ sind beide. Elementare Naturgewalt ist etwas anderes als das ungezügelte und unbeherrschte Machtstreben von Völkern und Einzelnen. Eben wegen des Bewußtseins des Fragmentarischen und Skizzenhaften sollte man sich den Erklärungsansätzen widersetzen, mit denen die weit offenen Probleme der Gewalt als gelöst oder unproblematisch dargestellt werden."[2]

Auch an dieser Stelle sollen die Dinge bewußt offenbleiben. Ich werde keine verbindliche Definition von Gewalt vorlegen. Gemäß dem angeregten und schließlich abgesprochenen Thema werde ich vielmehr (nur) versuchen, in einer Art Meta-Analyse knapp zu skizzieren, was in Praxis, Politik und Wissenschaft während der letzten Jahre zur Problematik der Gewalt auf dem Wege von Kommissionsarbeit i. w. S. erarbeitet worden ist.

Die Überschrift meines Beitrages ist bewußt mehrdeutig gewählt worden, um einen „Haken" für das kritische Nachdenken zu setzen.

„Auf amtlichen Spuren der Gewalt" könnte meinen, daß in Deutschland von Amts wegen Spuren der Gewalt gesetzt worden seien. Mancher wird dabei an das sog. „Celler Loch" denken, wo staatliche Institutionen eine Lücke in die Celler Gefängnismauer

40

sprengten, um mit den so erzeugten Spuren den Verdacht auf die für weiterhin als gefährlich erachteten linksradikalen Terroristen zu lenken. Anderen Personen mit wenigstens gelegentlicher oder sogar gefestigter bis verfestigter Demonstrationserfahrung mag eine eng gefügte Reihe von gewappneten Bereitschaftspolizisten ins Gedächtnis kommen, woraus dann, nach erfolgloser Aufforderung an die Demonstranten zum Sich-Entfernen oder gar nach Steinwürfen durch dieselben, Gummiknüppel oder Wasserwerfer in Aktion traten. Wieder anderen mögen erniedrigende Prozeduren bei der Bundeswehr, im Strafvollzug oder in Psychiatrischen Kliniken vor Augen treten, seien sie selbst erlebt, von Dritten berichtet oder auch nur als über Medienberichte zum „Wissen" geronnene „Wirklichkeit" verinnerlicht.

Gewalt läßt sich also im staatlichen Bereich lokalisieren, wenn man die genannten Beispiele zunächst einmal phänomenologisch akzeptiert. Warum sollte sie auch, wenn man die einleitenden Zitate Rolinskis und Schuhs als Beispiel für andere Systembeschreibungen so umfassend nimmt, wie sie formuliert sind, ausgerechnet in diesem Lebensbereich nicht vorkommen? Gewalt im staatlichen Bereich wäre überwiegend, wenn und insofern eben Männer nach wie vor das öffentliche Leben dominieren, als Männergewalt zu betrachten. Eine der vielen interessanten Fragen für Querdenker wäre dann, inwiefern es die moderne Ausgestaltung des staatlichen Gewaltmonopols beim direktesten Außenrepräsentanten dieses Monopols im staatlichen Innenverhältnis, eben der Polizei, geschafft hat, bei Konfliktsituationen zwischen Bürger und Polizei das Durchbrechen dieser männlichen Gewaltbereitschaft eben gerade nicht (bloß) zu kanalisieren, sondern effektiv zu unterbinden. Über das ubiquitäre Vorhandensein von Aggression und von Gewaltbereitschaft *überall* zu diskutieren hieße im übrigen noch lange nicht, Vorentscheidungen über Legitimität und Legalität der manifest werdenden Gewalt auf der einen oder anderen Seite zu treffen. Und was für die Frage der Rechtfertigung mit Gewalt verbundenen Handelns entscheidend sein mag, kann für den sozialpsychologischen Mechanismus der interaktiven Aufschaukelung von Affekten zu Gewalt in Aktion und Re-Aktion völlig irrelevant sein.

Beispiele dafür, daß Amtsträger Gewalt anwenden, die nicht bloß als illegitim gewertet werden kann, sondern auch „illegal" im Sinne fehlender Eingriffsnormen und damit im Ergebnis regelmäßig auch strafbar ist (und vielleicht sogar tatsächlich bestraft wird), wird man immer wieder finden. In ruhigen Zeiten handelt es sich eher um einzelne individuelle „Ausreißer", in unruhigen Zeiten wird die Gefahr größer, daß auch kollektive Entgrenzungen auftreten. Abgesehen davon gibt es keine überzeugenden Belege für eine Ansicht, daß in der Bundesrepublik Deutschland „der Staat" überhaupt in direkter Weise gewaltförmig konstituiert sei oder jemals einzelne Gewalthandlungen flächendeckend aktiviert habe, um den Status quo von Macht und Herrschaft zu sichern. Eher konservative Geister neigen dazu, sich mit diesem Befund zufriedenzugeben. Eher kritische Geister neigen dazu, dem aktuellen Zustand vom Grunde her zu mißtrauen. Historische Erfahrung in Europa und der gegenwärtige vergleichende Blick in andere Kontinente (z. B. auf sog. „Todesschwadronen", denen brasilianische Straßenkinder zum Opfer fallen) schärft ihnen den Blick für latente Gefahren.

Schon Versuche, die Gewalt des Staates oder die Gewalt durch staatliche Funktionsträger oder die Gewalt durch Private im offenen Auftrag von oder mit stillschweigender Billigung durch staatliche Funktionsträger „als Potentialität" genauer zu beleuchten, sind geeignet, emotional unterfütterte Abwehrreflexe zu erzeugen, selbst dann, wenn noch gar keine konkreten Behauptungen vorgebracht werden. In Deutschland hat es verstärkt gegenüber Debatten in anderen europäischen Staaten oder in den USA den Anschein, als ob über die für den Beobachter noch einfach nachvollziehbare Reserve der staatlichen Instanzen selbst hinaus auch nicht unerhebliche Teile der Bevölkerung solchen Versuchen mit Zurückhaltung gegenüberstehen. Dem vielleicht hierzulande besonders deutlich ausgeprägten etatistischen Verstand will wohl scheinen, daß hier schon vom Ansatz her die „falschen Fragen" gestellt würden. Eine gewisse Portion der Abwehr haben auch die Gewaltkommissionen erleben können bzw. im eigenen Innenverhältnis bearbeiten müssen. Dies ist insofern leicht nachvollziehbar, als vor allem seit den 70er Jahren in der öffentlichen und speziell veröffentlichten Meinung mehr fundamentale Legitimitätskritik an der realen Form der (west)deutschen Demokratie als je zuvor geäußert wurde. Bei unsicherer Grundbefindlichkeit der Funktionseliten aber kann dann schon das recht abstrakte Reden über Gewalt im Staat bzw. über Gewalt des Staates zusätzliche Unsicherheit erzeugen. Im europäischen Rahmen mag man eine Parallele in der hinhaltenden Rolle der Bundesrepublik Deutschland bei der Ausarbeitung und Verabschiedung der sog. „Anti-Folter-Konvention" des Europarates sehen.

„Auf amtlichen Spuren der Gewalt" könnte nun aber auch meinen, wenn man die Perspektive wechselt, daß die Einzelforscher und Kommissionen aus Forschern (und ggf. Praktikern) sich ihre Sicht der Welt von vornherein möglicherweise haben einengen lassen. Sie wären dann Spuren gefolgt, die Auftraggeber gelegt hätten, um die Entdecker zu Schätzen zu führen, die dazu bestimmt waren, entdeckt zu werden. Im schlimmsten Fall müßte man von Scheuklappen sprechen, die man sich selbst aufsetzte oder hat aufsetzen lassen, um getreu dem vorgezeichneten Weg zu folgen. In der Sprache der literarischen Zensur wäre das mit dem Wort von der „Schere im Kopf" zu kennzeichnen.

Soweit ersichtlich, hat *keine* der betroffenen Gruppen sich die Art und Weise des Denkens, des Nachschauens und des Nachforschens ausdrücklich oder auch nur merklich stillschweigend vorschreiben lassen. Selbst die Gewaltkommission der Bundesregierung, der mancher Kritiker besondere Staatsbeflissenheit vorgeworfen hat, mußte nie erleben, daß wenn überhaupt irgendwelche, dann „unzulässig Druck machende" Wünsche, „Anregungen" oder gar „Ersuchen" sozusagen von oben an sie herangetragen wurden, sei es im Plenum, sei es etwa über persönliche Einflußnahme auf die Leiter oder die Koordinatoren von Teilgruppen. Eine andere Frage ist, ob die Schwerpunkte, die die Kommission unter Akzeptierung des Regierungsauftrags sich selber gesetzt hatte (s. u.), als optimal oder, wie ich meine, als vertretbar oder, wie grundsätzlich kritische Geister offenbar meinen, als systematisch verkürzt bezeichnet werden müssen. Darüber kann man (und muß man gegebenenfalls) trefflich streiten. Als Mitglied der Kommission scheint mir in der Auswahl der Beteiligten bereits die einfachste Erklärung für die Art und Weise der vorherrschenden Weltsicht und Deutung der Lage zu liegen. Es ist eines, divergierende Weltsichten und Deutungsmuster zu akzentuieren, ein anderes aber, Schwächen oder gar Inkonsistenzen im Rahmen der je gewählten Perspektive zu kritisieren. Jedenfalls in der öffentlichen Debatte (schon vor dem Erscheinen des Gutachtens) wurden die Ebenen gelegentlich grob durcheinandergemischt.

Es bleibt für die „amtlichen Spuren der Gewalt" dann etwas Harmloseres, aber dennoch für die Einschätzung der Lage nicht Unbedeutendes übrig: Die Bemühungen entstanden nicht originär aus besorgtem Bürgersinn oder aus einer kollektiven Aktivität von Wissenschaftlern an Hochschulen. Die Suche nach dem gegenwärtigen Erscheinungsbild der Gewalt und ihren Hintergründen wurde sozusagen von Amts wegen gestartet, indem Regierungen oder Parlamente Aufträge erteilten. Damit ist zugleich der in der Themenankündigung gewählte Begriff der „staatlichen Gewaltkommissionen" angesprochen. Freilich: Eine wirklich rein staatliche oder auch nur überwiegend im juristischen Sinne staatlich dominierte Gewaltkommission hat es in Deutschland nie gegeben. So betont bereits die Koalitionsvereinbarung für die Einsetzung der gerade genannten Gewaltkommission der Bundesregierung die gewollte analytische Distanz zum Auftraggeber dadurch, daß sie zwar Regierungskommission, aber eben *Unabhängige* Regierungskommission zur Verhinderung und Bekämpfung von Gewalt genannt wird. Und die Kommission selber hat das Etikett gerne immer wieder betont. Aber schon der Begriff der Gewaltkommission weckte darüber hinaus manches Unbehagen, so daß Akteure sich sozusagen vorbeugend gegenüber etwaigen Falschzuschreibungen veranlaßt sahen, von einer Anti-Gewalt-Kommission zu sprechen.

Alles in allem gilt: Die von Amts wegen initiierten oder eingesetzten Kommissionen in Deutschland verdanken sich ausnahmslos den unruhigen gesellschaftlichen Umständen und den (Jugend-)Protesten der späten 60er, den Terrorismusphänomenen der 70er und den Folgeproblemen von Demonstrationen der 80er Jahre, auch wenn sie inhaltlich nicht nur Formen der Gewalt in genau diesen Zusammenhängen, sondern auch andere Formen untersuchten. Vorbilder dafür gab es beispielsweise in den USA, in Frankreich, in Australien und in Neuseeland. Wenn ich es richtig sehe, hat man sich in Deutschland aber nur den äußeren Umstand zum Vorbild genommen, *daß* es im Ausland Kommissionen gab; man hat die Berichte entweder durchaus studiert oder im Auftrag auswerten lassen; jedoch wurde weder methodisch noch inhaltlich daran genau angeknüpft dergestalt, daß *vor* Beginn der eigenen Arbeit konzeptionelle Diskussionen in Anlehnung an oder in bewußter Abgrenzung zu den ausländischen Berichten bzw. Materialien geführt worden wären. Ob dies schon zeitlich überhaupt möglich gewesen wäre, ist recht fraglich; kaum bestreiten läßt sich indes in der Sache selber, daß im gegebenen Fall Chancen für die Gewinnung zusätzlicher kreativer analytischer Perspektiven bestanden hätten.

Eine der frühesten Vergewisserungen (auch) über Gewalt in der Jugend bzw. Gewaltbereitschaft der Jugend gab es mit der vom Bundestag am 26. Mai 1981 eingesetzten Enquetekommission zum Jugendprotest in der demokratischen Gesellschaft, geleitet von MdB Matthias Wissmann, dem jetzigen Verkehrsminister.[3] Sachlich parallel dazu, aber zeitlich vorgängig gab es in der Schweiz die Erhebungen der Eidgenössischen Kommission für Jugendfragen, die in den ›Thesen zu den Jugendunruhen 1980‹ mündeten.[4]

Die erste im Außenverhältnis beauftragte deutsche Kommission war die sog. Terrorismuskommission auf Vorschlag der Innenministerkonferenz 1977 gewesen. Im Jahre 1978 wurde eine Gruppe von Wissenschaftlern vom Bundesinnenminister beauftragt, die individuellen, gruppenspezifischen, gesellschaftlichen und ideologischen Bedingungen für Terrorismus zu untersuchen. Die wissenschaftliche Forschung sollte dazu beitragen, Wissenslücken über Entstehung und Entwicklung des Terrorismus zu schließen, Vorurteile abzubauen und die öffentliche Diskussion zu versachlichen, um Fehler in der Einschätzung des Terrorismus und in der Reaktion auf ihn zu vermeiden.

In die ersten Beratungen der Terrorismuskommission hinein wirkte ein vom Bundesjugendkuratorium im September 1978 veranstaltetes nichtöffentliches Hearing über die Wandlungen im Verhältnis von Jugend und Gesellschaft bzw. Staat, insbesondere über den konstatierten Rückzug Jugendlicher sowie die zunehmenden Verständigungsschwierigkeiten zwischen den Generationen. Das Bundesjugendkuratorium, ein unabhängiges Beratungsgremium der Jugendpolitik im Funktionsbereich des Bundesjugendministeriums, rief zu dieser Expertenanhörung Wissenschaftler und Praktiker aus den verschiedensten Bereichen zusammen. Auf der Grundlage der Vorträge und Beratungen verabschiedete und veröffentlichte das Kuratorium dann im Dezember 1978 eine Stellungnahme zum Thema ›Terrorismus und junge Generation‹, die u. a. wegen ihrer kritischen Aussagen zur Verantwortung der älteren Generation mit breitem publizistischem Echo beantwortet wurde.[5]

Die Arbeitsgruppen der Terrorismuskommission haben eine

Reihe von eigenen Erhebungen veranlaßt bzw. selbst durchgeführt und ihre Ergebnisse dann zwischen 1981 und 1984 in 5 Bänden der Öffentlichkeit präsentiert.

Die ersten Bände sind sozusagen täterbezogen und fügen sich in ein klassisch nachvollziehbares Ordnungsschema ein: Band 1 widmet sich den Ideologien und Strategien terroristischer Gruppen[6], Band 2 enthält individuelle Lebenslaufanalysen von 250 wegen Terrorismus Verurteilten[7], und Band 3 widmet sich den Gruppenprozessen und der Gruppendynamik innerhalb des terroristischen Feldes[8]. Die Doppelbände 4/1 und 4/2 thematisieren demgegenüber den Gegenpol der terroristischen Attacke: Staat, Gesellschaft und Wirtschaft. Band 4/1 fragt nach ›Gewalt und Legitimität‹[9], Band 4/2 legt unter dem Titel ›Protest und Reaktion‹ u. a. die Betonung auf das Problem von Staat, Gesellschaft und politischer Gewalt, und versucht sich an einer so bezeichneten „Pathologie politischer Konflikte"[10].

Obwohl auch in allen anderen Bänden durchaus kritische Analysen zur „Bekämpfungsseite" zu finden sind, kritisieren sie doch die vorherrschende soziale Realität nur beiläufig, sozusagen im Nebengang zu anderen Erörterungen, konfrontieren sie also nicht mit radikalen Fragestellungen. Wohl deshalb wurden die Einwände im politischen Raum akzeptiert oder stillschweigend übergangen. War doch das Problem von dieser Perspektive aus richtig verortet: bei den linken Terroristen und ihren Sympathisanten. Die Idee, daß bestimmte Erscheinungsformen von Gewalt zwar durchaus reale Phänomene sind, ihre eigentliche Bedeutung u. U. aber erst in der Betrachtung als „Epiphänomene" erhalten, d. h. als vordergründige Ereignisse, die auf einem allgemeinen wirkmächtigen staatlich-gesellschaftlich-wirtschaftlichen Zeitzustand bzw. Hintergrund aufsitzen, diese Idee weckte anscheinend Furcht und Abwehr. Nach langen taktischen Manövern wurde der letzte Band schließlich mit zeitlicher Verzögerung gegenüber den anderen Bänden doch „freigegeben". Der Gesamtherausgeber, der Bundesinnenminister, glaubte sich aber wohl absichern zu müssen, indem er dem Text der Wissenschaftler ein ungewöhnlich deutlich distanziertes Vorwort voransetzte.[11]

Damit war der Terrorismus sozusagen amtlich abgearbeitet. Nach dem heißen Herbst 1977 war auch die große Welle der eigentlichen Gewalttätigkeiten abgeklungen, ohne wirklich ganz aufzuhören, wie allseits bekannt ist.

Die folgenden Jahren waren gekennzeichnet durch die großen Anti-Bewegungen, durch die Barrikadenkämpfe an Probebohrungslagern, Atomanlagen, Endlagerstätten, Flughäfen, Wiederaufbereitungsanlagen, Munitionsdepots usw., um nur einige Stichworte zu nennen. Die vorerst letzten Ausläufer der Bewegung manifestieren sich bis 1993 in den juristischen Nachhutgefechten um die Sanktionierung von Sitzblockaden in Mutlangen und anderswo.

Die CDU/CSU/FDP-Koalition konnte sich 1987 nicht auf die Veränderung des Versammlungsrechts bzw. Verschärfung des Demonstrationsstrafrechts einigen. Dies war bei weitem nicht der einzige Grund, aber wohl der entscheidende Auslöser für die Koalitionsvereinbarung vom März 1987, das Problem sozusagen politisch zu vertagen und es im Rahmen einer breiteren Analyse von Ursachen und Bekämpfungsmöglichkeiten der Gewalt auf eine Kommission zu verlagern.

Dies markiert die Geburtsstunde der Gewaltkommission der Bundesregierung, die dann förmlich per Kabinettsbeschluß vom 16. Dezember 1987 als „Unabhängige Regierungskommission zur Verhinderung und Bekämpfung von Gewalt" mit 36 Mitgliedern und weiteren Hilfspersonen eingesetzt wurde, im Februar 1988 zu ihrer konstituierenden Sitzung zusammentrat, in vielfältigen Untergremien recht intensiv arbeitete, zügig voranschritt und den Abschlußbericht im Dezember 1989 vorlegte.

Der Bericht wurde dann im Folgejahr in vier Bänden mit mehr als 2000 Seiten Umfang auch publiziert. Unter dem Obertitel ›Ursachen, Prävention und Kontrolle von Gewalt‹ macht die Kommission im zentralen und gemeinsamen Endgutachten umfängliche, manchmal umfassende, gelegentlich tiefergehend begründete, generell auftragsgemäß im wesentlichen auf sekundäranalytischem Wege gewonnene „Analysen und Vorschläge zur Verhinderung und Bekämpfung von Gewalt", also, in anderen Worten, Anregungen zu einer gesellschaftlich relevanten Prävention und rechtsstaatlich kontrollierten Repression von Gewalt.[12]

Die vorweg begrenzten Kreisen auf unbekannt gebliebenen Wegen zugänglich gemachte Erstversion des Endgutachtens, also des eigentlichen Abschlußberichts der gesamten Kommission ohne Vorgutachten, Sondergutachten, Unterkommissionspapieren etc., rief bei etlichen Hochschullehrern, Praktikern der Instanzen der sozialen Kontrolle und öffentlich engagierten anderen Bürgern soviel

Aufregung hervor, daß sie innerhalb kurzer Frist in der Substanz eine Art Ad-hoc-Antikommission bildeten (in der Form freilich nur eine eher lockere Gruppierung), die noch im Herbst 1989 im Wissenschaftszentrum zu Bonn unter Beteiligung der Bundeszentrale für politische Bildung eine große Kundgebung veranstaltete. Auf diese Weise wurde die Gewaltkommission sozusagen in ihrer (zumindest publizistischen) Wirkung überholt.

Noch mehr im medialen Vorfeld der Tagesveranstaltung in Bonn, denn während der Debatten selber wurde zentrale politische Besorgnis, teils auch Empörung und seltener auch (vielleicht nicht nur gespieltes) Entsetzen artikuliert. Die Publikation zentraler Texte zum Thema, in der sich starke Emotionen nur noch vereinzelt entdecken lassen[13], zögerte sich gegenüber den ursprünglichen Planungen dann doch hinaus, mit dem Effekt, daß dort im Jahr 1990 auf die publizierte Endfassung des Gutachtens der Gewaltkommission Bezug genommen werden konnte[14], während die Gewaltkommissionsmitglieder sich vorerst mit subjektiven Verarbeitungsstrategien je nach individueller Reaktion auf die „Attacke" begnügen mußten.

Die Kritiker der Gewaltkommission hatten es dezidiert nicht darauf angelegt, sich mit dem Fundus des ausgebreiteten Materials auseinanderzusetzen, obwohl sie es dann auch nicht ganz ausblendeten. Sie verstanden die Grundrichtung des im Kern in den Blick genommenen Endgutachtens (der Gesamtkommission) als politisch zentriert, zumindest im Sinne der Überbetonung politischer Gewalt und dabei noch einmal der Zuspitzung auf Gewalt gegen den Staat: „Der das Gutachten beherrschende Grundgedanke läßt sich auf die Formel bringen: Straftäter ist das Individuum, Opfer ist der Staat; es geht bei der politisch motivierten Gewalt um Staatsschutz, nicht um Schutz der Bürgerfreiheit."[15] Um es bildlich auszudrücken: Gegen diesen als grob verstandenen Klotz sollte schnell ein grober Keil gesetzt werden. Es heißt in der Einführung demgemäß: „Die Gruppe will weder ein ‚Gegengutachten' erstellen noch ist beabsichtigt, wissenschaftliche Expertisen, die im Rahmen der zweijährigen Kommissionsarbeit erstellt wurden, zu bewerten. Es geht vielmehr darum, das Gewaltthema in einen alternativen Diskurs zu überführen, der sich mit politischer Kultur und dem Staatsverständnis befassen soll. Es gilt, republikanische Akzente zu setzen, für ein pluralistisches, individuumbezogenes Politikverständnis zu votieren, gegen eine autoritäre Staatsgesinnung anzutreten. (…) Dabei geht es vorerst nicht so sehr um einen wissenschaftlichen, sondern um einen (kriminal)politischen Diskurs, teils heftig, teils weniger heftig, je nach Temperament, aber gleichermaßen engagiert in der Sache: bemüht um die Kultur eines demokratischen, sozialen, republikanischen und freien Rechtsstaates."[16]

Gerade die Wissenschaftler in der Gewaltkommission haben diese Festlegung der Debatte auf das Endgutachten allein sowie die Konzentration auf das „Politische" eher als Verkürzung betrachtet, aber im allgemeinen ihre Sicht auch nachträglich nicht deutlich artikuliert.[17] Bis 1993 ist eine gezielt wissenschaftliche Auseinandersetzung nicht in Gang gekommen. Gerade politisch zurückgewendet wird es nun aber für eher skeptisch orientierte Alt-Mitglieder der Gewaltkommission interessant sein zu beobachten, ob mit dem manifesten Ausbruch rechtsextremer Gewalt die Kritik an der Gewaltkommission dort, wo diese in der Tat ganz offen das staatliche Instrumentarium zur Gewaltbekämpfung verbessert sehen wollte, aufrechterhalten bleibt oder ob Forderungen kommen werden, die implizit dasselbe thematisieren, nur eben jetzt explizit gegen den „richtigen" Adressaten aus der eigenen Weltsicht gewendet und damit als weniger „akut" in den strukturell immer vorhandenen Mißbrauchsmöglichkeiten betrachtet.

Abgesehen davon, daß die Meinungen auch in der Gewaltkommission selber mitunter bis zum Schluß der Beratungen nicht immer harmonisiert werden konnten, glaubte man doch einen Basiskonsens erreichen zu können. Der verbleibenden Gefahren war man sich bewußt, wie am Schluß der Präambel in folgender Formulierung deutlich wird: „Es bleibt zu hoffen, daß die Ergebnisse ihrer Arbeit konstruktiv aufgenommen und nicht in die Freund-Feind-Schablonen der parteipolitischen Auseinandersetzungen eingeordnet werden."[18]

2. Aufträge an und Festlegungen durch die Gewaltkommissionen

Im Kabinettsbeschluß vom Dezember 1987 wurde der Gewaltkommission der Bundesregierung die Aufgabe gestellt, bis Ende 1989 in einer Sekundäranalyse die Ursachen von Gewalt zu untersuchen, insbesondere im Bereich der politisch motivierten Gewalt, der Gewalt auf Straßen und Plätzen, der Gewalt im Stadion, der Gewalt in der Schule und der Gewalt in der Familie. Die Kommission hatte darauf bezogen dann den Auftrag, Konzepte zu entwickeln, die so praxisnah und handlungsorientiert sein sollten, daß sie von Gesetzgebung, Verwaltung und Justiz auch möglichst kurzfristig umgesetzt werden könnten.[19]

Das erstmals im Februar 1988 in Bonn tagende Plenum der Gewaltkommission interpretierte den Regierungsauftrag dahingehend, daß der den Sekundäranalysen zugrundezulegende Gewaltbegriff „aus der Sicht des staatlichen Gewaltmonopols" bestimmt werden solle. In Anbetracht der begrenzten Bearbeitungszeit wurde der Gutachtenauftrag im übrigen als zu breit betrachtet, so daß man sich mehrheitlich auf eine Schwerpunktbildung einigte. Primärer Gegenstand der Untersuchungen und Lösungskonzepte sollte danach die politisch motivierte Gewalt sowie die Gewalt auf Straßen und Plätzen sein. Die anderen Gewaltbereiche aus dem Gutachtenauftrag (Gewalt im Stadion, Gewalt in der Schule, Gewalt in der Familie) sollten, einschließlich der sog. „Transferproblematik", im Rahmen des Möglichen mit behandelt werden.

Die Analyse der Gewalt auf Straßen und Plätzen sollte nach der Interpretation der Kommission nicht die „klassische Gewaltkriminalität" mit dem Tatort Straße oder öffentlicher Raum umfassen. Andere Gewaltbereiche wurden explizit ausgeklammert, so die physisch vermittelte „Gewalt im Straßenverkehr", die „Gewaltkriminalität ausländischer Extremisten", die „Gewaltakte der organisierten Kriminalität" und der „Terrorismus". Die Kommission wollte damit nicht behaupten, daß solche Bereiche unerheblich wären; sie stellte vielmehr anheim, eigene Gremien für entsprechende Analysen zu schaffen, und konnte beim Terrorismus auch noch auf die Ergebnisse der Terrorismuskommission verweisen.[20]

Natürlich stellt jede Festlegung auf eine bestimmte Gewaltdefinition und zudem die Einbeziehung oder auch Ausschließung bestimmter Gewaltbereiche oder Gewaltphänomene eine Wertentscheidung dar. Selbst wenn man sich wie die Mitglieder der Gewaltkommission auf die Regierungsvorgaben im Ansatz einläßt und auch notwendigerweise einlassen muß, bleibt ein zunächst breiter Rahmen der Bestimmung dessen, was bei der gegenwärtigen Gewalt die „wirklich wichtigen Aspekte" sind. Einzelne Mitglieder und die eine oder andere Unterkommission haben deshalb schon immanent immer wieder die Blickrichtung erweitert und ergänzt oder Aspekte, die in der Hauptdiskussion wegen der Ausklammerungsbeschlüsse nicht zum Tragen kamen, wenigstens in Teilbeiträgen thematisiert. Dies läßt sich vor allem aus Band II mit den Erstgutachten der Unterkommissionen entnehmen. Die Spannweite der theoretischen, weltanschaulichen und sonstigen Grundorientierungen der in der Kommission mitwirkenden Wissenschaftler und Praktiker war aber im übrigen limitiert genug, um sich entweder aus Überzeugung oder wenigstens pragmatisch auf eine „zentrale Richtung" des gemeinsamen Weges verständigen zu können: d. h. die Orientierung an einem sog. „restriktiven Gewaltbegriff"[21].

Es zeigte sich, daß selbst diese Restriktion nicht nur fast zuviel an Arbeit für die vorgegebene Zeit mit sich brachte, sondern auch genügend Reibungsstoff für die Verständigung über die Wirklichkeit der Gewalt und über den richtigen Umgang mit ihr übrigließ. Am Ende der Präambel des Endgutachtens werden die unvermeidlichen Friktionen mit den aufschlußreich harmonisierenden Sätzen wie folgt beschrieben: „Nicht zuletzt ist in der Arbeit der Kommission deutlich geworden, daß bei einem Thema wie dem der Gewalt die vielbeschworene Gemeinsamkeit der Demokraten auf die Nagelprobe der Konsensbereitschaft in Grundsatzfragen zu stellen ist. Die Kommissionsmitglieder haben sich bemüht, inhaltlich und im Umgang miteinander konsensorientiert zu arbeiten."[22]

Interessant ist nun im föderalen Zusammenhang der Bundesrepublik Deutschland, daß die Bayerische Staatsregierung der Gewaltkommission der Bundesregierung offiziell schrieb, es sei eine wichtige Aufgabe zu untersuchen, wie der strafrechtliche Schutz des weltanschaulichen und religiösen Friedens verbessert werden könne. Die Kommission gab dazu keine Empfehlungen ab.[23] Von dem Umstand allerdings, daß in Bayern seit 1987 auf eine Erforschung der Gewalt im engeren Überschneidungsbereich der Arbeiten der Bundeskommission hingewirkt wurde, war (auch) später nicht (deutlich) die Rede. Die Gewaltkommission der Bundesregierung konnte zwar insofern unbeeinflußt arbeiten, hätte aber vielleicht bei Kenntnis all ihrer Mitglieder von den parallelen Vorgängen weitere Anregungen empfangen oder auch geben können.

Der Bayerische Landtag hatte mit Beschluß vom 11. 11. 1987, wohl auch unter dem Eindruck des für viele unerwartet breiten Widerstandes gegen den Bau der Wiederaufbereitungsanlage in Wakkersdorf in der Oberpfalz, das offizielle Startsignal gegeben: „Die Staatsregierung wird gebeten, auf eine umfassende Erforschung der zunehmenden Gewaltbereitschaft in unserer Gesellschaft hinzuwirken. Dabei sollen die Ursachen geklärt und Möglichkeiten zur Abhilfe erörtert werden. Die Untersuchung soll möglichst breit angelegt werden und auch die Bereiche Soziologie, Psychologie, Pädagogik, Medizin, Recht und Kriminologie einbeziehen."[24] Der Bayerische Senat legte mit einem Beschluß vom 21. 7. 1988 zur Bekämpfung der politisch motivierten Gewalt nach. In dem Beschluß wird die Staatsregierung gebeten, „alles zu unternehmen, um die in der letzten Zeit immer stärker um sich greifende und unsere freiheitlich demokratische Grundordnung ernsthaft bedrohende politisch motivierte Gewalt zu unterbinden und der zunehmenden Akzeptanz derartiger Gewaltausübung bei der Bevölkerung entgegenzuwirken". Als dritte Maßnahme werden Untersuchungen auf wissenschaftlicher Basis empfohlen.[25]

Die Bayerische Staatsregierung setzte im Ergebnis allerdings keine selbständig konstituierte „Bayerische Gewaltkommission" ein. Vielmehr wurden in einer Art Quasi-Kommission nach internen Auswahlkriterien neun Professoren unterschiedlicher Fachrichtungen an den bayerischen Hochschulen durch den Innenminister im Februar 1989 gebeten, in einem ersten Schritt schriftliche Gutachten zum Beschlußthema aus ihrer jeweiligen Sicht zu erstellen. Diese Gutachten wurden dann in einem zweiten Schritt am 11. Mai 1990 in einer öffentlichen Anhörung unter Beteiligung von Mitgliedern des Landtages und des Senates erörtert. Die endgültige Fassung der Beschlüsse und Gutachten wurde Ende 1990 als Buch veröffentlicht.[26]

Damit waren die Initiativen der Politik aber noch nicht beendet. Vielmehr setzte 1991 der Berliner Senat eine „Unabhängige Kommission zur Verhinderung und Bekämpfung von Gewalt" in Berlin ein. Sie soll schwerpunktmäßig die für Berlin als besonders problematisch betrachtete Gruppengewalt aufarbeiten und Vorschläge zur Befriedung beispielsweise der Bandenkämpfe zwischen deutschen und ausländischen rivalisierenden Jugendlichen entwickeln. Bisher sind abschließende Berichte noch nicht veröffentlicht, es gibt aber interessante Vorarbeiten und Forschungsbefunde von Mitarbeitern der Berliner Gewaltkommission.[27]

Das Jahr 1990 hätte mit dem Erscheinen der verschiedenen Gewaltberichte bzw. -gutachten zum Kristallisationspunkt einer vertieften Verständigung in Politik, Praxis und Wissenschaft über den Stand unseres Wissens, über die konkret anzustellenden und vor allem zu finanzierenden weiteren Forschungen im großen Feld der verbleibenden Unklarheiten, sowie über die Notwendigkeit und die Grenzen von Eingriffen werden können. Tatsächlich ist dies nicht geschehen. Die deutsche Wiedervereinigung und der mit ihr verbundene soziale Umbruch in den neuen Bundesländern mögen viele Energien aufgesogen haben, reichen jedoch gewiß nicht voll als Erklärung dafür aus, daß abgesehen von kurzfristigen Effekten die Resonanz schwach blieb.

3. Exemplarische Streitfragen
im Zusammenhang mit der Konzeption der Gewaltkommission
der Bundesregierung

In der Präambel des Endgutachtens der Gewaltkommission wird deutlich, daß sie Gewalt zwar durchaus als sehr umfassendes Phänomen versteht, aber den Schwerpunkt für ihre eigene Analyse in den die Grundlagen von Staat und normalem gesellschaftlichen Leben gefährdenden Ausprägungen setzen will. Dies lenkt den Blick quasi zwangsläufig auf Phänomene der Gewalttätigkeit von Individuen und Gruppen, während Makrophänomene in den Hintergrund der Aufmerksamkeit treten, ohne in gleicher Zwangsläufigkeit ausgeblendet werden zu müssen. Innerhalb dieses Rahmens bemüht sich die Gewaltkommission um Ausgewogenheit und um Aufruf zur Friedlichkeit, Mäßigung und Wahrung der demokratischen Toleranz. Der gemeinsame Nenner, auch über die Arbeitsgruppen hinweg, ist dabei gewiß „konservativ" in dem Sinne, daß die Bundesrepublik Deutschland in ihren Fundamenten als bewahrenswert und verteidigungswert betrachtet wird. Schon die Frage, was im einzelnen verändert werden müsse, um den inneren Frieden positiv zu gewährleisten und weiter in allen Facetten auszugestalten, läßt recht unterschiedliche Gewichtungen zu. Und erst recht prägt die Art und Weise der persönlichen Grundorientierung über Gott, Welt, Mensch, Ordnung und Freiheit – um nur die zentralsten Aspekte des für uns alle lebensgeschichtlich determinierenden „Weltbildes" zu nennen – die Präferenz für den zentralen „Ansatz" im Umgang mit problematischen Phänomenen wie eben der Gewalt. Selbst bei Übereinstimmung in vielen Grundlagen kann auch in einer auf die „Mitte" ausgerichteten amtlichen Gewaltkommission erheblicher Dissens entstehen. Für Außenstehende wäre es möglicherweise besonders anregend gewesen, ihn auch explizit sozusagen vorgeführt zu bekommen. Die Kommission entschied sich mehrheitlich für das Endgutachten dahingehend, die konsensfähigen Teile zu betonen und im Zweifel statt streitig gegenübergestellter Thesen/Argumente eine Kompromißformulierung zu entwickeln, die gemeinsam akzeptiert werden konnte. Diese Vorgehensweise darf man als legitim betrachten, vor allem wenn es darum gehen soll, einer auftraggebenden Regierung einen nachvollziehbaren Befund vorzustellen. Aber nicht minder offenkundig ist es, daß nicht eingebundene Dritte dann an vielen kritischen Diskussionspunkten mangelnde Detailklarheit in der Aussage überhaupt oder jedenfalls in der (ihnen je vordringlich erscheinenden) Richtung der Aussage anmahnen können.

Je vier sog. Unterkommissionen der Gewaltkommission waren in einer sog. Arbeitsgruppe zusammengefaßt. In der Arbeitsgruppe A vereinten sich die Unterkommissionen Psychiatrie, Psychologie, Soziologie und Kriminologie. In der Arbeitsgruppe B vereinten sich die Unterkommissionen Polizeipraxis, Strafrechtspraxis, Strafrechtswissenschaft und Öffentliches Recht.[28] Diese Zuordnung determiniert natürlich nicht von vornherein jeden Denkansatz und schon gar nicht jedes Einzelergebnis von Beratungen. Sie erzeugt aber nach der Natur der Sache (d. h. nach der durch die Fachdisziplin und die Berufsrolle mit geprägten professionellen Basis-Sozialisation) einen Spannungsbogen. Je nachdem neigt man eher zur Betonung des weiteren Fragens nach Problemen oder zur Betonung von Notwendigkeiten zur Problemlösung. Je nachdem setzt man stärker auf Hilfe oder stärker auf Kontrolle. Die knappe Zeit der Kommission ließ es nicht zu, diesen Spannungsbogen an und für sich zum Gegenstand der Diskussionen zu machen. In der Präambel des Endgutachtens wird er im Zusammenhang mit der geeigneten Kriminalpolitik zur Eindämmung von Gewaltdelinquenz immerhin angesprochen: „Dabei wird nicht verkannt, daß zwischen repressiven und präventiven Maßnahmen ein Spannungsverhältnis besteht, aus dem sich die z. T. unterschiedlichen Bewertungen in den Gutachten der Arbeitsgruppen A und B erklären. Die Kommission war gleichwohl bestrebt, in sich zusammenhängende Vorstellungen zu entwickeln, wobei der Ansatz primär präventionsorientiert ist, ohne die Probleme der Repression aus dem Blick zu verlieren."[29]

Die Gewaltkommission war dem Grundkonzept nach eine kriminalpolitische "task force" aus Theoretikern und Praktikern, die schon dem Auftrag und erst recht ihrem Selbstverständnis nach weit über Kriminalität im engeren Sinne und deutlich über Kriminalpolitik als verengte Strafrechtspolitik hinausblicken sollte. Sie war aber nicht angetreten, um eine Strukturanalyse zu den möglichen Brüchen in den Grundlagen von Staat und Gesellschaft zu leisten, die als quasi hintergründige Gewaltbedingungen konzeptualisiert werden können. Sie war auch nicht in sich eine wissenschaftliche Kommission, weswegen die ansonsten für Wissenschaftler gewiß eigenwillige Form der „Abstimmung" über die Aussagen, Schlußfolgerungen und Vorschläge angeht. Was wissenschaftlich wahr ist, entzieht sich der Abstimmung, man kann aber sehr wohl auch als ein aus der Wissenschaft kommendes Gremienmitglied darüber abstimmen, was dieses Gremium einer Regierung berichten soll. Persönlich mag ein Wissenschaftler dann mehr Skrupel haben denn ein Praktiker, sich je verbindlich zu äußern. Insofern hätten die Kritiker der Gewaltkommission statt eines Aufspießens der Frage der Wissenschaftlichkeit des gemeinsamen Endgutachtens[30] sich vielleicht mehr den aus dem Feld der Wissenschaft gesondert stammenden Teilgutachten zuwenden sollen, wenn sie sich Sporen im Streit der Disziplinen um die zutreffende wissenschaftliche Analyse hätten verdienen wollen.

Infolge der Zusammensetzung der Gewaltkommission gemäß den oben genannten Gruppen war eine bestimmte Zurichtung des Realitätsbildes von vornherein gegeben, ohne daß es irgendwelcher Beschlüsse im Innenverhältnis oder gar manipulativer Einflüsse von außen bzw. „oben" bedurft hätte. Ganz einfach am Beispiel der Disziplinen: Psychiater sehen im Schnitt die Welt etwas anders als Psychoanalytiker, Kriminalisten sehen die Lage im Schnitt anders als Sozialpädagogen, Kriminologen mit juristischem Hintergrund sehen Gewalt von vornherein stärker automatisch mit der Konnotation „Kriminalität" denn Kriminologen mit soziologischem Hintergrund. Sozialhistoriker würden die Bedeutung des staatlichen Gewaltmonopols im Schnitt anders gewichten denn Öffentlichrechtler. Dies als Insider zu sehen, heißt den Blick für Alternativen zu bewahren. Dies als nicht involvierter Beobachter zu beschreiben, ist nützlich zur Gewinnung einer konsistenten Bewertungsposition, braucht aber nicht reflexhaft den Manipulationsverdacht auszulösen.

Immerhin wäre mindestens anzuerkennen gewesen, daß die Gewaltkommission durch Sondergutachten, Anhörungen, Meinungsumfragen und wenigstens teilweise Einbeziehung von Fragen in ihre Beratungen, die sie eigentlich generell eher ausgeklammert haben wollte, Zusatzkompetenzen aktiviert und offene Stellen zu schließen versucht hat.[31] Auch der Grundsatz der Beschränkung auf Sekundäranalysen wurde, wenn es sich als erheblich erwies, modifiziert, am deutlichsten bei der Suche nach den aktuellen Einstellungen der Bevölkerung zu Gewalt und Gewaltbekämpfung.[32] Schon durch die engen zeitlichen Vorgaben war eine umfassende Analyse des empirischen Forschungsstandes realistischerweise nicht zu erwarten. Die sog. „Delphi-Methode", die im Plenum der Gewaltkommission beschlossen worden war, hatte zwar durch den Auftrag an jede einzelne Unterkommission, sich wenigstens im Ansatz um jedes Problemfeld zu bemühen, den Vorteil einer facettenreichen Basis in den vorgelegten Teilgutachten mit sich gebracht. Sie nahm aber notwendigerweise zusätzliche Zeit und Energie in Anspruch, die andernfalls von den Spezialisten des jeweiligen Feldes, wenn sie „bei ihren Leisten" geblieben wären, hätten eingesetzt werden können, um etwa auch Auslandsforschung detailgenauer zu evaluieren. Bei den Kritikern der Gewaltkommission wird freilich mitunter deutlich, daß sie darüber hinaus systematische blinde Flecken im Sinne etwa von Wahrnehmungssperren gegenüber ganzen Literaturrichtungen konstatieren zu müssen glauben, bevorzugt im Bereich der gewaltbesetzten kollektiven Konflikte.[33]

Durch die wie immer begründete Vermeidung der Einsetzung einer „Bayerischen Gewaltkommission" hatte der Bayerische Innenminister eine von vornherein offenere Option, die Gewaltfrage, die nach Landtags- und Senatsbeschluß „umfassend" behandelt werden sollte, selektiver angehen und „von unterschiedlichen Aspekten verschiedener Wissenschaften beantworten zu lassen".[34] So konnten etwa über die Einzelgutachter ethnologische Ansätze auf der einen und politologische Aspekte auf der anderen Seite in die Analysen eingebracht werden, die bei der Gewaltkommission der Bundesregierung nicht vertreten waren. Dies macht den gesamten Gutachten-Sammelband, neben anderen Besonderheiten, gerade für Wissenschaftler besonders ansprechend. Für Praktiker und Politiker mag der Gewinn nicht gleichermaßen unmittelbar evident gewesen sein, als sie in der Anhörung mit der Vielfalt der Ansätze konfrontiert wurden. Die Herausgeber des Sammelbandes benennen den Nutzen und die Kosten anschaulich wie folgt: „Dieses Vorgehen hatte den Vorteil, eine breite Fächerung der Standpunkte und der methodischen Ansätze zu gewinnen. (…) Ein gewisser Nachteil könnte darin gesehen werden, daß die Gutachten nun nur durch den gemeinsamen Forschungsgegenstand verbunden, im übrigen aber unverbunden und teilweise widersprüchlich nebeneinander stehen."[35]

Die „Anti-Kommission" nutzte die Chance, sozusagen Zeichen der möglichen Konstruktion einer anderen Sichtweise der Gewalt- und Weltkonzeptionen zu setzen, durch freie Assoziierung der Protestwilligen aus sehr verschiedenen Disziplinen kreativ aus. Sozialhistorische Aspekte, psychodynamische Grundfragen und Probleme des Umgangs der (inländischen) Mehrheit mit (ausländischen) Minderheiten konnten so viel dezidierter und eigenwilliger behandelt werden, als wenn man sich in einer förmlichen Kommission hätte einigen müssen. Freilich wird auch mitunter so weit ausgeholt, daß nicht nur der Laie sich fragt, wo der Bezug zur Gewalt genau besteht, wie im Beispiel des Umweltstrafrechts. Auch garantiert die Erweiterung des analytischen Konzepts nicht von vornherein, daß man von der beklagten „Staatsfixierung" loskommt; man kann ihr auch bis zu einem gewissen Grad in negativer Ausprägung verhaftet bleiben.[36]

Die Gewaltkommission der Bundesregierung hat ihre Gewaltanalyse auf eine immanente Perspektive konzentriert, so daß der Aspekt der Gewalt*tätigkeit* dominiert, und womit sich die Richtung der Vorschläge praktisch zwanglos auf die Kontrolle eben solcher Gewalttätigkeiten ergibt, die von Individuen oder Gruppen begangen werden. Prävention und Repression können dann in je unterschiedlicher Dosierung eingesetzt werden. Die Konzentration wurde demnach als solche von den Kritikern zutreffend diagnostiziert. Ob man sie dann auch nur negativ qualifizieren muß, ist weniger eine wissenschaftliche als eine (auch) gesellschaftspolitische Wertungsfrage, die in einer Demokratie unterschiedlich beantwortet werden kann und darf. Jedenfalls schließt die Position der Gewaltkommission deutliche Anforderungen an Staat und Gesellschaft nicht aus, wie die folgenden Auszüge aus der Präambel belegen[37]:

(1) „Die Mitglieder der Gewaltkommission sind der Auffassung, daß es möglich ist, Gewalt in verschiedenen Lebensbereichen zu verringern. Sie sind jedoch gemeinsam der Überzeugung, daß Gewalt nicht ganz unterbunden werden kann. Sie ist in der menschlichen Geschichte stets aufgetreten und ist Bestandteil der natürlichen Grundausstattung des Menschen."

(2) „Gewalt kann nicht allein mit den Mitteln des Strafrechts wirksam reduziert werden; Kriminalpolitik ist nicht nur Politik auf dem Gebiet der Strafrechtspflege. Unter Kriminalpolitik ist vielmehr die Gesamtheit aller staatlichen Maßnahmen zu verstehen, die zum Schutz der Gesellschaft und des einzelnen Bürgers auf Verhinderung und Bekämpfung von Kriminalität gerichtet sind."

(3) „Da Gewaltphänomene komplex sind, sind auch komplexe Strategien zu ihrer Verhinderung und Kontrolle nötig. Die Konzeption der Regierungskommission kann man dahingehend beschreiben, daß im Rahmen unserer rechtsstaatlichen Ordnung Vorschläge vorgelegt werden, die interdisziplinär erarbeitet wurden. Diese sind darauf gerichtet,

– das Vertrauen in das die Freiheit aller schützende Recht zu stärken, aber auch
– Überreaktionen von staatlicher Seite zu vermeiden,
– die Demonstrationskultur i. S. des sog. „Brokdorf-Beschlusses" des Bundesverfassungsgerichts zu verbessern und
– die Erziehungsfähigkeit der Erziehungsträger Schule und Familie zu stärken."

(4) „Patentrezepte zur Reduzierung von Gewalt gibt es nicht."

(5) „Entscheidend ist, ob es gelingt, eine geistige Atmosphäre sowie eine Kultur der politischen Auseinandersetzung zu schaffen, die Ausbreitung von Gewalt abträglich ist. Es muß alles getan werden, um die Öffentlichkeit bzw. Bevölkerung zu überzeugen, daß Gewalttätigkeit in der Bundesrepublik Deutschland weder zu heroisieren noch juristisch, ideologisch oder politisch zu rechtfertigen, sondern ohne Wenn und Aber abzulehnen ist."

Von daher betrachtet war es folgerichtig, um nicht zu sagen zwingend, daß die Gewaltkommission sich auf weite Gewaltbegriffe nicht einlassen wollte, auch durch Betonung des „Minimalkonsenses" aller sozusagen jedenfalls billig und gerecht Denkenden eine einigermaßen konsistente Sprach- und Geschäftsgrundlage für die eigene Arbeit gewinnen wollte. Dies läuft auf einen so bezeichneten restriktiven Gewaltbegriff hinaus: „Der Gewaltbegriff soll aus der Sicht des staatlichen Gewaltmonopols bestimmt werden. Dabei soll es primär um Formen physischen Zwangs als nötigender Gewalt sowie Gewalttätigkeiten gegen Personen und/oder Sachen unabhängig von Nötigungsintentionen gehen."[38]

Die „Anti-Kommission" setzt fundamental anders an. In den ›Prolegomena zu den Plädoyers für ‚Innere Abrüstung'‹ steigen die Herausgeber mit einem Szenario ein, das den Blick weg von den Gewalttätigkeiten der Menschen und hin zur Gewalt- oder auch Risikohaftigkeit moderner Verhältnisse lenkt: „In den letzten Jahren gingen in der Bundesrepublik Deutschland Hunderttausende auf die Straßen. Sie protestierten gegen die Stationierung von Raketen, den Export von Waffen, gegen die industrielle Zerstörung der Umwelt, die Ausfuhr gefährlichen Mülls in andere Länder und die Verklappung in die Nordsee; sie demonstrierten gegen Chemieunfälle und gegen den Bau von Atomkraftwerken, Autobahnen und Startbahnen. Die Demonstranten artikulierten ihre Angst- und Bedrohungsgefühle in einer zunehmend komplexer und komplizierter werdenden Welt, in der es niemanden mehr gleichgültig lassen kann, was in Seveso oder in Tschernobyl geschieht. Denn jeder ist betroffen von der gewaltsamen Zerstörung der ökologischen Grundlagen unseres Planeten, von den enormen Potentialen, die jeden Tag in Atom- und Chemiekatastrophen umschlagen können, von den gefährlichen Waffengeschäften, in die unser Land durch skrupellose Geschäftemacher verstrickt wird."[39]

Bei dieser Perspektive folgt zwangsläufig, daß ein restriktiver Gewaltbegriff eine contradictio in adjecto wäre, also den Analysen von vornherein nicht zugrunde gelegt werden kann. Die Formulierungen lassen sich als fundamentale Außenkritik an der Gewaltkommission verstehen, wenn man dies will. Man kann die Latte der Streitverkündung aber auch tiefer hängen und dann feststellen, daß aus der anderen Wertsetzung nicht notwendigerweise ein Beweis für die Untauglichkeit des Ansatzes der Gewaltkommission folgt. Richtig ist, daß man mit der Konzentration auf die Gewalttätigkeit scheitern müßte, wenn man aller Gewalt an die Wurzeln gehen wollte. Aber das hat die Gewaltkommission an keiner Stelle prätendiert. Wie eng oder wie weit der Rahmen der Analyse gezogen werden sollte, um auch nur den als akut verstandenen Problemen wenigstens Paroli bieten zu können, war im übrigen selbst innerhalb der Gewaltkommission mehr als einmal Gegenstand von Anträgen und Diskussionen, zum Teil sogar Debatten. Die Unterkommission Psychiatrie beispielsweise legte gesteigerten Nachdruck auf die Gewalt im Straßenverkehr. Die Unterkommission Kriminologie skizzierte in einem Gewaltszenario vielfältige „Orte und Problemfelder der Gewalt", die für eine umfassende Analyse unerläßlich seien, akzeptierte dann aber auch pragmatisch die Begrenzung des Themas durch Auftraggeber und Plenum der Gewaltkommission.[40] Als „weitere wichtige Gewaltbereiche in Auswahl" wurden wenigstens in eigenen Teilgutachten die Grundprobleme von „Gewalt in der Polizei sowie durch und gegen die Polizei", die „Gewalt im Straf- und Maßregelvollzug sowie in der Bundeswehr" und das Feld von „Gewalt und Drogenszene" angesprochen.[41]

Jedoch wollte sich auch die Unterkommission Kriminologie auf die Konzeption der „strukturellen Gewalt" nach Johan Galtung als Basis für die Analyse nicht einlassen. Während hier immerhin die Grundfragestellungen der von Galtung repräsentierten Friedensforschung als relevant akzeptiert wurden, mögen andernorts die Motive dezidierter ablehnend gewesen sein. In der Tat liegt in einer Konzeption, die auch die Verhinderung von Entfaltungsmöglichkeiten des Menschen noch erfaßt wissen will, also „Potentialitäten" und „Realitäten" gleichstellt, auf der einen Seite zwar ein wissenschaftlich außerordentlich anregender bis aufregender Denkanstoß; jedoch besteht auf der anderen Seite die Gefahr, daß aus dem entsprechend ausgeweiteten Gewaltbegriff ein politisch funktionalisierter Kampfbegriff wird, der im langfristigen Ergebnis, entgegen der aufklärerisch-kritischen Absicht des Erfinders, die Problemsicht verwässert und die angestrebte Wirkung konterkariert. Plakativ ausgedrückt: Wenn (in der Designation) alles Gewalt ist, was den Menschen behelligt, ist schließlich (in der öffentlichen Wahrnehmung und besonders Sensibilisierung) nichts mehr Gewalt. Parallel könnte man derzeit die Entgrenzung des Gewaltbegriffs bei sexuellem Kindesmißbrauch oder bei der sexuellen Belästigung von Frauen (auch) am Arbeitsplatz thematisieren. Vorsichtig möchte man auch noch die durchaus konservative Überlegung einbringen, ob es dem Selbstwertgefühl von Opfern einer Vergewaltigung wohl hilft, wenn die Denunzierung von „Gewalt" in ihrem Fall sprachlich nicht anders eingesetzt wird als im Fall einer demütigenden Männerbemerkung gegenüber einer Frau, die sich im Betrieb ihrer „Anmache" widersetzt. Die Ambivalenz von intellektueller, politischer und moralischer Herausforderung einerseits, und von Entgrenzungsgefahr andererseits, die durch ausgedehnte Begriffsverwendung sich einstellt, wird an der jüngsten nochmaligen Konzepterweiterung Galtungs anschaulich deutlich: Auf dem Weg von der direkten Gewalt über die strukturelle Gewalt ist die Sonde der kritischen Analyse jetzt bei der „kulturellen Gewalt" angelangt.[42] Religion, Ideologie, Sprache, Kunst und Wissenschaft verdienen in der Tat jede kritische Betrachtung, wo sie zur Legitimation konkreter Gewalt ausdrücklich eingesetzt werden. Soweit es um ihre weitreichende Kapazität geht, Bewußtsein zu prägen und damit auch manipulativ den Boden für Gewaltbereitschaften gegen Minderheiten, Andersdenkende oder schlicht Fremde zu bereiten, ist kritische Betrachtung vielleicht gerade bei Verzicht auf das Gewaltetikett hilfreich.

Die Betonung des staatlichen Gewaltmonopols durch die Gewaltkommission der Bundesregierung hat vor allem in der ersten tagespolitischen Auseinandersetzung viele Emotionen aufgewirbelt. Zum Teil beruhte dies wohl schlicht auf dem auch sonst anscheinend in der Bevölkerung weit verbreiteten Mißverständnis, dieser Begriff bedeute die generelle Legitimierung staatlicher Gewaltanwendung, insbesondere durch die Polizei. Formulierungen nach der Art, es werde das Gewaltmonopol eingesetzt, verstärken diese Fehlkonzeption nachhaltig.

Das staatliche Gewaltmonopol ist nach der Kennzeichnung der Gewaltkommission ein historisch gewachsenes, untrennbar mit dem Aufkommen des modernen Staates verbundenes Konzept, das den Privaten die Durchsetzung ihrer Interessen bzw. die Wahrnehmung ihrer Rechte unter Anwendung von eigener Gewalt verbietet, abgesehen von ganz engen Ausnahmen wie beispielsweise im Falle der Notwehr gegen rechtswidrige Angriffe. Die einzige Instanz, die das „Monopol" der Gewalt beansprucht und deshalb anstelle des Bürgers (durchaus gerade auch in dessen Interesse) handeln muß, ist der „Staat". Hier paßt dann u. a. das komplementäre Stichwort der Rechtsgewährleistungspflicht des Staates. Die Gewaltkommission hat dabei durchaus gesehen und ausdrücklich betont, daß das so traditionell konzipierte Gewaltmonopol die genuine physische Gewalt durch staatliche Funktionsträger nicht gegen Mißbrauch absichert. Diese Leistung erreichen gesetzlich genau fixierte Eingriffsnormen nach den Kriterien des modernen demokratischen Rechtsstaates: Aus dem Monopol allein folgt demnach nur, daß andere als der Staat zur Gewalt nicht legitimiert sind. Die Legitimität des Monopols bedarf der Legalität, um im konkreten Einsatzfall gerechtfertigt zu sein.[43] Die wissenschaftlichen Kritiker haben der Gewaltkommission durchaus anerkennend attestiert, das Gewaltmonopol insoweit zutreffend näher beschrieben zu haben, also nicht etwa „Staatshörigkeit" erlegen zu sein. Ihre Einwände gehen mehr auf das generelle Vorverständnis, das im Text der Kommission deutlich wird, wonach ohne „Staat", wie wir ihn heute gewohnt sind, überhaupt grundsätzlich öffentlicher Friede nicht möglich sei, und der Krieg aller gegen alle drohe. Diese traditionelle Sicht kann etwa auf die Bedeutung der Landfriedensordnung in der beginnenden Neuzeit hinweisen, oder ganz aktuell auf die Folgen des Zusammenbruchs Jugoslawiens. Aber dennoch war natürlich in der auch neueren Geschichte der Staat oft genug Quelle von Übeln.[44]

4. Zu den Analysen, Vorschlägen und Empfehlungen der Gewaltkommission der Bundesregierung

Entgegen mancherlei Prognosen hat die Gewaltkommission in ihren Analysen zum Ausmaß der über den restriktiven Gewaltbegriff umschriebenen Gewalttaten die schnelle Dramatisierung vermieden. In der Regel findet man die ausdrücklichen Versuche, zunächst einmal empirische Befunde zu klären, dann verschiedene Interpretationsmöglichkeiten gegeneinander abzuwägen, um schließlich auf Wissenslücken hinzuweisen. Das Plenum hat darüber hinaus vor allem auch Praxiserfahrungen der Polizei als Quelle von Wissen akzeptiert und thematisiert, wenn es an Empirie fehlte oder wenn die verfügbaren Unterlagen nicht zureichend erschienen. Soweit es um Eindrücke aus Anhörungen vor Ort ging, waren die Wissenschaftler in der Kommission natürlich schon aus methodischen Gründen skeptischer als die Praktiker, bei der Einbringing von Alltagserfahrungen und aus der Berufstätigkeit gewonnenen Meinungen in den internen Diskussionen wurde das Theorie-Praxis-Spannungsfeld gelegentlich auch inhaltlich relevant. Dennoch konnte durchweg ein gemeinsames Endergebnis dahingehend gewonnen werden, daß derzeit überhaupt und erst recht im langfristigen Vergleich in Deutschland keine überproportionale Ausprägung von Gewaltbereitschaft und aktueller Gewalttätigkeit zu finden ist.

Die Gewaltkommission stellt fest, daß bei Einstellungsmessungen in der Normalbevölkerung nur eine ganz geringe Ausprägung von Gewaltbefürwortung festgestellt werden kann, und daß die Bundesrepublik im Konzept der europäischen Nationen vergleichsweise gut abschneidet.[45] Zum Ausmaß der tatsächlichen Manifestation bemerkt die Kommission, daß die Bundesrepublik Deutschland im internationalen Vergleich nicht überdurchschnittlich mit politischer Gewalt belastet ist.[46] Bei der Gewalt auf Straßen und Plätzen wird ein Anstieg des Vandalismus an bzw. in öffentlichen Einrichtungen als Forschungsbefund konstatiert, aber nicht überbewertet; Massenkrawalle durch Angehörige ethnischer Minderheiten gelten primär noch als Problem anderer Nationen.[47] Gewalt im Stadion gilt als wichtiges Feld, jedoch wird die Einschätzung, ob gerade in jüngster Zeit eine bedenkliche Entwicklung stattfinde, sowohl unter Forschungsgesichtspunkten als auch mit Blick auf Praxisbefunde als recht unsicher gekennzeichnet.[48] Auch die Schulgewalt wird im Ansatz vorsichtig bewertet: „Während die Medien in bundesdeutschen Schulen gelegentlich eine Annäherung an die amerikanischen Verhältnisse glauben feststellen zu können, scheint das Fazit der vorliegenden Forschungserkenntnisse jedoch zu lauten, daß Gewalt an den deutschen Schulen grundsätzlich kein zentrales Thema ist."[49] Und schließlich befindet sich die Gewaltkommission mit kritischen Betrachtern der Familienideologie im guten Einklang, wenn sie feststellt: „Gewalt in der Familie ist nach den bisherigen (sehr lückenhaften) Erkenntnissen die verbreitetste Form von Gewalt." Der Hinweis auf Mängel in der statistischen Erfassung und damit auf die Unmöglichkeit der Gewinnung eines genauen Überblicks bewahrt zusätzlich vor dem Spiel mit hohen Zahlen nach Art verbreiteten Moralunternehmertums in diesem emotional so besetzten Feld.[50]

Die Analyse und Bewertung der sozusagen allgemeinen Gewaltkriminalität (i. w. nach dem Strafgesetzbuch) läßt erkennen, daß die Gewaltkommission die polizeiliche Kriminalstatistik nicht unbesehen als verbindlichen Wirklichkeitsmaßstab akzeptiert. Die deutschen Unterschiede zwischen Polizeizahlen und Verurteiltenzahlen nach der Strafverfolgungsstatistik werden thematisiert. Bezüglich der Gewalt junger Ausländer ist das Problem der potentiell diskriminierenden Anzeige- oder Registrierungspraxis ausdrücklich benannt[51], wenngleich die Außenkritik zurecht betont, daß es wichtig wäre, die Ausländer mindestens gleichgewichtig in ihrer Position als Opfer von Gewalt hervorzuheben.[52]

An der einen oder anderen Stelle merken die Kritiker der Gewaltkommission selbst für den Gesamtbericht an, daß die Befunde doch recht korrekt erhoben und beschrieben sind. So ist es genau genommen denn auch etwas anderes, was die intellektuelle Aufmerksamkeit anstachelt und den mitunter heftigen Protest unterfüttert. Die theoretische Grundperspektive der Gewaltkommission erfährt noch eher milde Kritik, vielleicht auch deshalb, weil die Kommission selbst den Anspruch nicht sehr betont. Immerhin ist der Ansatz, daß Gewalt in *Interaktionsprozessen* entsteht und sich in solchen Prozessen auch verwirklicht, als durchaus modern zu bezeichnen. Die Hauptstichworte treffen Problemfelder aus dem Repertoire aktueller Wissenschaft, so z. B. Selbstkonzept, Lernprozesse, soziale Normen und Definitionen, Neutralisierungsmechanismen (Feindbilder und Entpersönlichung), Alkoholeinfluß, Gewalttransfer und Massenmedien.[53] Der Kern des Ärgernisses liegt für die Kritik ersichtlich in der „ganzen Richtung", d. h. einer als dominant wahrgenommenen „Verpolizeilichung" und „Juridifizierung" der Gesellschaftsanalyse im allgemeinen und des Gewalt-(analyse)diskurses im besonderen. Darüber läßt sich viel und trefflich streiten. Die Diskussion hätte freilich erst dann sicheren Boden, wenn alle Kontrahenten die gesamten Texte der vier Bände des Berichts der Gewaltkommission ihren Einschätzungen zugrunde legen würden, was bisher nicht geschehen ist.

Ein relativ leichter Treffer ist der Kritik freilich dort gelungen, wo sie bei der Anwendung des Rechts-Links-Schemas die Gewaltkommission am restriktiven Gewaltbegriff festhalten kann: Die Gewalttätigkeiten des rechten Spektrums[54] werden im Endgutachten der Gewaltkommission nur am Rande, unter Verweis auf die Verfassungsschutzberichte und die dortigen methodischen Probleme der

Erfassung, erwähnt und abschließend dahingehend beurteilt, daß Gewalttaten in den letzten Jahren vor dem Bericht „im rechtsextremistischen Bereich praktisch konstant bleiben".[55] Die Unterkommission Kriminologie leistete ebensowenig wie andere Unterkommissionen präzise Gegenanalysen, war aber immerhin besorgt genug anhand eigener Evaluation der Meinungsumfragen und Einstellungsforschungen, um Zweifel an den gängigen Deutungen anzumelden:

„Daraus ableiten zu wollen, daß in der Bundesrepublik Deutschland grundsätzlich das linke Gewaltpotential größer sei als das rechte, erschiene jedoch voreilig. Eine abweichende Beurteilung könnte sich im Gesamtzusammenhang der Entwicklung in der Bundesrepublik Deutschland alsbald herausstellen, wenn die öffentliche Debatte und Protestdiskussion sich auf Themen hin verlagerte, die im gesellschaftlichen Meinungsspektrum eher der ‚rechten Sensibilisierung' entsprechen, wie z.B. Überfremdung, Ausländerzuzug, Schutz des Lebens."[56] Es ist kein Trost, sich 1993 deutlich bestätigt sehen zu können.

Ob der Vorwurf der Staatsfreundlichkeit statt Bürgerfreundlichkeit so einfach trifft, erscheint nicht einmal bei den Vorschlägen der Gewaltkommission bezüglich der politischen Gewalt so sicher, vor allem werden die avisierten Gegner der Demokratie durchaus als rational handelnd charakterisiert, von einzelnen plakativen Kennzeichnungen im Blick auf „Desperados oder politische Fanatiker" einmal abgesehen.[57]

Bezüglich der Gewalt in der Familie und anderer Formen der Gewalt im sozialen Nahbereich hat die Gewaltkommission den Vorwurf des Paternalismus erfahren. Habermas verdichtet seine „ersten Eindrücke bei der Lektüre des Endgutachtens" sogar zu einer Art Schreckens-Szenario:

„Statt dessen erscheint die Gewalt in Familie, Schule und Öffentlichkeit in der handlichen Form eines administrativ beherrschbaren Gegenstandes. Die 158 Vorschläge verdichten sich zum Konzept einer lückenlosen Vernetzung sozialer Kontrolle. Wie im Foucaultschen Bilderbuch verschmelzen die Eingriffe des Staates zu einem System: Helfen, Überwachen und Strafen gehen eine chemische Verbindung ein."[58]

Es wäre interessant zu erfahren, ob die evtl. zweiten Eindrücke das Bild gemildert haben. Die Kommissionsmitglieder selbst hatten den Eindruck, eher an einer Reduktion des staatlichen Zugriffs mit zu formulieren. Wie dem auch sei und anhand des gesamten Textes des Kommissionsberichtes noch einmal geprüft werden sollte: Alles in allem ist die Perspektive der Gewaltkommission eine nicht nur distanziert-analytische, sondern eine auf praktische Umsetzung hin orientierte. Das färbt vielleicht manche Darstellungen in einer Art und Weise ein, die dem kritischen Auge des Betrachters zu Mißtrauen Anlaß gibt.

Richtig ist: Die Kommission (die Mehrheit der Kommission) nahm die Vorgabe, praktisch umsetzbare Vorschläge zu entwickeln, ernst, sie war wohl auch von der überkommenen Idee beseelt, daß man bei sozialen Problemen der Gewalt etwas tun müsse, weil man etwas tun könne. Auf den Radikalzweifel gegenüber (auch wohlmeinender) Intervention wollte man sich überwiegend nicht einlassen.

Richtig ist außerdem: Die Kommission wehrte entschieden Ideen ab, die darauf hinauslaufen, daß der Staat sich die Ordnung der sozialen Angelegenheiten aus der Hand winden, um nicht zu sagen: schlagen läßt.

Im übrigen: Im Konzept der in der Kommission vertretenen Disziplinen verstehen sich Interventionslösungen traditionell eher bzw. leichter denn sozialintegrative Angebotslösungen. Man kann aber nicht sagen, daß die Beteiligten sich von der Tradition hätten durchweg einfangen lassen. Denn wenn man nur will, kann man an vielen Textstellen erkennen: „Angebote" werden den verantwortlichen Instanzen in vielfacher Abwandlung als geeignete Strategie des Handelns nahegelegt.

Bei der Beschreibung von als notwendig erachteten Interventionen wird ersichtlich, daß große Teile der Gewaltkommission die Betonung auf die Präventionsseite legen. Die Bereitschaft, Repression in der Verfolgung und der Aburteilung zurücktreten zu lassen, war recht weit ausgeprägt, wie z. T. sogar die Gegner der Kommission anerkennen. Und es waren nicht immer die Juristen gewesen, die für die sozusagen schärfste Lösung eintraten.

Insgesamt verstand sich die Gewaltkommission als ein Aufruf zu einer grundlegenden „Kriminalpolitischen Kurskorrektur in Bund und Ländern" bei Zugrundelegung eines weitverstandenen Begriffs von Kriminalpolitik in der Tradition eines Franz von Liszt. Dazu gehört der Vorschlag für die Einrichtung sog. „Kriminalpräventiver

Räte" und die Betonung der Notwendigkeit ressortübergreifender Kriminalpolitik.[59]

5. Schlußbemerkung

Abschließend ist für mich bemerkenswert, wie wenig folgenreich in der akademischen und der fachpolitischen Debatte die Gewaltkommissionsberichte geblieben sind, über erste „politisierte" Aufwallungen hinaus. Die wissenschaftlichen Teile wurden erstmals im letzten Jahr von dem einen oder anderen Kollegen ernsthafter kritisch gewürdigt. Bei den derzeitigen Gewaltphänomenen hat man beim Nachverfolgen der öffentlichen Auseinandersetzungen den Eindruck, als ob es Untersuchungen überhaupt nicht gegeben hätte. Das Rad wird wieder neu zu erfinden versucht: Aber so geht es wohl (nicht erst) heutzutage in bzw. mit den öffentlichen Dingen zu.

Insbesondere neigt man natürlich als Forscher zu der Nachfrage: Was ist getan worden, um die „Fortbestehenden Forschungsaufgaben"[60] ernsthaft zu fördern? Der weitgehende Negativbefund verstärkt die Skepsis, die sich aus sonstigen Eindrücken speist.

Anmerkungen

[1] Rolinski, Klaus: Politische Gewalt und Grundbedürfnisse. In: Gewalt in unserer Gesellschaft. Hrsg. von Klaus Rolinski und Irenäus Eibl-Eibesfeldt. Berlin 1990, S. 12.

[2] Schuh, Jörg: Vorwort. In: Gewalt im Alltag. Violence au quotidien. Hrsg. von Jörg Schuh. Schweizerische Arbeitsgruppe für Kriminologie, Reihe Kriminologie, Band 8. Grüsch 1990, S. 5.

[3] Vgl. Wissmann, Matthias und Rudolf Hauck (Hrsg.): Jugendprotest im demokratischen Staat. Enquete-Kommission des Deutschen Bundestages. Stuttgart 1983.

[4] Vgl. Bundesamt für Kulturpflege (Hrsg.): Thesen zu den Jugendunruhen 1980, aufgestellt von der Eidgenössischen Kommission für Jugendfragen. Bern 1980.

[5] Vgl. Jugend und Terrorismus. Ein Hearing des Bundesjugendkuratoriums, mit Beiträgen von Iring Fetscher u. a. Bearbeitet von Lieselotte Pongratz, Mechthild Merfeld und Albrecht Müller-Schöll. München 1979.

[6] Vgl. Fetscher, Iring und Günter Rohrmoser (unter Mitarbeit von Jörg Fröhlich, Hannelore Ludwig und Herfried Münkler): Ideologien und Strategien. Analysen zum Terrorismus 1. Opladen 1981.

[7] Vgl. Jäger, Herbert, Gerhard Schmidtchen und Lieselotte Süllwold (unter Mitarbeit von Lorenz Böllinger): Lebenslaufanalysen. Analysen zum Terrorismus 2. Opladen 1981.

[8] Vgl. von Baeyer-Katte, Wanda, Dieter Claessens, Hubert Feger und Friedhelm Neidhardt (unter Mitarbeit von Karen de Ahna und Jo Groebel): Gruppenprozesse. Analysen zum Terrorismus 3. Opaden 1982.

[9] Vgl. Matz, Ulrich und Gerhard Schmidtchen (unter Mitarbeit von Hans-Martin Uhlinger): Gewalt und Legitimität. Analysen zum Terrorismus 4/1. Opladen 1983.

[10] Vgl. Sack, Fritz und Heinz Steinert (unter Mitarbeit von Uwe Berlit, Horst Dreier, Henner Hess, Susanne Karstedt-Henke, Martin Moerings, Dieter Paas, Sebastian Scheerer und Hubert Treiber): Protest und Reaktion. Analysen zum Terrorismus 4/2. Opladen 1984.

[11] Vgl. Bundesminister des Innern (Hrsg.): Vorwort des Herausgebers. In: Analysen zum Terrorismus 4/2. Opladen 1984, S. 5–7.

[12] Schwind, Hans-Dieter (Vorsitzender), Jürgen Baumann (stellvertretender Vorsitzender) und andere (Hrsg.): Ursachen, Prävention und Kontrolle von Gewalt. Analysen und Vorschläge der Unabhängigen Regierungskommission zur Verhinderung und Bekämpfung von Gewalt (Gewaltkommission). 4 Bände, Berlin 1990.
  - Band I: Endgutachten und Zwischengutachten der Arbeitsgruppen.
  - Band II: Erstgutachten der Unterkommissionen.
  - Band III: Sondergutachten (Auslandsgutachten, Inlandsgutachten).
  - Band IV: Bevölkerungsumfragen.

[13] So bei Dorothee Sölle: Frieden, Justiz und Gewalt. In: Albrecht/ Backes, bei Anm. 14, S. 251.

[14] Albrecht, Peter-Alexis und Otto Backes (Hrsg.): Verdeckte Gewalt. Plädoyers für eine „Innere Abrüstung". Frankfurt am Main 1990.

[15] Albrecht/Backes: 1990 a. a. O., S. 18 f.

[16] Albrecht/Backes: 1990 a. a. O., S. 19.

[17] Zu einer löblichen Ausnahme s. Eckert, Roland: Nullsummenideologien in der Gewaltforschung. Soziologische Revue 15 (1992), S. 127–133.

[18] Schwind, Hans-Dieter, Jürgen Baumann, Ursula Schneider und Manfred Winter: Allgemeiner Teil. In: Schwind/Baumann u. a. 1990 a. a. O., Band I, S. 27.

[19] Schwind u. a.: a. a. O. 1990, S. 28.

[20] Schwind u. a.: a. a. O. 1990, S. 32 und 35.

[21] Schwind u. a.: a. a. O. 1990, S. 38.

[22] Schwind u. a.: a. a. O. 1990, Präambel, S. 26 f.

[23] Vgl. Schwind u. a.: a. a. O. 1990, Allgemeiner Teil, S. 35.

[24] Bayerischer Landtag, 11. Wahlperiode, Drucksache 11/4005.

[25] Bayerischer Senat 1988, Senats-Drucksache 145/88.

[26] Vgl. Rolinski, Klaus und Irenäus Eibl-Eibesfeldt (Hrsg.): Gewalt in

unserer Gesellschaft. Gutachten für das Bayerische Staatsministerium des Innern. Berlin 1990.

²⁷ Vgl. Ohder, Claudius: Gewalt durch Gruppen Jugendlicher. Eine empirische Untersuchung am Beispiel Berlins. Berlin 1992. Siehe auch Weschke, Eugen: Kommunale Gewaltprävention. – Beispiel Berlin –. Bewährungshilfe 40 (1993, S. 261–286).

²⁸ Siehe dazu das Flußdiagramm bei Schwind u. a.: a. a. O. 1990, Band I, S. 34 f.

²⁹ Schwind u. a.: a. a. O. 1990, S. 25.

³⁰ Vgl. beispielsweise die Bemerkungen in den Beiträgen von Sack, Voß und Habermas. In: Albrecht/Backes 1990 (oben Anm. 14), S. 111, 138, 141, 145 und 181.

³¹ Vgl. dazu die Übersicht in Schwind u. a.: 1990 a. a. O., S. 31 f.

³² Siehe dazu im Detail vor allem Band IV des Berichts der Gewaltkommission über die „Bevölkerungsumfragen" (Bearbeitet von Max Kaase und Friedhelm Neidhardt).

³³ Vgl. Sack, Fritz: Die Eskalation von Gewalt: Die Transformation politischer in gewaltbesetzte Konflikte. In: Albrecht, Peter-Alexis und Otto Backes (Hrsg.): Verdeckte Gewalt. Frankfurt am Main 1990, S. 111–137.

³⁴ Einführung zu Rolinski/Eibl-Eibefeldt 1990 (oben Anm. 26) S. 9.

³⁵ Rolinski/Eibl-Eibesfeldt a. a. O.

³⁶ Auf diesen Befund haben z. T. auch die interessanten größeren Rezensionen hingewiesen, die den Bericht der Gewaltkommission der Bundesregierung, die Gutachten für das Bayerische Innenministerium und den Kritikband von Albrecht/Backes u. a. im Vergleich gewürdigt haben. Siehe Quensel, Stephan: Ansichten und Diskurse über Gewalt. Monatsschrift für Kriminologie und Strafrechtsreform 75 (1992), S. 249–260. Siehe weiter Peters, Helge: Gewalt in der Bundesrepublik. Sammelbesprechung in Soziologische Revue 1993, S. 15–23. Siehe weiter Stangl, Wolfgang und Heinz Steinert: Buchbesprechung. Strafverteidiger 1992, S. 255–258.

³⁷ Schwind u. a.: 1990 Band I (oben Anm. 12), S. 25 f.

³⁸ Schwind u. a.: a. a. O., S. 38; vgl. auch S. 35–37 zur Diskussion der Problematik.

³⁹ Albrecht/Backes 1990 (oben Anm. 33), S. 7.

⁴⁰ Siehe: Ursachen, Prävention und Kontrolle von Gewalt aus kriminologischer Sicht. Gutachten der Unterkommission IV (Stand Frühjahr 1989), von Hans-Jürgen Kerner (Koordinator), Günther Kaiser, Arthur Kreuzer und Christian Pfeiffer. In: Schwind u. a. 1990, Band II (oben Anm. 12), S. 428 f.

⁴¹ Kerner u. a. (oben Anm. 40), S. 566–584.

⁴² Vgl. Galtung, Johan: Cultural Violence. Journal of Peace Research 27 (1990), S. 291–305. Hier zitiert nach der Übersetzung von Imke Risopp: s. Galtung, Johan: Kulturelle Gewalt. Zur direkten und strukturellen Gewalt tritt die kulturelle Gewalt. Der Bürger im Staat 43/2 (1993), S. 106–112.

[43] Vgl. Schwind u. a.: 1990 a. a. O. Band I, S. 49 ff.

[44] Vgl. Narr, Wolf-Dieter: Staatsgewalt und friedsame Gesellschaft. Einige Notizen zu ihrem Verhältnis in der Bundesrepublik. In: Albrecht, Peter-Alexis und Otto Backes (Hrsg.): Verdeckte Gewalt. Frankfurt am Main 1990, S. 58–73. Siehe weiter Habermas, Jürgen: Gewaltmonopol, Rechtsbewußtsein und demokratischer Prozeß. Erste Eindrücke bei der Lektüre des „Endgutachtens" der Gewaltkommission. Ebenda S. 180–188.

[45] Schwind, Hans-Dieter, Jürgen Baumann u. a. (Hrsg.): Ursachen, Prävention und Kontrolle von Gewalt. Analysen und Vorschläge der Unabhängigen Regierungskommission zur Verhinderung und Bekämpfung von Gewalt (Gewaltkommission). Band I: Endgutachten und Zwischengutachten der Arbeitsgruppen. Berlin 1990, S. 46–48.

[46] Schwind u. a.: 1990 a. a. O., S. 58.

[47] Schwind u. a.: 1990 a. a. O., S. 64 f.

[48] Schwind u. a.: 1990 a. a. O., S. 66 f.

[49] Schwind u. a.: 1990 a. a. O., S. 70.

[50] Schwind u. a.: 1990 a. a. O., S. 75.

[51] Schwind u. a.: 1990 a. a. O., S. 40.

[52] Vgl. Basterra, Isabel: „Fremdenhaß" als Ursache von Gewalt? Staatliche (Des-)Information nährt Feindbilder. In: Albrecht/-Backes 1990 a. a. O. (oben Anm. 44), S. 100–109.

[53] Einzelheiten siehe bei Schwind u. a.: 1990 a. a. O., S. 76 ff.

[54] Vgl. dazu Heitmeyer, Wilhelm: Rechtsextremismus, Fremdenfeindlichkeit und die Entpolitisierung von Gewalt. In: Albrecht/Backes 1990 a. a. O. (oben Anm. 44), S. 151–173.

[55] Vgl. Schwind u. a. 1990 a. a. O. (oben Anm. 45), S. 59.

[56] Unterkommission Kriminologie 1990 (oben Anm. 40), S. 514 f.

[57] Vgl. Schwind u. a. 1990 a. a. O. (oben Anm. 45), Seiten 26, 128, 141, 149 einerseits, aber auch Seiten 119, 121 und 123 andererseits.

[58] Habermas, Jürgen: Gewaltmonopol, Rechtsbewußtsein und demokratischer Prozeß. In: Albrecht/Backes 1990 a. a. O. (oben Anm. 44), S. 184.

[59] Siehe z. B. die Ausführungen bei Schwind u. a.: 1990 a. a. O. (oben Anm. 45), S. 180 ff. und 183 ff.

[60] Schwind u. a.: 1990 a. a. O., S. 226 ff.

Wolfgang Thierse

Wege aus der Gewalt

Wir haben janusköpfige Jahre hinter uns: Aufbruch/Euphorie und zugleich – ihnen folgend – Enttäuschung, Resignation, Wut und Aggressivität. Die beiden vergangenen Jahre erinnern uns Deutsche an unsere schrecklichsten Möglichkeiten. Für mich gehört es zu den bestürzendsten Erfahrungen, daß es so aussieht – ich will mich vorsichtig ausdrücken –, daß der Eindruck entstanden ist, daß die deutsche Einigung eine kollektive Erfahrung wiederholbar zu machen scheint, von der wir doch gedacht haben, niemals wieder könnten wir in Nationalismus, Chauvinismus und Gewalt zurückverfallen. Aber wir sehen, daß es solche Anfänge wieder gibt.

Ausländische Mitbürger werden beschimpft und bedroht, geschlagen und sogar getötet. Der Bundesinnenminister hat Anfang Februar d. J. mitteilen lassen, daß im vergangenen Jahr 2285 Gewalttaten mit erwiesener oder zu vermutender rechtsextremistischer Motivation registriert wurden, 54% mehr als 1991. 17 Menschen fielen diesen Anschlägen zum Opfer. In Rostock-Lichtenhagen erreichten die Attacken gegen Asylbewerber eine neue Qualität.

An Hoyerswerda erregten wir uns noch über die schweigende, verschämte Zustimmung. Aus Rostock hörten wir lautstarken, vernehmbaren Beifall. Ich werde nie das Bild vergessen, das Sie vielleicht auch gesehen haben: Ein junges, hübsches Mädchen aus Rostock, das mit einem strahlenden Gesicht, ganz heiter seine Zustimmung zu Gewalttaten in die Fernsehkameras mitteilte. Schließlich verhalfen die Morde von Mölln diesem bis dato eher beschaulich-unauffälligen Städtchen im schleswig-holsteinischen Lauenburg zu trauriger Berühmtheit und bilden zugleich den vorläufigen Höhepunkt einer besinnungslosen Raserei.

Was ist mit uns geschehen, in diesen drei Jahren und was geschieht mit uns, daß so etwas geschieht, daß wir so etwas geschehen lassen: nicht nur rechtsextremistische Attacken und Gewaltausbrüche einer Minderheit, sondern Zustimmung, schweigende, nur leise dahingemurmelte und lautstarke Zustimmung zu menschenverachtender und menschenvernichtender Gewalt. Und inzwischen auch Gewalt gegen Minderheiten schlechthin, gegen Behinderte (bis zu „juristischer Aggression" – vgl. das Gerichtsurteil über Schadenersatz wegen der Einnahme von Urlaubssessen im selben Raum wie Behinderte !!), gegen unsere jüdischen Mitbürger, gegen das Gedächtnis der Toten (Brandanschlag in der Gedenkstätte Oranienburg) ...; alltäglich werdende Gewalt, nicht zuletzt unter Jugendlichen, in den Schulen.

Trotzdem: 1992 gab es nicht nur Anlaß zur Sorge, gar zu Verzweiflung. Denn es gibt Zeichen der Hoffnung. Die Lichterketten, an denen sich Hunderttausende beteiligten, die zahlreichen Veranstaltungen und Aktionen der zurückliegenden Wochen und Monate machen nicht nur mir Mut. Sie signalisieren – so hoffe ich wenigstens – daß die große Mehrheit der Deutschen nicht gewillt sein wird, die Einkehr der Barbarei zu dulden. Wenn man den Demoskopen glauben darf, dann verliert die äußerste politische Rechte an Zustimmung in der Bevölkerung. Gleichzeitig steigt die Angst der Menschen vor einem rechten Terrorismus. Die Furcht vor dem Faschismus im Glatzenlook überwiegt augenscheinlich die oft genug eingeredete Furcht vor einer ungeregelten Zuwanderung von Ausländern nach Deutschland, einer Furcht, die den Blick für die wahren Ursachen der Gewalt ohnehin nur verstellt. Das sei, so bilanziert ein Kommentator der „Süddeutschen Zeitung", der kleinste gemeinsame Nenner, der den von Existenzängsten geplagten Kleinbürger mit dem Großbürger im Villenviertel verbinde. Man sollte im nachhinein die politische Wirkung der lichternen Symbole nicht mit kleiner Elle bemessen. Jenen Kritikern der Lichterketten, die unlängst meinten, den SA-Triumphzügen und den Bürgermärschen anno 1992/93 eine ähnlich gerichtete, deutsch-typische Gefühlsbesoffenheit attestieren zu müssen, hält derselbe Kommentator entgegen, daß deutsche „Ergriffenheit" im Kerzenschein allemal besser sei als deutsches Triumphgeheul im Fackelglanz.

Fragt man aber, ob dem mörderischen Spuk durch die sanften Signale brennender Kerzen ein Ende bereitet worden ist, muß man bilanzierend wohl mit einem deutlichen Nein antworten. Denn die

Ursachen für Rechtsextremismus und Gewalt bleiben bestehen. Mein Verdacht ist, daß sie sogar zunehmen, zahlreicher werden. Die Lichterketten waren ein Anfang, dem jetzt zivile Courage im Alltag und endlich entschiedenes politisches Handeln folgen müssen, endlich, weil das bisherige Handeln derer, die in diesem Land Verantwortung tragen, eher dazu angetan war, die Gewaltexzesse sogar zu begünstigen, wenngleich gewiß ungewollt. Ich will nicht suggerieren, die politischen Akteure hielten den Schlüssel zur Lösung des Problems in ihren Händen. Auch die Möglichkeiten der Politik unterliegen Begrenzungen, größeren sogar, als die Bürger in unserem Land gewöhnlich wahrhaben wollen. Darin liegt eine besondere Erschwernis. Die hiesige Struktur der Öffentlichkeit funktioniert nach dem folgenden Webmuster: „Hier das Problem, dort die Lösung". So einfach ist die soziale und politische Wirklichkeit aber nicht gestrickt, sie ist entschieden komplexer, verwirrender, manchmal sogar undurchschaubar, für Politiker mitunter nicht weniger als für die Bürger. Diese Öffentlichkeitsstruktur läßt kaum noch Zeit zum nachdenklichen Abwägen, sie fordert unablässig und fördert Ungeduld und Unduldsamkeit und – in der Folge – verstärkt sie die Neigung zum Nachgeben gegenüber Populismen wider besseres Wissen. Dennoch bleibt richtig: Die Politik ist aufgerufen, Probleme zu lösen und sie nicht durch eigenes Zutun noch zu verschärfen.

Mein Eindruck aber ist, daß genau das während der verkorksten Debatte um das Asylrecht geschah, einer Debatte, deren Voraussetzung eine doppelte Niederlage war und deren Verlauf und Resultat ich politisch und persönlich als Niederlage empfinde. Erinnern wir uns: Seit 10 Jahren wird über das Thema Zuwanderung und Asyl diskutiert. In dieser Zeit haben die Zahlen der Zuwanderer dramatisch zugenommen. Das Problem hat sich quantitativ verändert (objektiv) und subjektiv ist es ein anderes geworden: Die Haltung vieler Mitbürger hat sich verändert. Durch Instrumentalisierung des Themas zu Wahlkampfzwecken, durch demagogische Verkürzungen ist eine Atmosphäre von Angst und Abwehr entstanden. Und in der gleichen Zeit waren Politiker, waren die Parteien nicht in der Lage, eine sowohl politisch-moralisch überzeugende und rechtlich-verwaltungstechnisch praktische Lösung oder wenigstens Abhilfe zu schaffen (1. Niederlage). Zur gleichen Zeit hat sich in Deutschland die Stimmung verfinstert. Wir Linken, Christenmenschen, Humanisten haben die öffentliche Meinung verloren (2. Niederlage). Die Fortsetzung der Paralyse von Politik, der wechselseitigen Lähmung der Parteien (der „Hängepartie") wäre die Fortsetzung, ja Verschärfung der Niederlage gewesen – mit welchen unkalkulierbaren Wirkungen? Ich will keinen Zweifel aufkommen lassen oder mich aus der Verantwortung stehlen: Eine Neuregelung des Asylrechtes erscheint mir immer noch als sachlich geboten. Der schale Geschmack der Niederlage ergibt sich auch daraus, daß wir die Verbreitung der falschen assoziativen Identifikation und Ausländerfeindlichkeit und Rechtsextremismus auf der einen und Asylrecht auf der anderen Seite zugelassen haben. Wir haben über die Asylrechtsänderung gestritten, während auf die Asylbewerberheime Molotowcocktails flogen. Die Politik hat – von den meisten ungewollt, von einigen Politstrategen aber durchaus beabsichtigt – dem randalierenden Mob scheinbar Legitimation verschafft. Wir haben unsere deutende, ja aufklärerische Pflicht versäumt.

Ich frage mich, ob es uns allen – nicht allein der Politik – noch wird gelingen können, dieses aufklärerische Defizit wieder zu überwinden? Die Voraussetzung dafür kann nur Ehrlichkeit vor uns selbst und Ehrlichkeit vor den Bürgern unseres Landes sein. Ehrlichkeit heißt: Wir werden und wir wollen und wir müssen auch künftig mit Ausländern leben. Kein Gesetz dieser Welt wird globale Migrationswellen aufhalten können. So sehr eine konfliktfreie multikulturelle Gesellschaft eine ideologische Kopfgeburt bleibt, so sehr ist die Vorstellung von einer ethnisch homogenen Kultur absurd. Von den nationalen Kulturen sind Ruinen und Denkmäler übriggeblieben. Die deutsche Rede von der „Wiedervereinigung" beinhaltete das gefährliche suggestive Moment, als sei durch sie eine „ethnische Homogenität" quasi naturwüchsig wiederhergestellt worden. Eine ethnisch homogene Kultur ist keine Kultur, ist Fiktion, sie zu fordern, zeugt von geistiger Enge und Provinzialität – zumindest –, zeugt noch mehr von einer erschreckenden Kulturunfähigkeit.

Politik muß sich wieder auf ihre aufklärerische Funktion besinnen. Sie muß eine Arbeit leisten, die Sozialwissenschaftler „Komplexitätsreduktion" nennen. Sie muß Intransparenz überwinden, Zusammenhänge deuten und Antworten geben, politisch-demokratische, erzieherische, moralisch-weltanschauliche Antworten.

Wir laufen Gefahr, uns an die grauenhaften Bilder aus Rostock, Mölln, Hünxe und Hoyerswerda zu gewöhnen, in unserem Emp-

finden abzustumpfen. Gleichzeitig beobachte ich die hilflos-gefähr-
liche Neigung bei manchen Politikern, der politisch motivierten,
rechtsextremen Gewalt dadurch zu begegnen, indem man glaubt,
als harmlos eingestufte Bruchstücke des die Gewalt vorgeblich be-
gründenden Gedankengutes übernehmen zu können. Ich bin
dafür, nichts unversucht zu lassen, um der Gesellschaft entrückte
Kinder und Jugendliche zurückzuholen – schon allein deswegen,
weil diese 14- bis 20jährigen selbst Produkte dieser Gesellschaft
sind. Ich warne aber eindringlich vor der irrigen Annahme, Rechtsextremismus und Gewalt ließen sich durch eine Art Teilnormalisie-
rung überwinden. Denn alles, was als normal gilt, ist nur schwer zu
problematisieren. Gewalt, die auf kein Gegenüber trifft, befriedigt
nicht, sie verallgemeinert sich, sie ufert aus. Wenn wir uns an Gewalt und Unrecht gewöhnen, dagegen abstumpfen und unsere
Ethik, unsere Moral geschmeidig dem eigenen Wohlbefinden anpassen, dann, ja dann, droht unserer Zivilisation der Kältetod.

Wer in diesen Tagen über Gewalt redet, muß reden über einen
wieder erstarkenden rechten Extremismus, über die Rückkehr von
Elementen einer menschenverachtenden, vernunftwidrigen Ideologie in die Köpfe all zu vieler Menschen. Er darf aber auch nicht
schweigen über den Zustand unserer mehrfach geteilten Gesellschaft, den einige journalistische Beobachter jüngst als „verroht"
bezeichnet haben. Er darf nicht schweigen über die anhaltenden In-
dividualisierungsschübe, über scheinbar nachlassendes Verantwor-
tungsbewußtsein und zunehmende soziale und kulturelle Bindungslosigkeit. Er muß reden über die allmähliche Auszehrung
gesellschaftlicher Solidarität, über die Verbreitung eines rabiaten
Besitzindividualismus, über Egomanien, die gemeinschaftliche,
kommunitäre Erlebnis- und Lebenswelten zu verdrängen drohen.

Mit diesem Netz gesellschaftlicher Entwicklungstendenzen sind
die tieferen Ursachen für Gewalt, auch rechtsextremistisch motivierte, verwoben. Im Westen Deutschlands insbesondere – und
damit verrate ich kein Geheimnis – beobachten wir eine säkulare
Entwicklung der Gesellschaft, die landläufig mit dem Begriff „Individualisierung" gekennzeichnet wird. Diese Entwicklung bietet un-
geahnte Chancen, sie birgt aber auch Gefahren, ist also ambivalent. Die Chancen sind ein Zugewinn an Freiheit, Selbstbestim-
mung und Autonomie, tatsächliche, neue Markierungen auf dem
Wege zur Emanzipation. Gleichzeitig gehen aber auch Sicherheiten

verloren. Denn, so formuliert es der Soziologe Ulrich Beck, die Menschen werden heute nicht aus ständisch-religiösen Gewißheiten *in* die Welt entlassen, sondern eben auch *aus* den Sicherheiten der Industriegesellschaft *in die Turbulenzen* der Weltkrisengesellschaft. Unter den Bedingungen einer manifesten wirtschaftlichen Krise bedeutet Individualisierung eben nicht nur größere Freiheit, Individualisierung bedeutet auch Verschärfung sozialer Ungleichkeit. Sie hat als Kehrseite auch das Gesicht von Desintegration, von Egoismus, von widerstreitenden Kräften und Interessen, die zu wenig Fähigkeit besitzen, sich auf das Gemeinwohl zu besinnen.

Individualisierung ist dergestalt, auch wenn es paradox klingen mag, kein individuelles, sondern ein kollektives Schicksal. Sie beruht nicht nur auf freier Entscheidung, sie generalisiert sich. Individualisierung unter den Bedingungen ökonomischer Rezession heißt: Das Einkommensgefälle zwischen Reichen und Armen vergrößert sich, immer mehr soziale Gruppen und Schichten der Bevölkerung werden von Arbeitslosigkeit bedroht und sei es auch nur vorübergehend. Diese soziale Bedrängnis, früher als gemeinschaftliches Klassenschicksal erfahren und verarbeitet, muß nunmehr als individuelles Versagen, als persönlicher Makel verkraftet werden. Das statistische Millionenschicksal, so erklärt uns Ulrich Beck, schlage um in persönliche Schuld, Konflikte und Neurosen. Dies alles bedeute, daß gesellschaftliche Krisen als individuelle erschienen. Damit wachse aber die Wahrscheinlichkeit irrationaler Ausbrüche der verschiedensten Art, nicht zuletzt auch in Form von Gewalt gegen alles, was als „fremd" etikettiert werde. Denn gerade in der individualisierten Gesellschaft entstünden Konfliktlinien entlang sozial identifizierbarer Merkmale: Rasse, Hautfarbe, Geschlecht, ethnische Zugehörigkeit, Alter, Homosexualität, körperliche Behinderung.

Und im Osten? Es gibt eine deutliche Diskrepanz zwischen dem Wunsch der Ostdeutschen nach Angleichung der Lebensverhältnisse, dem Bedürfnis der Deutschen insgesamt nach ökonomischer, sozialer, politischer und menschlicher Sicherheit in unsicherer gewordenen Zeiten einerseits und andererseits den objektiven Möglichkeiten, diese Erwartungen schnell zu befriedigen. Diese Diskrepanz wird noch ein Jahrzehnt die deutschen Verhältnisse bestimmen. Und in ihr liegt der Konfliktstoff, der sich entzünden kann, oder den Brandstifter entzünden. Niemand besitzt die Zauberformel, mit der die Arbeitslosigkeit im Osten schnell überwunden werden könnte, niemand weiß den Königsweg. Indes: Die katastrophische wirtschaftliche und soziale Situation verschärft und verstetigt den Zustand der Orientierungslosigkeit. Das Verschwinden der Arbeitsplätze, der Rückgang der industriellen Produktion seit 1989 machen Ostdeutschland zu einer sterbenden Industrieregion. Existentielle Ängste und die Auszehrung all dessen, worauf man sich jahrelang hat verlassen können, nagen an der Identität und ruinieren schrittweise das Selbstwertgefühl der Menschen. Die wirtschaftlichen und sozialen Determinanten erfordern einen reichhaltigen Fundus individueller Kompetenzen zur Problemverarbeitung, Formen des Umgangs mit bisher völlig unbekannten Ängsten und aufkeimenden Aggressionen, Bewältigungsformen, die eine Wandlung ins Destruktive vermeiden helfen und verhindern, daß Menschen verführbar werden. Einen solchen Umgang zu erlernen, hatten die Deutschen in der DDR keine oder nur unzureichend Gelegenheit.

Deutschland wird gepeinigt von marodierenden Ängsten, Überforderungs- und Verlustängsten im Westen, der Furcht, den mühsam erarbeiteten Wohlstand vielleicht nicht verteidigen zu können, und von Ängsten im Osten, dauerhaft das eigene Leben auf der Schattenseite verbringen zu müssen. Soziale Desintegrationsprozesse sind eine gesamtdeutsche Gemeinsamkeit, die den Ausbruch von Gewalt begünstigt. Der Verlust sozialintegrativer Strukturen in beiden deutschen Teilgesellschaften ist eines der wenigen Beispiele für die „gelungene" Angleichung der Lebensverhältnisse. Beiderseits der Elbe gebe es eine „Dämmerstimmung von Kultur", wie Oskar Negt es genannt hat, in der auch die sozial sinnvollen Ziele zerbröckelten, in der es keine Gemeinschaftsprojekte mehr gebe. Die Gesellschaft verarme an kollektiven Phantasien. Ich füge hinzu: Im Osten wie im Westen können und dürfen wir uns nicht mehr darauf verlassen, daß die Verhaltensnormen einer überlieferten Rationalität auch künftig funktionieren werden. Es gibt eine tiefe Verunsicherung auf der psychologischen Ebene, auf der Ebene der Werte. Wir müssen den vielgestalteten Versuch unternehmen, die politische Kultur Deutschlands zu verteidigen oder neu zu entwickeln. Das ist eine Aufgabe, die zum Beispiel die Erziehung betrifft.

Gewalt, wie wir sie heute erleben, ist Jugendgewalt. Diese gewalttätigen Jugendlichen sind nicht nur randständige Schmuddelkinder, die chancenlosen Outlaws einer von nicht wenigen Menschen inzwischen als gnadenlos empfundenen sozialen Wirklichkeit, Kinder, die in ihrer Verzweiflung nach Aufmerksamkeit und Zuwendung schreien. Unbedachte, ausländerfeindliche Sonntagsgespräche in den guten Stuben der „braven Bürger" bilden einen Hintergrund; und schlimmer noch: Was die Väter und Mütter an wütender Resignation zu Hause artikulieren und zurückhalten, drücken deren Kinder öffentlich in der Sprache der Gewalt aus. Der Sozialwissenschaftler Detlev Claussen spricht schon von einer „konformistischen Rebellion" der Jugendlichen, will sagen: Die Werte und Orientierungen der Jugendlichen sind durchaus konformistisch, sie zeigen Merkmale einer generationsübergreifenden Kontinuität, ihre Ausdrucksformen freilich sind jugendspezifisch. In ihrem Denken unterscheiden sie sich nicht grundlegend von ihren Eltern, im Handeln, in der Anwendung von Gewalt sehr wohl. Es ist deshalb nicht weiter verwunderlich, wenn Sozialforscher davon berichten, daß bei betroffenen Eltern durchgängig eine Tendenz zur Nachsicht gegenüber den gewalttätigen Jugendlichen festgestellt werden konnte. Es fehlt eine explizite, uneingeschränkte Distanzierung. Umgekehrt fühlen sich die gewaltanwendenden Jugendlichen bisweilen als Vollstrecker eines zornigen Volkswillens. Es gehe ihnen um ein gerechtes Anliegen, dessen Legitimität sich auch auf die angewandten Methoden erstrecke.

Wir können uns um die empirischen Fakten nicht länger herummogeln: Bereits in den Grundschulen findet Gewalt statt; und zwar solche Gewalt, die mit normalen, alterstypischen Raufereien nichts mehr gemein hat. Wir wissen mittlerweile auch sehr präzise, woher die Leitbilder für Gewalt bei älteren Kindern und Jugendlichen kommen: Je nach Alter fungieren entweder die Film- und TV-„Helden" oder Skinheads als Vorbilder, später, bei den 14- bis 20jährigen tritt der Rechtsextremismus als Ideenspender hinzu. Je älter die Kinder sind, desto mehr vermischen sich aggressive, gewaltbereite und autoritäre Denk- und Handlungsweisen mit Versatzstücken einer faschistisch-rassistischen Ideologie. Die zunächst anarchische, ja letzten Endes hilflose Gewalt erfährt dadurch nach und nach einen zweifelhaften „Sinngehalt".

In den letzten Wochen sind die Anschläge auf Asylbewerberheime zurückgegangen. Die alltägliche Gewalt auf den Schulhöfen und Spielplätzen, in den Straßenbahnen und in den Fußballstadien freilich ist kaum quantifizierbar. Es gibt keinen Grund zur Entwarnung, eher zu der Befürchtung weiterer Eskalationen. Der Gießener Politikwissenschaftler Claus Leggewie, bestimmt keiner, der zu Übertreibungen neigt, spricht gar von einer „Krise der Zivilisation".

Was ist zu tun? Der Beginn jeder Strategie ist, die Wahrheit zu sagen. In der Bibel schon steht der unerhörte Satz: „Die Wahrheit wird euch freimachen." Also sagen wir den Menschen, welche riesige Aufgabe ihnen bevorsteht. Ich nenne das ein Programm der wechselseitigen Zumutungen der Deutschen. Auch Wahrheit schafft Sicherheit. Schließlich besteht unsere Aufgabe darin, sozialen Flankenschutz zu organisieren. Dieser beginnt mit einer anderen, die Prioritäten neu setzenden Wirtschafts- und Sozialpolitik. Denn Grundvoraussetzung für moralische und zivilisatorische Festigkeit ist ein gesichertes, soziales und kulturelles Fundament. Sie bleibt solange außer Reichweite, solange der soziale Kontext des einzelnen als ein konturenloses, beängstigendes Chaos erscheint. Freilich – ich habe es eingangs angedeutet – sind die Bewirkungskräfte der Politik zu dürftig, um gesellschaftliche und individuelle Deformationen vermeiden bzw. überwinden zu können. Der Frankfurter Sozialphilosoph Jürgen Habermas hat vor nicht allzu langer Zeit darauf verwiesen, daß das Medium Macht, womit natürlich auch die Politik gemeint ist, mit der Hervorbringung von Lebensformen überfordert sei. Und doch setzt Politik fortwährend objektive Daten, die in die Lebensplanung und -gestaltung der Menschen zumindest mittelbar eingreifen. Politik wirkt an der Richtungsgebung für die gesellschaftliche Entwicklung mit, obschon sie sie nicht völlig zu bestimmen vermag. Innerhalb eines relativ engen Handlungsrahmens müssen praktische Konzepte für eine Gesellschaft nach menschlichem Maß entworfen werden, die weiter reichen als die bisherigen Interventionsmaßnahmen. Die Politik kann die Menschen nicht ändern, aber sie kann mit deren Zutun die Umstände verändern.

Im Umgang mit Jugendlichen sollten wir uns davor hüten, diese zu Buhmännern zu machen. Ich warne ausdrücklich vor einer neuen Jugendfeindlichkeit. Jugendliche sind, wie es der Berliner Jugendsenator Thomas Krüger formulierte, „Seismographen der Gesellschaft". Überdies: Die gedanklichen Fragmente, mit denen

gewaltbereite Jugendliche ihre Taten begründen, sind häufig anzu-
treffendes Allgemeingut, reichen bis ins Zentrum unserer zeitun-
gleichen Gesellschaft hinein. Trotzdem sage ich, wir sollten den
Mut fassen und wieder von Erziehung und erzieherischer Verantwortung sprechen. Theodor W. Adorno hat einmal gesagt: „Die
Forderung, daß Auschwitz nicht noch einmal sei, ist die allererste
an Erziehung." Erziehung und Bildung haben in diesem Sinne die
Pflicht zur Prävention. Ich rede von Erziehung, nicht von Men-
schenformung, ich rede von der Vermittlung und Einübung ziviler,
universeller Spielregeln, ohne deren Existenz Gesellschaft nicht
denkbar, geschweige denn machbar wäre. Ich rede von einer Erziehung zur Mündigkeit, von einer Erziehung zu Toleranz und Demokratie, einer Erziehung, der die Übung wichtiger ist als die Lehre.

Der Staat hat selbstverständlich die Aufgabe, die Angegriffenen
zu schützen. Er muß die Täter mit den Mitteln des Gesetzes verfolgen und dingfest machen. Er muß Stärke zeigen und deutlich machen, daß Rechtsextremismus und Gewalt in diesem Lande nicht
nur nicht geduldet, sondern konsequent bekämpft werden. Das
Verbot neonazistischer Organisationen ist deshalb richtig und
wichtig. Ich bin ebenso davon überzeugt, daß die Polizisten in unserem Land zu wenige sind, nicht genug verdienen und besser ausgebildet werden müssen – vor allem in den neuen Bundesländern.
Staatliche Politik allerdings, die nur auf Repression setzt, wird auf
mittlere Sicht keinen Erfolg haben.

Ich bin sicher, daß ohne den manchmal hart an der Grenze des
Zumutbaren stattfindenden Einsatz vieler Sozialarbeiter die Verhältnisse noch schlimmer wären als sie sowieso schon sind. Es ist
doch aberwitzig, einerseits den Verlust an Kommunikation, Bindung und Gemeinschaft zu beklagen und andererseits die Gemein-
schaftseinrichtungen, die es z. B. für Jugendliche in der ehemaligen
DDR ja gegeben hat, vor die Hunde gehen zu lassen. Solche Einrichtungen mit sozialer Betreuung werden heute mehr gebraucht
denn je. Und dennoch – dem sozialarbeiterischen Herangehen
wohnt ein ähnliches Defizit inne wie dem polizeilichen: Es ist unverzichtbar, greift aber auf Dauer zu kurz, weil es sich notgedrungen mit Symptomen und Wirkungen beschäftigen muß. Denn
die Ursachen produziert die Gesellschaft selbst, und dort sind die
Entscheidungsträger eben andere.

Alle gesellschaftlichen Gruppen müssen die Herausforderung annehmen. Das gilt für den Staat, die Parteien und die Kirchen, die Wohlfahrtsverbände und die Gewerkschaften, die Wirtschaft, das gilt für Vereine und Zusammenschlüsse jeder Art. Das gilt für die Kindergärten, die Schulen und Hochschulen. Ein besonderes Wort möchte ich in diesem Zusammenhang an die Medien richten. Es kann niemand mehr ernsthaft bestreiten, daß es einen Zusammenhang zwischen Gewaltdarstellungen im Fernsehen und den beschriebenen Verrohungstendenzen gibt. Das Fernsehen, darauf hat der Bielefelder Sozialwissenschaftler Wilhelm Heitmeyer hingewiesen, sei aus Gründen der Vermarktung an Gewalt interessiert, andererseits wolle es unter Ausbeutung von Moral an einem Kampf gegen Fremdenfeindlichkeit und Gewalt mitwirken. Ich will keiner Zensur das Wort reden. Angesichts der Flut gewaltdarstellender Sendungen, seien es nun fiktive – also Spielfilme o. ä. – oder wirklichkeitsentnommene – z. B. das in zahlreichen Varianten dargebotene „reality tv" –, bin ich mittlerweile zu der Überzeugung gelangt, daß Appelle nicht mehr ausreichen. Die Selbstverantwortung der Medien scheint zu unausgebildet, sind also bei fortschreitender Entwicklung Eingriffe unverzichtbar? Aber Journalistenschelte reicht nicht. Wir müssen über Strukturen reden, über die Kommerzialisierung der Massenmedien, die solche Wirkungen zeitigt.

Ich habe vorhin von einer Gesellschaft nach „menschlichem Maß" gesprochen. Eine solche mitzugestalten, ist für mich die eigentliche Aufgabe von Politik. Fertige Antworten kann ich Ihnen keine bieten, wohl aber vielleicht orientierende Fragen.

Auf welche Weise gelingt es uns, und wird es uns überhaupt gelingen, den Menschen in unserem Land eine sozial-integrative Idee gesellschaftlichen, vergemeinschafteten Lebens zu vermitteln? – Eine Idee als Kontrapunkt zu einer um sich greifenden Beliebigkeit, Gleichgültigkeit und Kurzlebigkeit! Besser: Es geht um Ideen, Visionen, die den gegenwärtigen sozialen, kulturellen, moralischen Zustand transzendieren.

Die tradierten, sozialen und milieuspezifischen Bindungen und Orientierungen lösen sich auf, Vereinzelung, Entwurzelung und die Ausrichtung auf Konsum und Erlebnis, auf ein kurzes aber reichhaltiges Glück nehmen zu. Was ist der soziale und kulturelle Kitt, der das Gemeinwesen als gemeinschaftliche Veranstaltung erfahrbar werden lassen könnte, der die Gesellschaft als eine Versammlung von Einzelkämpfern zu überwinden hilft?

Wie organisieren wir eine Ökonomie, die ausreichend autonome Zeit einräumt, die Platz schafft für die Pflege des geschundenen Soziallebens, die Eltern die Chance läßt, mit ihren Kindern wertevermittelnd und normensetzend zu kommunizieren? Und schließlich: Wie bekämpfen wir die zunehmende Arbeitslosigkeit und ihre schlimmen Folgen?

Von Lessing stammt die Einsicht, daß nur die Sache verloren sei, die man aufgebe. Bitte geben Sie nicht auf.

Birgit Rommelspacher

Frauen und Rassismus – Im Widerspruch zwischen Diskriminierung und Dominanz

Das Thema Rassismus hat in Deutschland eine erschreckende Aktualität. Gewalttätigkeiten gegenüber EinwanderInnen, Flüchtlingen und ethnischen Minderheiten sind alltäglich geworden. Bisher haben sich Frauen recht wenig zu diesem Thema geäußert. Es gibt kaum Stellungnahmen und Aktionen von seiten der Frauenbewegung zu dieser bedrohlichen Entwicklung. Ein Grund dafür ist sicherlich der, daß die Täter in aller Regel Männer sind. Die Statistik zeigt, daß wegen schwerer rassistischer Gewalttaten bisher zu 99% Männer angeklagt wurden und auch bei den minderschweren Gewalttaten waren Frauen nur zu 3,7% vertreten (Willems, Würtz und Eckert 1993). Der Schluß drängt sich geradezu zwingend auf, daß Rassismus in erster Linie Männersache ist und daß ein enger Zusammenhang zur sexistischen Gewalt besteht, d. h. daß die Mißachtung von Frauen und ihrem Selbstbestimmungsrecht dieselben Wurzeln, dieselbe Logik und nicht zuletzt dieselben Erscheinungsformen hat wie die ethnischer Minderheiten. Auch Frauen werden täglich diskriminiert, verfolgt und tätlich angegriffen bis hin zum Mord. In der Zeitschrift Emma wird auch entsprechend Buch geführt über die anhaltende Gewalt gegenüber Frauen, die in ihrem Ausmaß ihrer Meinung nach die rassistische Gewalt bei weitem übersteige. Im Jahr 1992 wurden zum Beispiel – so die Rechnung von Emma – Hunderte von Frauen Opfer sexistischer Mordtaten, im Vergleich zu „nur" einem guten Dutzend Morden an EinwanderInnen und Flüchtlingen.

Es stellt sich also unmittelbar die Frage: Ist Rassismus und Sexismus im Kern identisch? Verbirgt sich hinter all dem Schrecklichen das Wüten von Männergewalt? Ist Rassismus Männersache und sind Frauen wie ethnische Minderheiten gleichermaßen die Opfer?

Wenn wir uns mit dieser Frage an die bundesrepublikanische Frauenforschung wenden, bekommen wir nur spärliche Antworten. Tatsächlich steckt bei uns die feministische Rassismusforschung noch sehr in den Anfängen. Allerdings gibt es erfreulicherweise inzwischen eine sehr lebhafte Debatte von Historikerinnen und Soziologinnen zur Rolle der Frauen im Nationalsozialismus (vgl. dazu vor allem Gravenhorst und Tatschmurat 1990 und Wobbe 1992). Und aus dieser Debatte lassen sich verschiedene Positionen herauslesen, die auch für die aktuelle Diskussion fruchtbar sind.

1. Der Primat des Patriarchats

Ganz allgemein kann im Überblick gesagt werden, daß dabei weitgehend die These von der Identität von Rassismus und Sexismus gestützt wird. Zwar steht nicht mehr so sehr die altbekannte Täter-Opfer-Debatte im Vordergrund, diese ist zumindest ein Stück weit überholt, vielmehr wird die Beziehung von Frauen zum Rassismus im wesentlichen negiert, und indem die Forscherinnen sich vornehmlich oder ausschließlich auf das Geschlechterverhältnis konzentrieren, verdeckt sich ihnen der Bezug zum Rassismus. Das heißt, Frauen sind nicht mehr unbedingt Opfer, aber auch nicht Täterinnen. Die Frage stellt sich also, was sind sie dann?

1.1 Frauen als Nicht-Beteiligte

Die erste Position, die ich erläutern möchte, ist die Konstruktion der Frau als Nicht-Beteiligte. Dabei sind Frauen zwar nicht im engeren Sinne Opfer rassistischer Ideologie und Politik, aber diese ist dennoch eine rein männliche Erfindung und ein männliches Interesse, weil eben Frauen damit vergleichsweise kaum etwas oder gar nichts zu tun haben. Als Illustration für diese Position, möchte ich auf eine eigene Untersuchung zurückgreifen (Rommelspacher 1993), in der wir junge Frauen im Alter zwischen 18 und 32 J. danach befragten, was sie mit Juden/jüdisch sein verbinden, ob und wie sie sich in ihrer Familie mit dem Nationalsozialismus auseinandergesetzt haben, und wie sie heute ihren Bezug zum Nationalsozialismus sehen.

Die Konstruktion von außen und innen

Ein Ergebnis dieser Untersuchung war, daß die Frauen ihre Eltern und Großeltern sehr wohl nach dem Nationalsozialismus gefragt haben, aber daß sie vor allem von ihren Väter und Großvätern etwas wissen wollten. Die Mütter und Großmütter wurden kaum befragt. Sie schienen diesbezüglich nichts zu sagen – aber auch nichts verbergen zu haben. Interessant ist nun, daß wir in der einschlägigen Literatur dasselbe Phänomen finden (vgl. etwa v. Westernhagen 1987 und Sichrovsky 1987). Außerdem zeigte die Befragung, daß die Fragen an die Väter und Großväter nach dem Nationalsozialismus von ihnen i. d. R. mit Geschichten aus dem Krieg beantwortet wurden. Über den Krieg wurde gern und ausführlich erzählt, und so wird der Krieg zur Chiffre für den Nationalsozialismus, eine Deckerinnerung, die das eigentliche Ereignis abwehrt. D. h. es wird damit der Krieg nach „innen", gegen die sogenannten Minderrassigen zum Verschwinden gebracht. Eine Folge dieser Inszenierung der Vergangenheit über den Krieg ist zudem, daß die Geschlechter sich extrem polarisiert darstellen: Die Väter bzw. Großväter werden zu Tätern und die Mütter bzw. Großmütter zu Opfern. Wie eine Befragte formulierte: *Mein Vater zog in den Krieg – meine Mutter floh aus dem Krieg.*

Die Frauen fliehen und kämpfen ums Überleben. Sie sorgen sich um ihre Angehörigen. Sie sind Opfer der Bomben, der Vertreibung und Not. Demgegenüber sind die Väter und Großväter Agierende draußen in der feindlichen Welt. D. h. die Frauen sind am Geschehen nur insofern beteiligt als sie die schrecklichen Konsequenzen zu tragen haben. Sie haben oder hatten nichts zu tun mit der Entstehung von Krieg und Gewaltherrschaft, mit Rassismus und Antisemitismus. Und der Krieg ist für sie allenfalls eine Art Naturereignis, das über sie kam. So wird im Selbstverständnis der Frauen die Markierung zwischen privater und öffentlicher Sphäre zu einer politischen Grenze: Draußen die agierenden politischen Männer, drinnen die reagierenden unpolitischen Frauen. Zugleich wird diese Markierung aber auch zu einer moralischen Grenze: Draußen wütet das Böse, drinnen aber lebt eine widerständige Frauenkultur. (Bublitz und Kuhn 1992 und auch Szepanzky 1983, 1986.) Stimmt das so – ist die Trennung von außen und innen so auch durchzuhalten?

Die Verstrickung von Frauen

Zweifellos war der Nationalsozialismus ein Männerstaat und Frauen in vieler Hinsicht diskriminiert. Es sind und waren Männer, die die Rassenideologie entwickelt und in Politik umgesetzt haben. Wie ist es aber, wenn Frauen ihre Kinder damals nicht mit jüdischen Kindern spielen ließen, jüdische Geschäfte boykottierten, Juden und Jüdinnen denunzierten und sich an ihrem Nachlaß bereicherten? Oder aber wenn heute Mütter ihre Kinder in Schulen schicken, in denen möglichst keine Einwandererkinder sind? Geschweige denn, daß sie zustimmen würden, daß ihre Kinder eine/n Schwarze/n heiraten würden? Oder wie ist es, wenn sie keine Flüchtlinge in ihrer Wohngegend dulden und zuschauen, wenn sie vertrieben werden; sind sie dabei ausschließlich Opfer einer männlichen Ideologie?

Natürlich hatten Frauen im Nationalsozialismus nicht die politische und ideologische Macht. Dennoch stellt sich die Frage, ob diese Tatsache die Verantwortlichkeit für ihr Tun auslöscht. Zumindest solange für Frauen eine Widerständigkeit in Anspruch genommen wird, müssen sie auch den Verhaltensspielraum gehabt haben, sich im Sinne des Systems zu entscheiden. Erika Mann (1986) schildert in ihrem Buch über Kindheit und Jugend im „Dritten Reich" eine Szene, die auf einem Schulhof beobachtet wurde: Die Kinder stellen sich an zum Seilspringen. Jedesmal, wenn ein jüdisches Mädchen an die Reihe kommt, sagt die Lehrerin: „Geh zurück, du mußt dich hinten anstellen." Und wenn das Mädchen wieder an die Reihe kommt, wird sie wieder nach hinten geschickt, und das immer und immer wieder. Hier hat die Lehrerin in gewisser Weise auch ein Gesetz erfunden, wenngleich nur für diesen situativen Kontext.

Das heißt, Frauen haben sicherlich weniger Macht, Wissen und Entscheidungsgewalt bezogen auf staatliche Politik, nicht aber bezogen auf den situativen Handlungskontext, in dem sie stehen. Dieser Handlungskontext ist allerdings nicht unabhängig zu sehen von den politisch-gesellschaftlichen Vorgaben. Und in der feministischen Forschung geht es ja zentral darum, diesen Zusammenhang aufzudecken. Die Frage ist nur, ob diese Vorgaben per se im Widerspruch zu den Interessen von Frauen stehen. Oder konkret auf unser Thema bezogen gefragt, warum waren damals trotz aller Diskriminierung so viele Frauen begeisterte Nationalsozialistinnen?

Dafür sind sicherlich eine Reihe verschiedener Faktoren verantwortlich zu machen. So zum Beispiel die Tatsache, daß die damalige Unterordnung der Familie unter die Interessen des Staates die Frauen und ihre Arbeit nicht nur entwertet hat, sondern ihnen umgekehrt auch ein Gegengewicht gegen ihre persönliche Abhängigkeit anbot. Für sie konnte nun der „Führer" zur eigentlichen Autorität werden, und die ließ sich sehr wohl auch gegen den eigenen Mann ausspielen. Sie bekamen die Macht potentieller Denunziation. Auch konnten nun Frauen teilhaben an den „großen Aufgaben für Volk und Vaterland", also unabhängig vom Mann ihren Wert beanspruchen und in den kollektiven Narzißmus und Größenwahn eintauchen. Wenn, und das ist der entscheidende Punkt, sie der sogenannten arischen Rasse angehörten, „erbgesund", „anständig" und heterosexuell waren. Diese Frauen erlebten im Nationalsozialismus eine Entwertung und Aufwertung zugleich. Und offensichtlich war die Aufwertung als Arierinnen für die allermeisten Kompensation genug für ihre Zurücksetzung als Frauen.

Das heißt, die Begeisterung der „arischen" Frauen für den Nationalsozialismus ist nur dann zu verstehen, wenn gesehen wird, wie sexistische Entwertung und rassistische Aufwertung ineinander spielten. So konnte also auch gleichzeitig eine pro- und antinatalistische Politik betrieben werden, also Propaganda für Mutterschaft in Form eines Mutterkults wie auch gegen Mutterschaft, vor allem mit Hilfe der Sterilisation. Das ist kein Widerspruch, wie Gisela Bock (1992) behauptet, und kein Zeichen dafür, daß die nationalsozialistische Politik im Grunde eine Politik gegen Frauen war, und daß kein Mutterkult, sondern ein Vaterkult betrieben worden sei. Vielmehr war die nationalsozialistische Politik eine frauenfeindliche und gleichzeitig rassistische Politik. Diese Gleichzeitigkeit macht so auch den Pro- und Antinatalismus verständlich, denn wie einerseits Mutterschaft gefördert wurde, sofern sie dem Rassenideal entsprach, wurde sie gleichzeitig bekämpft, wenn das nicht der Fall war.

Die sogenannten arischen Frauen profitierten also von der Entwertung anderer Gruppen. Insofern überrascht es nicht, daß der Widerstand dieser Frauen gegen die nationalsozialistische Politik und Ideologie sich nahezu ausschließlich gegen ihre Zurücksetzung

als Frauen richtete, kaum aber gegen die Ausgrenzung der sogenannten nicht-arischen Bevölkerung. So löste sich z. B. der Bund
Deutscher Frauenvereine im Mai 1933 auf. Damit wurden automatisch 50 000 jüdische Frauen aus 450 lokalen Organisations-
gruppen ausgeschlossen, d. h. es gliederten sich die Organisationen „judenfrei" in den Hitlerstaat ein (Koonz 1991). Es gab zwar
einzelne christliche Frauen, die privat protestiert haben. Aber, so
Claudia Koonz, es finden sich „im Archivmaterial und in Memoiren
keine Hinweise darauf, daß dieser Verrat den christlichen Frauen in
irgendeiner Weise nahegegangen wäre" (ebd. S. 394).

Es kann also aus der Widerständigkeit von Frauen gegen ihre Unterdrückung als Frau keineswegs auf eine Widerständigkeit gegen
das System als Ganzes geschlossen werden. Das gilt im übrigen für
alle anderen gesellschaftlichen Gruppen auch, die für sich eine besondere Widerstandsgeschichte reklamieren. Ob es sich um die
Linken, die Konservativen oder die Kirchen handelt, alle behaupten, widerständig gegen das System als Ganzes gewesen zu
sein. Bei genauerer Betrachtung entpuppt sich dies als Selbsttäu-
schung. Es ging immer in erster Linie und nahezu ausschließlich um
einen Kampf gegen die Entmachtung und Entwertung eigener Positionen, nicht aber um einen Widerstand gegen Antisemitismus und
Rassismus, als einem zentralen Kernstück des nationalsozialistischen Systems.

1.2   Die Frau als Minderheit – wie andere Minderheiten auch

Ein zweiter Mechanismus, der den Bezug der Frauen zum Rassismus verstellt, ist eine Ineinssetzung von Rassismus und Sexismus im Nachweis identischer Konstruktionsprinzipien. Diese
Position finden wir allerdings weniger in der Analyse der nationalsozialistischen Geschichte als vielmehr in der Diskussion um den
Kolonialismus: Danach sind Frauen in derselben Weise diskriminierte Minderheiten wie ethnische Minderheiten auch. Oder anders
formuliert: Der Kolonialismus ist derselben Logik gefolgt wie der
Sexismus.

Ersichtlich wird dies an der nahezu identischen Konstruktion der
Frau und des „Wilden". Bereits Simone de Beauvoir (1986) hat
diesen Zusammenhang aufgezeigt. Die Konstruktion des anderen,

des Weiblichen, ist die Projektion männlicher Ängste und Erlösungsphantasien. Das gilt genauso für die Bilder, die der weiße Mann sich vom Schwarzen gemacht hat, vom edlen wie vom gefährlichen „Wilden". Und zwar indem er die Frau wie den Schwarzen in eine besondere Nähe zur Natur versetzt – in den Zustand der „Halbwildheit", wie Sigrid Weigel sagt: „Und immer stehen dabei die Bilder der Schwarzen, der Frauen und der Natur in einem signifikanten Zusammenhang, der die Bild- und Diskursgeschichte der Aufklärung und des Kolonialismus berührt. Kulturelle Fremde werden dabei mit tradierten Weiblichkeitsimagines metaphorisch verknüpft oder in anderer Weise imaginär verbunden." (Weigel 1991, S. 57).

Eine solche Suche nach den Gemeinsamkeiten führt aber auch zur Frage nach den Unterschieden, und die bleibt hier unbeantwortet. Das zeigen auch die vom Ökofeminismus beeinflußten Debatten, die eine unmittelbare Identität zwischen der Gewalt gegen Kolonialvölker und der Ausbeutung der Frauen als „Rohstoff" sehen. Die koloniale Aneignung von Land und Naturressourcen – also billigen Rohstoffen – wird gleichgesetzt mit der Kolonialisierung von Frauen im Inneren. Es geht also nicht nur um eine Identität ideologischer Konstruktionen und Bilder von dem „Wilden" und der „Frau", sondern auch um die identischen Mechanismen von Ausbeutung und politischer Herrschaft. Umgangssprachlich wird das so auf den Punkt gebracht: „Die Frauen sind die Neger der Welt."

Wenn dem so ist, dann stellt sich unwillkürlich die Frage: Und was ist mit den schwarzen Frauen, sind sie die Neger der Neger? Und weiter: Sind auch die weißen Frauen die Neger der schwarzen Männer, sind sie ihnen untertan? Und wie ist das Verhältnis von weißen Frauen zu schwarzen Frauen? Diese Fragen lassen sich so nicht klären bzw. können sich gar nicht stellen, weil in diesem Bild zwischen schwarzen Frauen und Männern gar nicht differenziert wird. Das Geschlechterverhältnis wird nur als ein weißes gesetzt. Indem die weißen Frauen mit „den Negern" als Ganzes identifiziert werden, wird den Schwarzen das Geschlecht genommen.

Eine solche Denkweise hat eine sehr lange abendländische Tradition, die keineswegs erst mit dem Kolonialismus begonnen hat. So arbeitet Elizabeth Spelmann (1988) in ihrer Untersuchung zur aristotelischen Philosophie heraus, daß Aristoteles ebenfalls einerseits von Männern und Frauen spricht und andererseits von Sklaven. Sklaven haben auch bei ihm kein Geschlecht. Oder anders formuliert: Ein Geschlecht zu haben ist ein Privileg der herrschenden Klasse. Er schreibt in seiner Abhandlung über den Staat, daß sich fast durchgängig ein natürlicher Unterschied zwischen den Herrschenden und Beherrschten zeige: „In anderer Weise herrscht das Freie über das Sklavische, das Männliche über das Weibliche, der Mann über das Kind. (...) Und ihre Vermögen sind verschiedener Art: Der Sklave hat gar keine Überlegungsfähigkeit; das Weib hat sie, aber ohne Entscheidung; das Kind hat sie, aber unentwickelt." (Aristoteles o. J. S. 201.) Diese unterschiedlichen Fähigkeiten haben damit etwas zu tun, daß der Sklave dazu da ist, seine Arbeit zu verrichten, wohingegen das Weib zumindest so viel Denkvermögen braucht, um die Kinder erziehen zu können, denn in ihnen wachsen ja die zukünftigen Mitglieder des Staates heran. Auch hier hat also der Sklave kein Geschlecht, denn für die Arbeitsverrichtung ist das Geschlecht nicht relevant.

Gleichzeitig wird damit auf den Unterschied zwischen der Diskriminierung von freien Frauen und den Sklaven verwiesen: Die Frauen der freien Bürger waren so in die Gesellschaft und ihr Privilegiensystem eingebunden, daß sie zumindest in die Lage versetzt wurden, die Kinder nach den Vorstellungen des Mannes zu erziehen. Damit wurden sie unmittelbar mit dem Mann und seiner Position verwoben. Frauen hatten in ihrer Reproduktionsfunktion also gleichzeitig der Statusreproduktion zu dienen. D. h. das Selbstverständnis als Frau bzw. Mann ist unmittelbar mit der Position in der gesellschaftlichen Hierarchie verknüpft, es gibt gar kein Geschlechterverhältnis jenseits ökonomischer und ethnischer Privilegiensysteme.

Das wird aber von den Frauen der herrschenden Gruppierungen in der Regel nicht gesehen; vielmehr lösen sie das Geschlechterverhältnis aus seinem Zusammenhang mit anderen Herrschaftsverhältnissen heraus. Ja es ist geradezu ein Kennzeichen von Dominanz, dieses nicht sehen zu können oder zu wollen. So ist es nach Spelman (1988) auch eine Art Grundaxiom der westlichen Frauenforschung, daß frau das Geschlechterverhältnis am besten in seiner weißen westlichen Form studieren könne, da hier die Mechanismen des Patriarchats gewissermaßen in Reinform vorliegen, wohingegen im Arbeitermilieu oder in der „Dritten Welt" Klassenherr-

schaft und Rassismus als zusätzliche Faktoren die Situation kompli-
zieren. Rassismus und ökonomische Ausbeutung werden so zu
einem Extraproblem, das nur für die von Bedeutung ist, die davon
betroffen sind.

Diese Eindimensionalität des weißen Feminismus, die alles auf
das Geschlechterverhältnis zurückführen möchte, entpuppt sich
letztendlich als eine Verschleierung von Dominanz, die ihren Anteil
an Herrschaft nicht wahrhaben möchte. Frauen beziehen sich so
sehr auf ihre Rolle als Diskriminierte, daß sie ihre weiteren Rollen,
ihre Bezüge zu anderen Herrschaftsverhältnissen aus dem Blick verlieren.

Wenn demgegenüber nun versucht werden soll, diese Bezüge direkt anzuschauen, dann wird vermutlich eingewandt, daß das gar
nicht möglich sei, da ja alle Bezüge patriarchal überformt seien.
Das ist sicherlich auch richtig, ebenso wie auch Rassismus nicht
jenseits der Geschlechterverhältnisse wirkt. Wenn Frauen rassistisch handeln, tun sie dies immer auch innerhalb eines patriarchalen Systems. Dieser Tatsache versucht eine dritte Position, nämlich die der Mittäterschaft, gerecht zu werden.

1.3   Frauen als Mittäterinnen

Margarethe Mitscherlich (1985) etwa hat das Mittun der Frauen
in ihren Aufsatz ›Antisemitismus, eine Männerkrankheit?‹ damit erklärt, daß Frauen aufgrund ihres schwächeren Über-Ichs mehr oder
weniger dazu gezwungen sind, in ihrer Abhängigkeit vom Mann
sich an seine Ideologie anzupassen.

Christina Thürmer-Rohr (1987) hat in ihrem Konzept die Mittäterschaft von Frauen allgemeiner von den patriarchalen Machtver-
hältnissen abgeleitet, das Motiv der Frauen zur Mittäterschaft liegt
für sie in der Sicherung des eigenen Existenzrechts. Das Mittun mit
dem Mann bedeutet nicht eine Übereinstimmung mit seinen Motiven. Und insofern liegt die Schuld der Frau nicht in der inkrimi-
nierten Tat, sondern in ihrer Selbstaufgabe.

Diese beiden Konzepte setzen an ganz unterschiedlichen Ebenen
an und sind insofern nicht vergleichbar. Im Kern teilen sie aber
beide die Auffassung, daß Frauen und Männer in ihrem Handeln
unterschiedliche Motive zu unterstellen sind. Woher aber die Si-

cherheit, von einer Divergenz der Motive auszugehen? Dazu ein Beispiel aus unseren Interviews: „Ja ich würde sagen, meine Oma sie ist mitschuldig. Aber es tut mir sehr weh, das zu sagen, weil sie das *garantiert nicht* aus eigenem Antrieb gemacht hat. Sie hat eben ihren Mann gehabt. Sie hat ihn wahrscheinlich geliebt und damit hat sie ihn auch gedeckt" (Rommelspacher 1993 AK7).

Woher kommt die Sicherheit, von einer unterschiedlichen Motivation auszugehen und die Gewißheit, daß die Frau nur um des Mannes willen so handelt und nicht aus eigenem Interesse? Und wie ist es beim Widerstand? Wird da auch davon ausgegangen, daß die Frau nur um des Mannes willen in den Widerstand gegangen ist? Wenn ja – hätte sie sich dann nicht auch der Mittäterschaft schuldig gemacht? Es genügt offensichtlich nicht, die Frau nur in ihrer Beziehung zum Mann zu sehen, sondern eben auch in bezug auf andere Personen und Verhältnisse – sonst würde man weder ihr noch den möglichen Opfern gerecht. Wir müssen die Frau auch in bezug zu ihrer Tat beurteilen, in diesem Fall in ihrer Beziehung zum Rassismus bzw. dem Widerstand dagegen.

Noch eine andere Variante der Mittäterschaft finden wir bei Hannelore Bublitz und Annette Kuhn (1992): Nach ihnen ist die Reaktion der Frau auf das patriarchale System so zu sehen, daß sie auf den dominanten männlichen Diskurs mit einem zweifachen weiblichen Diskurs reagiert. Einerseits internalisiert sie den männlichen Diskurs, indem sie z. B. auch selbst Vorstellungen von Weiblichkeit und Mütterlichkeit entwickelt, die der Frau eine besondere Kulturmission auftragen, die Frauen zu „Müttern der Nation" machen und zu „Hüterinnen der Einheit des Volkes". Dem steht andererseits ein zweiter Diskurs gegenüber, in dem sich Frauen widersetzen. Dieser Diskurs ist nur mit Mühe aufzufinden, in einer verborgenen Frauensprache eingeschlossen, die nur durch eine widerständige Frauenpraxis zum Sprechen kommt, etwa in Form des Gebärstreiks. Ich fürchte, im Nationalsozialismus war diese Sprache so verborgen, daß sie tatsächlich kaum zu vernehmen war.

Man kann natürlich darüber streiten, ob eine solche Analyse unter Mittäterschaft zu fassen ist. Gemeinsam ist diesen Konzepten auf alle Fälle, daß Frauen sich nolens volens anpassen und die männliche Ideologie internalisieren. Dem setzen dann vor allem Mitscherlich sowie Kuhn und Bublitz eigene Bedürfnisse und eine eigene Sprache entgegen. Frau ist dann nicht eigentlich wirklich

Frau, wenn sie wie der Mann Macht ausübt. Die wirkliche Stimme der Frau können wir, wenn überhaupt, viel eher im Widerstand finden.

Das gilt auch für Gisela Bock (1992): Auch sie geht davon aus, daß Frauen nicht eigentlich als Frauen agieren, wenn sie rassistisch sind. Obgleich sie betont, daß Rassenpolitik und Geschlechterpolitik zumindest im Nationalsozialismus verschiedene Größen waren, vermag sie den Bezug der Frauen zur Rassenpolitik nicht zu erfassen. Wenn sie auf die Täterinnen zu sprechen kommt, dann sind das für sie Ausnahmen: „In der Tat waren auch Frauen an der Mordpolitik beteiligt, insbesondere die KZ-Wärterinnen, aber sie entsprachen nicht diesem Bild. Sie waren eine Minderheit unter den Tätern und eine Minderheit unter den Frauen, wenngleich eine bemerkenswerte und brutal machtbesessene" (S. 125).

Die Sonderrolle der Täterinnen begründet sie nun mit einer atemberaubenden Argumentation: Diese Frauen, so ihr erstes Argument, hatten keine Kinder und agierten nicht als Mütter. Will sie damit etwa sagen, daß Mutterschaft Frauen gegen Gewalttätigkeit immunisiert? Als zweites Argument führt sie an, daß sich die Frauen mit ihrem Einsatz im Lager einen beruflichen Aufstieg erhofft hätten. Entschuldigt oder erklärt das irgendwas – und vor allem unterscheidet sie das von den Männern? Und schließlich meint sie, daß Frauen, die zu Täterinnen wurden, die Handlungs- und Machtstrategien übernommen haben, die von den professionellen Mördern entwickelt worden waren – also den Männern. Auch hier wieder das Konzept von der einen Welt, die von Männern gemacht ist und an der Frauen keinen Anteil haben, sondern die sie nur in Form ihrer Unterdrückung, in Form eines falschen Bewußtseins erleben.

Wir finden hier wieder die Auffassung, wenn Frauen Täterinnen waren, dann war das nicht typisch für Frauen. Das entspricht nicht ihrem Wesen, ihrem Selbstverständnis. Wenn, dann übernehmen sie männliche Strategien – mehr oder weniger freiwillig, aber das hat nichts mit ihren eigenen Interessen und Bedürfnissen zu tun. Damit kommen wir zur Frage, was sonst, wenn nicht um des Mannes willen oder unter dem Druck seiner Macht und Ideologie, könnte Frauen veranlaßt haben, zu Täterinnen zu werden? Also: Welchen Anteil haben Frauen an der Dominanz?

Aber zuvor eine kurze Zusammenfassung des bisher Gesagten:

In der derzeitigen feministischen Debatte wird m. E. so gut wie nirgends versucht, die Beziehung von Frauen zum Rassismus aufzudecken. Vielmehr wird die Suche danach immer wieder durch die vorrangige Bedeutung des Geschlechterverhältnisses verstellt. Damit nehmen die Frauen sich aus der Problematik heraus.

Allerdings läßt sich diese Abwehr nicht mehr auf die einfache Formel bringen: Frauen sind Opfer, Männer die Täter, sondern eher darauf, daß Frauen nichts damit zu tun haben bzw. hatten. Sie sind Passive, Nicht-Beteiligte. Oder aber sie sind im selben Sinne Minderheiten wie z. B. ethnische Minderheiten auch. Mit der Leugnung der Differenz zwischen den Frauen der dominanten Kultur und den Frauen und Männern der diskriminierten Minderheiten verschließt sich auch der Zugang zu einer Analyse des Verhältnisses zwischen ihnen. Oder aber die Frauen sind Mittäterinnen: In bezug auf Rassismus werden keine eigenen Interessen, keine eigenen Motive angenommen. Wenn sie mitgetan haben, dann nur mehr oder weniger gezwungen. Rassismus ist ihnen fremd, eine männliche Ideologie, die sie aufgrund ihrer Abhängigkeit internalisiert haben.

Nun gibt es bereits seit geraumer Zeit Stimmen, die das in dieser Eindeutigkeit nicht mehr so annehmen wollen. In erster Linie ist dabei an Lerke Gravenhorst (1990) zu denken, die angesichts der deutschen Geschichte eine Relativierung der Geschlechterkategorie in bezug auf ein „Handlungskollektiv Deutschland" fordert. Ihr ist insofern zuzustimmen, als eben die Patriarchatsanalyse an ihre Grenzen stößt und die Einbindung der sogenannten arischen Frauen in das System nicht mehr zu erklären vermag und damit auch nicht mehr zeigen kann, was diese arischen Frauen von den verfolgten Minderheiten trennte. Diese Trennlinie schuf die Rassenpolitik – und insofern wäre sie auch als solche zu benennen. Der Begriff des „Handlungskollektiv Deutschland" hingegen verweist auf eine Gemeinschaft, deren Interessen damit noch nicht beschrieben sind.

Im Unterschied dazu verweist zwar Gisela Bock (1986, 1992) auf die Eigendynamik der Rassenpolitik. Indem sie sich aber standhaft weigert, den unmittelbaren Bezug von Frauen zur Rassenpolitik zu sehen, löst sie dieses Verhältnis wiederum in Geschlechterpolitik auf.

Die Frage nach dem Grund, warum in einer ausschließlichen Fokussierung auf das Geschlechterverhältnis andere Machtverhältnisse ausgeblendet werden, läßt sich leicht erklären, denn in solchen Geschichtskonstruktionen formuliert sich doch ganz unmittelbar das eigene Selbstverständnis. So hat Theresa Wobbe (1992) sehr schön herausgearbeitet, wie die Analyse gerade des Nationalsozialismus für Frauen besonders geeignet war, sich selbst auf ein Emanzipationskonzept zu verpflichten. Denn die emanzipierte Frau läßt sich nirgends so deutlich zeichnen wie im Kontrast zum traditionellen Frauenbild des Nationalsozialismus. Der „Nationalsozialismus wurde", so ihre Analyse, „zu einem besonderen Exempel für Frauenunterdrückung. (...) Als politische Sinnstiftung unterschied sich diese Geschichtsschreibung strukturell nicht von den bundesrepublikanischen Faschismustheorien der 60er und 70er Jahre, die den Nationalsozialismus als Krisensymptom des Kapitalismus betrachteten und die Arbeiterbewegung als historisches Subjekt einsetzten" (S. 27).

Das Fatale ist nur, daß durch eine solche Kontrastierung die damaligen Frauen zu unmündigen, verführten, weitgehend machtlosen Frauen gemacht werden müssen. Die Konstruktion eines solchen Spiegels mit Hilfe der Geschichte ist aber nichts anderes als Selbstentmächtigung und unterläuft damit letztendlich das eigene Interesse an einem emanzipatorischen Selbstbild. In der Gewaltdiskussion wurde schon oft darauf hingewiesen, wie sich Frauen selbst entwerten, wenn sie sich ausschließlich als ohnmächtig sehen. Insofern muß auch in der Geschichte die Frau wieder als Subjekt eingesetzt werden, allerdings um den Preis des Eingeständnisses ihrer potentiellen Grausamkeit und der Möglichkeit moralischen Versagens.

Damit kommen wir nun zur Frage, wo die Interessen von Frauen bezüglich des Rassismus zu suchen sind.

2. Der Anteil der Frauen an der Dominanz

Für den Nationalsozialismus liegen eine Reihe von Fakten direkt auf der Hand, so das konkrete Interesse von Frauen an ökonomischen Vorteilen, die sich aus der Denunziation und Vertreibung von Juden und Jüdinnen ergab. Brigitte Scheiger (1992) hat dies beispielsweise ganz konkret anhand der Arisierungen von Wohnungen aufgezeigt.

Darüber hinaus wog aber sicherlich mindestens so schwer der Gewinn, den Frauen auch aus dem Rausch des Größenwahns zogen, indem sie an einer narzißtischen Erweiterung teilhatten, die sie über ihre Einzelexistenz hinaustrug, hinein in ein großes Ganzes mit einem angeblich weltgeschichtlichen Auftrag. Und ein solcher ideologischer und dann auch organisatorisch verankerter Bezug zu „Volk und Vaterland" bildete tendenziell ein Gegengewicht gegen familiale Bindungen und persönliche Abhängigkeit.

Wie sieht das nun heute aus? Dazu möchte ich die Analyse von Julia Kristeva genauer anschauen, die als Psychoanalytikerin vor allem in der psychologischen Stabilisierung über die Fremden den Gewinn sieht, den wir alle, Männer wie Frauen, aus den „Anderen" ziehen. Dabei spielen vor allem die unbewußten, verdrängten Anteile des Selbst eine große Rolle: ›Fremde sind wir uns selbst‹ (1990), so der Titel ihres Buches.

Fremdheit als Spiegel der Selbstentfremdung

In der Begegnung mit den Fremden begegnen uns, so ihre Analyse, unsere eigenen Beschränktheiten, das von uns selbst abgespaltene Verdrängte. Im Fremden schauen uns viele Bilder an, die an die Weite der Welt erinnern und uns auf die Armseligkeit unseres Lebens zurückwerfen, die wir doch einstmals auch den Anspruch hatten, die ganze Welt erobern zu wollen. Insofern ist diese Begegnung immer eine narzißtische Kränkung, denn ich hätte selbst ja auch einen anderen Weg wählen können, anders sein können als ich bin. Eine weitere Irritation: Was bedeutet Zugehörigkeit? Ist es ein legitimes Bedürfnis, sich an einem Standort verwurzeln zu wollen, sich zu einer Gemeinschaft zugehörig zu empfinden, oder ist dies nicht eher Belastung, Fessel, Zwang?

Eine Begegnung mit MitgrantInnen könnte an Wunden rühren, so etwa an Erinnerungen an den eigenen Ausschluß in der Familie, im Dorf, in der Stadt, in der Klassengemeinschaft; so wie wenn man nie richtig dazugehört hat. Ist nicht jede/r immer ein Stück Außenseiter/in gewesen und war stolz darauf und gedemütigt zugleich? Denn immer ging es neben dem Bedürfnis nach Zugehörigkeit auch darum, diese Bindungen nicht zu wollen, die Verpflichtungen, die die Zugehörigkeit auferlegt, die Einpassung in das engherzige Milieu der Etablierten, das in seiner Selbstgerechtigkeit immer auch abstoßend und grausam war. Die Faszination der Bindungslosigkeit, die Freiheit und Abenteuer verspricht, aber auch die Ängste des Ausgeschlossenseins, die Angst verstoßen und vertrieben zu werden, die Angst vor Armut und Heimatlosigkeit werden gleichermaßen aktiviert.

Schließlich die Irritation der Macht: Das Fremde entwertet den eigenen Standort. Einen Standort haben heißt, eine Umwelt zu haben, die ich kenne und anerkenne und die mir Resonanz gewährt, die Mittel zur Orientierung und Bewährung aufzeigt. Insofern entwertet das Fremde auch die eigene Position, denn wenn ich auch hier akzeptiert oder gar angesehen sein mag, so bin ich doch anderswo bedeutungslos.

Die Fremden bringen aber nicht nur die hier etablierten Kriterien von Status und Macht ins Wanken. Sie sind es vielleicht, denen die Zukunft gehört, wie Kristeva weiter ausführt, denn die Macht über die Gegenwart kann nichts Sicheres über die Zukunft sagen. Jeder Einheimische glaubt, auch ein wenig wie die Fremden zu sein, von denen man, wie sie sagt, „mittlerweile weiß, daß sie, benachteiligt wie auch immer, den Wind im Rücken haben. Ein Wind, der stört (…), aber der uns dem noch unbekannten Eigenen und einer noch verborgenen Zukunft entgegenträgt. (…) Bei den Einheimischen (kommen) zunehmend Zweifel und Unsicherheit auf: Bin ich wirklich bei mir? Bin ich ich? Sind nicht sie die Herren der ‚Zukunft'?" (S. 29).

Zweifellos trifft die Analyse Kristevas zu, im Fremden auch mit der eigenen Angst vor der Zukunft und der Angst vor der Machtlosigkeit konfrontiert zu sein. Warum ist es aber nur die Angst vor Entmachtung und nicht die Geschichte der Bemächtigung, die ihr im Fremden begegnet? Wenn sie von den EinwanderInnen aus dem Maghreb in Frankreich spricht und der Angst, daß sie die Macht übernehmen, warum spricht sie nicht auch von Kolonialismus und Herrschaftserfahrung? Warum nicht von Überlegenheitsgefühlen und Schuldgefühlen über Ausbeutung und Diskriminierung? Auch sie haben sich in unserem Unbewußten festgesetzt, denn nicht nur Bedürfnisse nach Abenteuer, Zugehörigkeit und Macht, sondern auch die beschämenden Erfahrungen eigener Grausamkeit und Dominanz wurden abgespalten und verdrängt.

Ist z. B. die Begegnung mit Flüchtlingen für uns nicht auch deshalb unangenehm, weil sie eine Konfrontation mit der Armut bedeutet, die wir mitverursacht haben? Ist die Begegnung mit dem Islam nicht deshalb auch störend, weil er uns mit dem Scheitern des christlichen Missionsgedankens konfrontiert, mit der Tatsache, daß keineswegs alle Völker der Welt die ‚frohe Botschaft' hören wollten? Oder ist die Begegnung mit Juden und Jüdinnen, wie fast alle der in unserer Untersuchung Befragten berichten, nicht oft irritierend, ja sogar peinlich und beschämend, weil dabei die Erinnerungen an die Untaten der Deutschen wach werden, und wir auf unsere Zugehörigkeit zu diesem Volk und seiner Geschichte hingewiesen werden?

In der Begegnung mit Fremden begegnet uns nicht nur die eigene Selbstzerrissenheit und individuelle Borniertheit, sondern eben auch die reale Geschichte, eine Geschichte von Eroberung und von Rassismus und Antisemitismus, die sich in unser Denken und Fühlen eingeschrieben hat. Insofern erfaßt eine psychologische Analyse nur die halbe Wahrheit, wenn sie im Fremden nur die eigene Befindlichkeit wahrnimmt und die Geschichte der Beziehung zu diesen „Fremden" verschweigt. Sie wird in dem Augenblick falsch, in dem sie die Machtverhältnisse einebnet und die Begegnung zwischen Ausbeuter und Ausgebeutetem, zwischen dem Rassisten und dem Flüchtling, dem Nazitäter und dem Opfer lediglich zu einer Selbstkonfrontation, einer Episode der Selbsterfahrung entwirklicht.

Diese Entwirklichung löscht zugleich den Anderen als Anderen aus. Das Unbekannte wird auf das Unheimliche, das Verdrängte reduziert. Ich erfahre ja nichts, was ich nicht schon wüßte, wenn ich nur furchtlos und gründlich genug mich selbst befragte. Welch ungeheure Arroganz liegt in einer solchen Sichtweise, die vom anderen nichts Neues mehr erfahren will, als das schon immer selbst Gewußte, Gehabte, Besessene. So bekommen diese Schilderungen zuweilen den Charakter gigantischer Selbstinszenierungen, indem das sogenannte Fremde zu nichts anderem da ist, als das Selbst in seiner Tragik zu spiegeln. Jede Fremderfahrung pervertiert so zur Selbsterfahrung.

Bernhard Waldenfels (1990) formuliert in dem Zusammenhang: „Der Kern der Gewalt besteht darin, daß sie die Andersheit des Anderen mißachtet und nicht seine Andersheit zur Sprache kommen läßt." (S. 118). Denn immer nur das Eigene im Fremden suchen heißt, die Fremden zu enteignen, ihre Eigenart zu suspendieren, den Dialog gar nicht erst zu beginnen.

Die Funktionalisierung der „Fremden" für die psychische Stabilisierung des Selbst wird in der psychologischen Analyse dann reproduziert, wenn die Angst vor dem „Fremden" alleine als Resultat innerer Konflikthaftigkeit verstanden, und nicht auch die Beziehung zu diesen Fremden und deren Verdrängungsgeschichte zum Thema gemacht wird. Unsere Einstellungen und Gefühle verweisen nicht auf nur eine individuelle, sondern auch auf eine kollektive Geschichte. 500 Jahre Kolonialismus, 2000 Jahre christlicher Antijudaismus und der Holocaust haben ihre Spuren hinterlassen, in den Angehörigen der dominanten wie auch der diskriminierten Gruppen. Hier aber verflüchtigt sich diese Geschichte und *das* Selbst und *das* Fremde stehen sich in ihrer ganzen abstrakten Wesenhaftigkeit gegenüber.

Mit einer solchen Abstraktion werden aber auch die Unterschiede zwischen Frauen und Männern aufgehoben. Dies könnte dann hilfreich sein, wenn damit etwas über die gemeinsamen Erfahrungen von Frauen und Männern gesagt würde, die sich z. B. aus der gemeinsamen Teilhabe an Privilegierungen oder aber aus gemeinsamer Unterdrückungserfahrung ergeben.

Diese Gemeinsamkeiten werden aber immer gebrochen durch die Geschlechterdifferenz. So haben die Frauen der Mehrheitskultur die Dominanzerfahrung in ein anderes Selbstverständnis zu integrieren als „ihre" Männer, nämlich in das von selbst Diskriminierten. Diese Spannung zwischen Dominanz und Diskriminierung ist von den Frauen anzunehmen. Ihr kann nicht entgangen werden, indem Dominanz gegen Diskriminierung aufgerechnet wird.

3. Schluß

Die Verführung des westlichen weißen Feminismus liegt darin, der Spannung zwischen Dominanz und Diskriminierung zu entfliehen. Indem eine Identifikation mit den Opfern angeboten und der Sexismus als das Grundlegende und Vorrangige behauptet wird, kann frau sich der Verantwortung für den Rassismus entziehen. Mit ihrem Widerstand gegen den Sexismus ist der Rassismus wie alle anderen Herrschaftsformen „automatisch" immer mitgemeint.

Bisher, so kann wohl zusammengefaßt werden, tut sich die feministische Forschung bei uns noch recht schwer, die Bedeutung des Rassismus in seiner Eigenständigkeit zu sehen. Das ist sicherlich Teil einer frauenspezifischen Verdrängungsgeschichte in Deutschland, aber auch der Tatsache geschuldet, daß die gewalttätigen Erscheinungsformen von Rassismus, seine chauvinistischen Ausprägungen dazu verführen, Rassismus mit Sexismus zu identifizieren. Darüber hinaus ist die relative Machtlosigkeit von Frauen ein gewichtiges Argument, da ihnen der Zugang zur Ideologiebildung und Politik weitgehend versperrt ist. Dennoch muß gesehen werden, daß diese Ohnmacht weitgehend eine relative ist. Sie ist nicht absolut in dem Sinn, daß sie alle Frauen gleichermaßen auf die unterste Ebene der Hierarchie verweist und zwar im Weltmaßstab, sondern sie ist eine relative Diskriminierung, relativ zu den Privilegien der jeweiligen Männer, und das setzt sehr viele Frauen in Gegensatz zu anderen noch mehr oder auf andere Weise diskriminierten Männern und Frauen.

Es ist also zu fragen, wie die Zugehörigkeit zu einer Mehrheit oder Minderheit weibliches bzw. männliches Selbstverständnis prägt und wie die Erfahrungen von Dominanz und Unterdrückung sich darin widerspiegeln.

Und weiter ist zu fragen, wie überhaupt die Art und Weise der Geschlechterbeziehung den Status der Gruppe reproduziert, wie weit also die Zugehörigkeit zu einer Gruppe über das Geschlechterverhältnis beschrieben wird. So hat die bürgerliche romantische Liebe immer auf einen gehobenen sozialen Status verwiesen, ebenso wie der rigiden, Heterosexismus, der alle rassistischen Ideologien prägt, immer auch Exklusivität signalisiert.

Aber es sind auch die feministischen Kategorien daraufhin abzuklopfen, inwieweit sie nicht auch die Dominanzverhältnisse stützen. Wir sprachen z. B. von der Konstruktion einer Außen- und Innenwelt im Dienste weiblicher Schuldabwehr und sahen dabei, wie die Analyse geschlechtsspezifischer Sphären ihrer kritischen Potenz beraubt wird, wenn sie nicht mehr im Sinne der Aufhebung der Machtverhältnisse fungiert, sondern affirmativ gewendet wird als Legitimation zur Selbstentlastung von Frauen.

Die entscheidende Aufgabe bleibt also, die Wechselwirkung der verschiedenen Herrschaftsysteme zu untersuchen und zu fragen: Wann ist feministische Kritik auch gleichzeitig Kritik an anderen

Herrschaftsverhältnissen und wann nützen Frauen ihre kritische Position, um sich selbst zu entlasten und sich so aus einer politischen Entwicklung auszuklinken, die nicht zuletzt auch für die Frauenbewegung fatale Folgen haben wird.

Bei diesem Beitrag handelt es sich um eine leicht überarbeitete Fassung des Artikels „Rassismus und Antisemitismus in der Frauenforschung", ersch. in: Brückner, M. und Meyer, B. (Hrsg.): Frauen, das sichtbare Geschlecht. Kore Verlag, Freiburg 1994.

Literatur

Aristoteles (o. J.): Vom Staat. Ausgabe von Lehmann-Leander, Wiesbaden.

Beauvoir, S. de: Das andere Geschlecht. Sitte und Sexus der Frau. Reinbek bei Hamburg 1968.

Bock, G.: Zwangssterilisation im Nationalsozialismus. Studien zur Rassenpolitik und Frauenpolitik. Opladen 1986.

–: Frauen und Geschlechterbeziehungen in der nationalsozialistischen Rassenpolitik. In: Wobbe, 1992.

Bublitz, H./Kuhn, A.: Aneignungen, Enteignungen und Widerständigkeiten. Die Beziehungen von Frauen zur Nation. In: Metis. Zeitschrift für historische Frauenforschung und feministische Praxis, Nr. 1, 1992.

Gravenhorst, L./Tatschmurat, C.: Töchterfragen. NS-Frauengeschichte. Freiburg 1990.

Holzkamp, C./Rommelspacher, B.: Frauen und Rechtsextremismus. Päd Extra. Heft 1, 1991, S. 33–49.

Koonz, C.: Mütter im Vaterland. Frauen im Dritten Reich. Freiburg 1991.

Kristeva, J.: Fremde sind wir uns selbst. Frankfurt 1990.

Mann, E.: Zehn Millionen Kinder. Erziehung der Jugend im Dritten Reich. München 1986.

Mitscherlich, M.: Die friedfertige Frau. Frankfurt 1985.

Rommelspacher, B.: Rechtsextremismus und Dominanzkultur. In: Foitzik, A. u. a.: „... ein Herrenvolk von Untertanen". Rassismus, Nationalsozialismus, Sexismus. Duisburg 1992.

–: Rassismus und Rechtsextremismus. Der Streit um die Ursachen. In: Bündnis 90/Die Grünen (Hrsg.): Rechte Gewalt und der Extremismus der Mitte. Impulse Bd. 3, 1993.

–: Antisemitismus. Einstellungen von Frauen der zweiten Generation nach dem Nationalsozialismus. Forschungsbericht. Berlin 1993.

Scheiger, B.: „Ich bitte um baldige Arisierung der Wohnung ..." Zur Funktion von Frauen im bürokratischen System der Verfolgung. In: Wobbe, 1992.

Sichrovsky, P.: Schuldig geboren. Köln 1987.

Spelman, E.: Inessential women. Problems of exclusion in feminist thought. Boston 1988.

Szepansky, G.: Frauen leisten Widerstand. Frankfurt 1983.

—: Blitzmädel, Heldenmutter, Kriegerwitwe. Frankfurt 1986.

Thürmer-Rohr, C.: Vagabundinnen. Berlin 1987.

Waldenfels, B.: Der Stachel des Fremden. Frankfurt 1990.

Weigel, S.: Fremde Kulturen und Weiblichkeit in den „Karibischen Geschichten" von A. Seghers, H. C. Buch und H. Müller. In: Feministische Studien, Heft 2, 1991.

v. Westernhagen, D.: Die Kinder der Täter. München 1987.

Willems, H./Würtz, S./Eckert, R.: Fremdenfeindliche Gewalt: Eine Analyse von Täterstrukturen und Eskalationsprozessen. BMJF Forschungsbericht. Bonn 1993.

Wobbe, T. (Hrsg.): Nach Osten. Verdeckte Spuren nationalsozialistischer Verbrechen. Frankfurt 1992.

Lothar Böhnisch

Ist Gewalt männlich?

Gewalt hat ein männliches Gesicht. Junge Männer in rechtsextremen Szenen – die älteren halten sich eher hinter der vorgehaltenen Hand – beherrschen die Schlagzeilen und medialen Bilder. Sie sind ein Teil jener öffentlichen Gewaltszene, die sich gegen Fremde und Schwächere richtet. Männliche Gewaltausübung hat das Signum des Offenen und Manifesten. Auch Frauen tauchen in solchen Szenen auf, bestärken Männer und wiegeln auch wieder ab. Gewalt bei Frauen richtet sich eher nach innen, oft gegen sich selbst und wenn schon nach außen, dann in der Regel indirekt, oft „über Männer". Frauen scheinen nicht so auf offene, äußere Gewalt angewiesen zu sein wie Männer. Männer wiederum demonstrieren „ihre" Gewalt an und für Frauen.

Was ist nun „das Männliche" an dieser offenen, demonstrativen Gewalt? Oder, um die Phänomenologie hinter die Analyse zurücktreten zu lassen: Was treibt Jungen und Männer in die Gewalt, warum scheinen einige ohne sie nicht auskommen zu können, warum ist es bei manchen gerade so, als seien sie auf Gewalt angewiesen? Der Schlüssel zu dieser Frage liegt in jenem Bedeutungskern des Gewaltbegriffs, den wir mit „Abwertung" umschreiben. Gewalt im Sinne der Max Weberschen Definition ist die der Chance, jemandem auch gegen dessen Willen ein bestimmtes Handeln, Tun oder Unterlassen aufzuzwingen, trägt immer den Aspekt der Abwertung, der Mißachtung der persönlichen Integrität des anderen.

Patriarchale Macht- und Herrschaftsstrukturen basieren auf der Abwertung von Frauen und Jüngeren. Die Abwertung anderer, als Nichtanerkennung bis hin zur Zerstörung ihrer personalen Integrität, stellt die wesentliche Funktion von Gewalt, mithin eine zentrale Komponente des Patriarchats, dar. Die hohe Rate überwiegend männlicher Gewaltkriminalität und die diffusen Formen all-täglicher Männergewalt verweisen auf die Bedeutung, die Gewalt in der männlichen Lebensbewältigung hat. Diese Bedeutung ist – so unsere These – in der Struktur und der Logik der männlichen Sozialisation angelegt. Männer scheinen zwangsläufig in gewaltför-mige Strukturen verstrickt, weil sie von Kindheit an in den Bann der Abwertung des Weiblichen gezogen werden und sich so später – un-verhofft – der Zuschreibung ausgesetzt sehen, daß alle Männer „kol-lektiv mitschuldig" sind an der ausgeübten Gewalt gegen Frauen. Dennoch werde ich der These von der unbedingten Koppelung von Männlichkeit und Gewalt (Hafner/Spoden 1991, S. 6) nicht folgen. Gewalt ist über das Patriarchat als Herrschaftsform von Männern und Frauen (und älteren über jüngere Männer) mit dem Mannsein gekoppelt. Gewalttätigkeit dient hier der Durchsetzung und Stabili-sierung männlicher Gesellschafts-Macht. Die kulturanthropologi-schen Formen der Männlichkeit selbst – wie sie Gilmore (1991) nachwies – sind aber auch ohne Gewalt denkbar. Sie haben danach die Gewaltkomponente erst in ihrer Verbindung mit patriarchalen Herrschaftsformen erhalten. Auch die über die industriekapitalisti-sche Arbeitsteilung (Trennung und unterschiedliche Bewertung von Hausarbeit und Produktionsarbeit) eingeführte „geschlechts-hierarchische Arbeitsteilung" hat das Patriarchat als Herrschafts-form weiter vergesellschaftet. Dies ändert aber grundsätzlich nichts an seiner historischen Relativität.

E. Beck-Gernsheim hat in ihrem lesenswerten Buch ›Das hal-bierte Leben‹ (1980) in diesem Sinne aufgezeigt, daß die ökonomi-sche Hierarchie von Produktion und Reproduktion sich zwar histo-risch patriarchal entwickelte, aber nicht funktional zwangsläufig mit der Geschlechtshierarchie des Patriarchats zusammenfallen muß. Deshalb können wir zweierlei ableiten: Zum einen muß mit der gesellschaftlichen Aufwertung der Berufsarbeit und der entspre-chenden Abwertung der Hausarbeit nicht zwangsläufig die Domi-nanz des Mannes und die Abwertung der Frau einhergehen. Zum anderen könnte eine ökologische Revision dieser ökonomischen Hierarchie auch die strukturellen Geschlechterverhältnisse grund-legend ändern. Beide Argumente deuten darauf hin, daß die Gleich-setzung von ökonomisch-politischer Machtstruktur und Patriar-chat historisch nicht eindeutig sein muß, daß Patriarchat mithin auch keine genuin kapitalistische Herrschaftsform darstellt.

Patriarchalische Herrschaftsstruktur und männliche Dominanzkultur sind also historisch gewachsen und deshalb auch als historisch relativ zu betrachten. Wir müssen also mit Begrifflichkeiten operieren, in denen diese historische Relativität angelegt ist. Hier hilft uns der Begriff der Hegemonie weiter (vgl. dazu auch Connell 1983, 1987; Brzoska 1992). So, wie ihn der italienische Philosoph Gramsci in die gesellschaftstheoretische Diskussion eingeführt hat (vgl. Riechers 1967), bezeichnet er den historischen Umstand, daß moderne gesellschaftliche Machtstellungen von Gruppen nicht durch direkte staatliche oder ökonomische Gewaltausübung, sondern über kulturelle (religiöse, mediale, habituelle etc.) Einfluß-, Einschließungs- und Ausschließungsmuster aufgebaut werden.

In dieser kulturellen Bedeutung ist die männliche Herrschaft zwar der ökonomischen und politischen Herrschaft funktional. Sie legitimiert sich aber nicht aus ihr, sondern aus ihrer kulturgeschichtlichen hegemonialen Selbstverständlichkeit. So werden Jungen kulturell in diesen hegemonialen Kontext hinein sozialisiert, ohne daß sie den Herrschaftscharakter dieser männlichen Hegemonie erkennen und aktiv teilen müssen. So können auch ökonomisch sozial unterdrückte Männer teilnehmen an dieser kulturellen Hegemonialstruktur und sich als Herrscher über Frauen oder jüngere Männer fühlen. Denn über den Begriff der Hegemonialkultur kann auch das Phänomen der Herrschaft der alten über die jungen Männer erfaßt werden: Als Interesse an der Reproduktion der Hegemonie, das den nachwachsenden männlichen Generationen vermittelt werden muß.

Patriarchale Sozialstrukturen sind also „hegemonial modernisiert" und müssen nicht unbedingt in Gewalt, sondern können eher in kulturelle Dominanzen innerhalb des Hegemonialsystems umschlagen oder sich in Strategien des „Ausweichverhaltens" (z. B. kulturelle Produktionen, Flucht in die Welt der Technik) ausdrücken. So wirkt die ökonomisch und politisch sanktionierte geschlechtshierarische Arbeitsteilung nicht direkt auf die männliche Sozialisation, sondern über das komplexe kulturelle System hegemonialer Männlichkeiten. In ihm wachsen Jungen auf und richten sich Männer ein, die ihre äußeren Vorteile und ihren gesellschaftlichen Einfluß kulturell zu verteidigen versuchen, genau wie jene, die diese männliche Dominanz als ambivalent betrachten.

Gewalt ist also nicht prinzipiell männlich, denn – so meine bisherige Argumentation – Männlichkeit ist auch ohne Gewalt historisch denkbar und praktizierbar. Hier fehlt uns übrigens – über die erwähnten kulturanthropologischen Studien hinaus – eine „Geschichtsschreibung des anderen, gewaltlosen Mannseins", die übliche Geschichtsdarstellung hat uns bisher immer nur die Männerbilder der hegemonialen Dominanzkultur „beschert". Wir können also nun in der endlichen Festlegung unseres Themas formulieren: Wie kommt es, daß Jungen und Männer eher in den Sog (und die Abhängigkeit) von Gewalt geraten? Der grundsätzliche Verweis auf die patriarchalische Hegemonialkultur in Verbindung mit der geschlechtshierarchischen Arbeitsteilung ist dabei sicher „letztlich" ausschlaggebend, weil diese Vergesellschaftungsformen des Mannseins nicht nur die sozialökonomischen Strukturen geprägt haben, sondern genauso in den Alltag hineinvermittelt sind. Trotzdem kann dies – so haben wir hergeleitet –, nicht deterministisch verstanden werden, sondern als gesellschaftlicher biographisch vermittelter, also „lebensweltlicher" Horizont, vor dem sich das Mannsein je individuell entwickeln kann und bewältigt werden muß.

Diesen lebensweltlichen Zugang zum Problem des Gewalthandelns von Jungen und Männern will ich im folgenden von drei konzeptionellen Versuchen her strukturieren, die für sich je unterschiedliche „Schichten" der personalen und sozialen Bewältigung des Mannseins thematisieren – einmal tiefenpsychologisch, zum anderen sozialisatorisch und schließlich (gesellschaftsbezogen) anomietheoretisch – und in ihrem Erklärungswert aufeinander bezogen werden sollten.

Das tiefenpsychologische Konzept von A. Gruen (1992) nimmt den hier geknüpften Argumentationsfaden auf, daß (auch) Jungen und Männer dem modernen Patriarchat mit seiner geschlechtshierarchischen Arbeitsteilung in einer besonderen Weise ausgesetzt sind und entwickelt die Theorie, daß Männer mit dem modernen gesellschaftlichen „Ausgesetztsein" des Menschen, das sich im Zwang zur Unterdrückung der eigenen Bedürfnisse und der Verleugnung der menschlichen Hilflosigkeit psychisch äußert, schlechter umgehen können als Frauen. Diese kulturanthropologische, gesellschaftlich mediatisierte „Benachteiligung" des Mannes führt ihn immer wieder in den Zwang zu gewaltförmigen Entäußerungen.

Hilflosigkeit ist für Gruen also erst einmal ein allgemein menschliches Phänomen, das Mann und Frau im Ausgesetztsein gegenüber der modernen Gesellschaft gleichermaßen erfaßt. Der Mann aber ist dem gesellschaftlichen Anpassungszwang im Sinne des „Verwehrens der eigenen (z. B. androgynen) Gefühle" in einer patriarchalischen Gesellschaft am unmittelbarsten ausgesetzt. Jungen müssen von Vätern und Müttern auf spätere machtvolle, aktive, herrschende, unterdrückende Positionen „fit gemacht" werden. Eine breite Palette ihrer Gefühle – Angst, Ohnmacht, Hilflosigkeit, Trauer – würde dabei sehr stören und „paßt" nicht zum Mannsein. Sie wird von Vater und Mutter nicht gespiegelt, ignoriert, unterdrückt und bestraft. So entsteht ein nur schwacher Kontakt zum Selbst – oder er geht gänzlich verloren.

Dagegen „kann die Frau Leben gebären": Sie kann in dieser Potentialität (das heißt, auch wenn sie es faktisch nicht täte) etwas aus ihrem Selbst heraus „herstellen", das ihr die Gesellschaft auch in ihrem Anpassungszwang letztlich nicht nehmen kann. Die Frau ist dem Eingeständnis der menschlichen Hilflosigkeit, das notwendig ist für die personale Autonomie, näher und damit nach innen selbstsicherer als der zwanghaft nach außen agierende, außen Selbstsicherheit suchende, externalisierte Mann. Sie ist in dieser „Fluchtmöglichkeit ins Selbst" dem Mann überlegen. Diese auch in unserer Gesellschaft (z. B. in der mythischen Symbolik des Feminismus oder in der privaten Empathie der Frauen) immer wieder aufscheinende und von Männern gefürchtete oder sie zumindest oft hilflos machende Überlegenheit der Frau läßt „uns Männern" die Hilflosigkeit nur noch weiter spürbar werden (ohne in Kontakt mit ihr zu kommen).

Menschliche Hilflosigkeit und Verwehrtheit der eigenen Gefühle und die männliche Hilflosigkeit angesichts der inneren Überlegenheit der Frau kulminieren so im kompensatorischen Syndrom männlicher Externalisierung: der Außenorientierung und des Machtstrebens nach außen.

„Grundlegend für das Verhalten des Mannes in unserer Kultur ist die Angst vor Hilflosigkeit, Schwäche und Verwundbarkeit. (...) Seine Selbstachtung ruht deswegen auf dem Image seiner Wichtigkeit (also wirklicher oder nur eingebildeter Macht), zu deren Bestätigung er Bewunderung benötigt. Und dazu dient ihm die Abstraktion der Frau, die in ihrer behaupteten ‚Minderwertigkeit' oder zumindest ,Unterlegenheit' die Chance erhält, durch die Anerkennung seiner ,Kraft' und ,Überlegenheit' dieses Image aufzubauen und zu stabilisieren." (Gruen 1992, S. 50).

Wir haben es also hier mit einem tiefen-strukturellen Mechanismus der Abwertung und mithin mit einem tiefen-psychischen „Kern" möglicher Gewaltorientierung des Mannes zu tun („Abwertung" wurde ja als Schlüsseldimension von Gewalt gekennzeichnet). Wie dieser kulturanthropologisch rückgebundene „Kern" in der modernen Sozialisation von Jungen und Männern aufkeimen kann, will ich nun in einem sozialisationstheoretischen Argumentationsgang – in Anlehnung an N. Chodorow (1985) – spekulieren.

Demnach stellt sich für Jungen in der modernen Industriegesellschaft mit ihrer geschlechtshierarchischen Arbeitsteilung der sozialisatorische Prozeß der Erlangung der männlichen Geschlechteridentität problematisch. Denn für Jungen ist es schwer, über den Vater oder andere ähnlich nahe männliche Bezugspersonen, die Alltagsidentifikation zu bekommen, die sie brauchen, um in ein ganzheitliches Mannsein hineinwachsen zu können. Väter sind in der Regel „abwesend" – nicht nur körperlich-räumlich über die Berufstätigkeit, sondern vor allem mental, auch wenn sie zu Hause sind. Die häusliche Beziehungsarbeit obliegt der Mutter, sie muß sich in ihren Stärken und Schwächen alltäglich zeigen können, die Schwächen und Nöte des Vaters und damit die andere Seite des Mannseins werden für den Jungen kaum sichtbar. Das einseitige Vaterbild – verstärkt durch die medial ästhetisierten „starken" Männerbilder – führt beim Jungen zur „Idolisierung" des Mannseins und zur Antipathie gegenüber dem Gefühlsmäßigen, „Schwachen".

Es ist aber nicht nur die Abwesenheit des Vaters, die die männliche Geschlechtsidentifikation verhindert. Aufgrund der Verstärkung durch die Umwelt fehlen dem Jungen ab einem gewissen Alter die Möglichkeiten, aus seinem Selbst heraus eigene, hier z. B. androgyne Stimuli zu entwickeln und dafür positive Aufnahme in der sozialen Umwelt zu finden (vgl. Gruen 1992). Seine „weiblichen Anteile" werden blockiert, er kann sich „weibliche" Verhaltensmuster nicht aktiv aneignen.

Dies hängt auch mit der psychischen Situation der Mutter selbst zusammen: Auf der einen Seite will sie den Sohn „als Mann" und verhindert damit die „Verweiblichung" des Sohnes. Andererseits – so die psychoanalytische Erklärung – kann sie nicht so weit gehen,

108

daß sie über das Mutter-Kinder-Verhältnis hinaus eine positive Geschlechtsbeziehung zum Jungen aufbaut. Die Mutter-Sohn-Beziehung ist ambivalent. Männlichkeit wird auf diesem tiefenpsychologischen Hintergrund von der Mutter gefordert und *gleichzeitig* zurückgewiesen. Mädchen erhalten dagegen in ihrer Beziehung zur Mutter eher Möglichkeiten der Geschlechtsidentifikation; sie erfahren aber eher restriktive und eher negative Geschlechtszuschreibungen und werden mehr im Verhalten kontrolliert und beschränkt. Dem Jungen läßt die Mutter eher mal „was durchgehen" (sie schlägt, bildhaft gesprochen, vielleicht die Hände über den Kopf zusammen über die „Wildheiten" des Jungen, ist jedoch gleichermaßen stolz darauf). Dies bezieht sich vor allem auf die nach außen gerichteten, öffentlichen Verhaltenssegmente (laut sein, toben, Aggressivität, Zerstörung, Dominanz usw.). Bei Jungen und Mädchen fallen so die Möglichkeiten der Geschlechtsidentifikation und des Verhaltens auseinander. Bei Jungen finden sich Defizite in der Möglichkeit der Geschlechtsidentifikation, dagegen aber eine breite Palette an öffentlichen, „äußeren" Verhaltensmöglichkeiten; bei Mädchen ist dieses Verhältnis eher umgekehrt.

Die Verstärkung des männlichen Verhaltens durch Eltern, Verwandte, Nachbarn ist aber kein unbedingter Vorteil für Jungen. Vielmehr beinhalten sie die Gefahr der ständigen Überforderung, männliches Idealverhalten zu zeigen. Zudem versuchen Mütter nicht selten, in das Verhalten des Jungen das hineinzulegen, was ihnen durch die Abwesenheit des Vaters in ihrem Alltag an männlichem „Verhaltensgegenüber" abgeht.

Männliches Verhalten im Sinne des gesellschaftlich vorherrschenden männlichen Geschlechterrollenstereotyps wird also vom Jungen früh erwartet und über seine Umgebung „eingeübt", aus sich selbst heraus hat er aber wenig Chancen, sich das Mannsein in seiner Ambivalenz von Schwäche und Stärke anzueignen. In der sozialisatorischen Dimension finden wir auch wieder den Bezug zu Gruens tiefenpsychologischer Konzentration der „Verwehrtheit" des Selbst. Denn in der frühen Kindheit identifiziert sich der Junge stark mit der Mutter. Damit nimmt er „weibliche", „mütterliche" Anteile in sich auf (bzw. eben Anteile, die Frauen/Müttern zugeschrieben, zugewiesen und/oder von ihnen ausgedrückt werden). Zudem lernen Jungen – durch das Aufwachsen in und ihre Teilhabe an weiblich dominierten Räumen – wie Frauen sind, was sie alltäglich machen. Jungen eignen sich so teils aktiv (handelnd), teils passiv (beobachtend) auch weibliche (d. h. wieder: eher den Frauen zugeschriebene) Eigenschaften und Kompetenzbereiche an.

Bei der späteren Suche nach männlicher Identität, die schließlich über die körperliche Definition (z. B. über den Penis) hinausgehen muß, kommen Jungen nun in ein Dilemma: Sie müssen Eigenes von sich selbst, Kompetenzen, aber auch Wünsche und Identifikationsphantasien – vereinfacht: ihre weiblichen Anteile – beschränken, bekämpfen, unterdrücken, denn Mann-Sein bedeutet ja, Nicht-Frau zu sein. Die von Gruen beschriebene Falle des Dilemmas des Selbst schnappt zu: Jungen lernen das zu verachten oder gar zu hassen, was aus ihrem Selbst kommt, da es sie hilflos macht, weil es ihnen von außen kulturell verwehrt wird.

Über den Vater ist also die geschlechtliche Alltagsidentifikation verwehrt, über die Mutter ist sie dem Jungen in seinem Selbst zugänglich, in der sozial erwarteten Geschlechterrolle aber zunehmend negativ sanktioniert. So geraten Jungen im Verlauf des Aufwachsens in die strukturelle Zwangsläufigkeit, das (alltäglich nicht erfahrene) Männliche idolisieren und das (alltäglich erfahrbare) Weibliche abwerten zu müssen, um zu einer männlichen Geschlechteridentität zu kommen. Abwertung und Idolisierung als strukturelle Komponenten männlicher Sozialisation führen natürlich nicht bei allen Jungen zum gewaltförmigen Ausbruch, sie sind in den personalen Tiefenstrukturen angesiedelt. Es kommt auf die verfügbaren sozialkulturellen Ressourcen, die Interaktions- und Kommunikationsstrukturen an, ob Jungen und Männer in der Lage sind, dieses Dilemma so zu bewältigen, daß sie im alltäglichen manifesten Sozialverhalten auf die Aktivierung männlicher Idolisierung und Abwertung des Weiblichen nicht angewiesen sind.

In sozial desintegrativen Milieus dagegen mit wenig oder keinen sozialkulturellen Ressourcen zur Ausbalancierung des männlichen Sozialisationsproblems, können Idolisierung und Abwertung eher in manifestes Dominanz- und Abwertungsverhalten und mithin Gewaltverhalten – wenn aufschaukelnde und verhaltenseinengende situative Stimuli hinzukommen – umschlagen. Ein deskriptives Modell für solche „desintegrativen Prozesse" mit ihren anomischen (d. h. soziale Regellosigkeit produzierenden) Folgen hat W. Heitmeyer (1992) entwickelt. In einer Längsschnittstudie (die allerdings nicht geschlechtsspezifisch konzipiert war) mit überwiegend männlichen Jugendlichen wurden die sozialen Bedingungen und Prozesse herausgearbeitet, die mit den bei diesen Jugendlichen konstatierbaren Gewaltdispositionen in Zusammenhang gebracht werden konnten. Von desintegrativen („anomischen") Prozessen wird gesprochen, wenn sich die Beziehung zu anderen Personen, die faktische Teilnahme an gesellschaftlichen Institutionen sowie die Verständigungen über gemeinsame Norm- und Wertvorstellungen (Heitmeyer 1992, S. 109) auflösen.

Gewalthandeln ist dann wahrscheinlich, wenn soziale Desintegration als personaler Verlust und ausweglose Vereinzelungserfahrung erlebt wird. Gewalt stellt dann eine extreme Form des Bewältigungshandelns dar. Solche sozial desintegrativen Konstellationen – so nun unsere Verknüpfung des Heitmeyerschen Konzepts mit unserem bisher entwickelten Männlichkeitsparadigma – können nun nicht mehr über Außenbezüge (die ja erodiert sind), sondern müssen aus dem Selbst heraus bewältigt werden. Hierbei wiederum sind Männer – so haben wir gesehen – besonders gehandicapt. Sie schlagen zwar im Berufs- und Cliquenalltag viele Beziehungen um, sind aber kaum in feste sozialemotionale Bezüge eingebunden, da sie die kommunikativen und emphatischen Fähigkeiten zum Erhalt der Gegenseitigkeit in der Sozialisation unter den Bedingungen der männlichen Peer- und Berufskonkurrenz nicht oder nur unzureichend erwerben konnten.

Grundsätzlich erscheint in solchen desintegrativen Sozialkonstellationen der Rückgriff auf sexistische Muster, männliches Dominanzverhalten bis hin zu direkter Gewalt als der subjektiv scheinbar einzige Ausweg, in psychischen und sozial desolaten Situationen ein positives Selbstwertgefühl zu erlangen. Auch hier gilt aber wieder: Gewalt wird dann zum Bewältigungsmuster, wenn andere soziokulturelle Ressourcen – also z. B. die Kompetenz der Kommunikation und Fähigkeit der Empathie – nicht verfügbar sind. Aber auch dort, wo die soziale Kontrolle und Akzeptanz von gegenseitiger Integrität – sei sie über sozialen Diskurs oder kulturelle Bedingungen entstanden – abhanden gekommen ist, kann der soziale Raum für Gewalt durchlässiger werden. Dies war und ist spektakulär an den massiven Milieueinbrüchen in manchen ostdeutschen Städten nach der Wende zu beobachten, während es sich in Westdeutschland um einen längeren, mehr „schleichenden", weil konsumgesellschaftlich verdeckten Prozeß zu handeln scheint.

Mit dieser kurzen Skizze wollte ich zumindest die psychische und soziale Hintergrundstruktur aufgeschlossen haben, vor der plausibel ist, daß Gewalt und Mannsein in unserer Gesellschaft in einem besonderen – wenn auch nicht ausschließlichem – Bedingungsverhältnis zueinander stehen. Dieses ist historisch relativ und somit veränderbar. Die Veränderungsperspektive liegt für mich in einem radikal veränderten gesellschaftlichen Umgang mit dem zentralen Problem der menschlichen (männlichen) Hilflosigkeit, die alle Schichten des männlichen Ausgesetztseins gegenüber den Zwängen der Industriegesellschaft durchzieht. Denn die moderne Fortschrittsgesellschaft erscheint in dieser Sichtweise als Abstraktion der menschlichen Hilflosigkeit und des menschlichen Ausgeliefertseins. Sie hält in der Abstraktion der Hilflosigkeit des Mannes ihre männliche Hegemonialstruktur.

Aufgrund dieser Verwobenheit des männlichen Dilemmas in der modernen Fortschritts- und Wachstumsideologie scheint eine grundlegende Revision des männlichen Dominanzprinzips nur möglich, wenn auch das herrschende Entwicklungsprinzip der Gesellschaft grundsätzlich revidiert wird. Die Gesellschaft erkennt (bzw. muß erkennen), daß nicht die Abstraktion von menschlicher Hilflosigkeit Fortschritt bedeutet, sondern ihre Anerkennung. Wenn Hilflosigkeit angenommen und als zum Menschsein dazugehörig akzeptiert werden kann, wird die Erfahrung möglich, daß man ihretwegen nicht untergehen oder sterben wird (Gruen 1992, S. 65). Dieser anthropologische Grundsatz läßt sich gesellschaftlich heute durchaus in die Argumentation verlängern: Angesichts der weltweiten Bedrohung der natürlichen Existenzgrundlagen der Menschheit haben nur Gesellschaftsmuster eine Zukunft, die die menschliche Gattungsborniertheit der alten Wachstumsideologien aufgeben können, zugunsten eines produktiven Annehmens des Ausgeliefertseins, der Hilfslosigkeit der Menschen gegenüber den natur- und damit existenzzerstörerischen Prozessen, die sie selbst ausgelöst haben. In dieser ökologischen Revision sehe ich den gesellschaftlichen Rahmen, in dem der geschlechteremphatische Diskurs, die kulturhistorische „Heilung des Mannes" gelingen könnte.

Literatur

Beck-Gernsheim, E.: Das halbierte Leben. Männerwelt Beruf – Frauenwelt Familie. Frankfurt/M. 1980.

Böhnisch, L./Winter, R.: Männliche Sozialisation. Weinheim/München 1993.

Brozka, G.: Zur „Männerforschung". In: Verhaltenstherapie und psychosoziale Praxis, Mitteilungen der DGVT, 24. Jg., Heft 1, Tübingen 1992.

Chodorow, N.: Das Erbe der Mütter. Psychoanalyse und Soziologie der Geschlechter. München 1985.

Connell, R. W.: Which way is up? Essays on sex, class and culture. Sydney 1983.

Gilmore, D.: Mythos Mann. Rollen, Rituale, Leitbilder. München/Zürich 1991.

Gruen, A.: Der Verrat am Selbst. Die Angst vor Autonomie bei Mann und Frau. München 1992.

Hafner, G./Spoden, Ch.: Möglichkeiten zur Veränderung gewalttätiger Männer im Rahmen einer Männerberatungsstelle. Berlin 1991.

Heitmeyer, W. u. a.: Die Bielefelder Rechtsextremismusstudie. Weinheim/ München 1992.

Riechers, Ch.: Antonio Gramsci. Marxismus in Italien. Frankfurt/M. 1970.

Jürgen Wertheimer

Elitäre Grausamkeit –
Literatur und Kunst als Ort der Gewalt

Für die Literaturproduzenten wie auch für die bildenden Künstler stellt sich der Umgang mit den Phänomenen des Häßlichen, des Bösen, der Gewalt, der Destruktion komplizierter und doppeldeutiger dar als für Strafrechtler, Politologen, Pädagogen, Theologen. Denn die Literatur wie auch die bildende Kunst arbeiten ja exakt mit demselben blutigen Material, das sie seit zweitausend Jahren vorgeben zu analysieren. Sie arbeiten erfolgreich mit diesem Material und ziehen daraus ihre wirkungsvollsten Effekte. So wäre es sicherlich nicht verfehlt, die ehrwürdige Gattung der Tragödie, per definitionem wirkungsorientiert angelegt, als Genre zu definieren, welches die Tötung mindestens eines Menschen zu ihrer Voraussetzung hat. Der Bogen mag von der griechischen und römischen Tragödie der Antike bis zu den Blutszenarien der Elisabethaner gespannt sein.

Man denke aber auch noch etwa an die sadomasochistischen Phantasien eines Marquis de Sade oder der schwarzen Romantiker.

Grosso modo mit dem 18. Jahrhundert, also mit der Phase der Verbürgerlichung der Literatur, läßt sich eine Schwelle in bezug auf die Verwendung, Thematisierung und Darstellung von Phänomenen der Gewalt im literarischen und ästhetischen Kontext ausmachen. Die Normen einer auf Solidarität, Mitleid und Moralität angelegten Ethik verändern das Regelwerk der Codierung von physischer Aggression. Lessings Tragödien – überhaupt die Form des bürgerlichen Trauerspiels – mögen hierfür exemplarisch stehen. Seither, das heißt im bürgerlichen, aufgeklärten, rationalistischen Kontext, wird es qua Vereinbarung keine Gewaltdarstellungen per se mehr geben. Vielmehr findet sich der körperliche Übergriff der kollektiven Kontrolle einer inhärenten Öffentlichkeit unterzogen.

Dieses von didaktischen Prämissen geleitete Modell wurde im Verlauf des 19. und 20. Jahrhunderts zugleich literarisch und ästhetisch bestätigt wie auch *widerlegt:* Realistische Moral der Gewalt und Ritual der Gewalt stehen einander, zum Beispiel in der zweiten Hälfte des 19. Jahrhunderts, ebenso diametral gegenüber wie die Einbindung der Erotik im Kontext von individueller Liebe bzw. Freisetzung des gleichen Potentials im dekadenten Kontext als Pornographie. Diese Synchronie des Gegenläufigen ist bezeichnend für den Umgang unserer Kultur mit dem Phänomen der Gewalt. Seither gültig und bis in die Moderne wirksam läßt sie sich selbst noch in die jüngere Gegenwart hinein verfolgen. Im Verlauf der folgenden Darstellung sei versucht, der Weiterentwicklung dieser Denkfigur im Zeitraum der 80er und 90er Jahre nachzugehen. Dabei steht nicht so sehr das Phänomen struktureller Gewalt im Zentrum, sondern die konkrete Darstellung verschiedener Formen der Anwendung körperlicher Gewalt.

Bevor das lawinenartige Anwachsen des neuerlich freigesetzten Gewaltpotentials zur Darstellung kommen soll, scheint ein Rückblick auf die späten 70er und 80er Jahre angebracht.

1. Die siebziger und achtziger Jahre

Die Wirklichkeit der Fakten, wie sie sich aus der kurzen Distanz rekonstruieren läßt, zeigt, daß die Doppelzüngigkeit im Umgang mit dem Phänomen der ästhetisierten Gewalt noch immer zu den eingeschriebenen Argumentationsmustern unserer Kultur zu gehören scheint. Über kaum ein Gebiet, vielleicht mit Ausnahme der Pornographie, wird so konsequent geheuchelt wie über das Phänomen der Gewalt. Und an kaum einer Lüge auch wird so gut verdient.

Im gleichen Maße wie die Gewalt tabuisiert und geächtet wurde, stiegen die Verkaufszahlen und die Marktanteile der parasitären Ebenen wie der des Waffenhandels (Umsatz im Geschäftsjahr 1983: 16 Milliarden Mark an Waffenexportgeldern in der BRD) und der der Medien (wo im gleichen Zeitraum sogar noch mit einer größeren Summe gerechnet werden darf).

Die Schere zwischen ethischem Anspruch und wirtschaftspolitischer Notwendigkeit öffnete sich mithin weit: Das reichte als

Struktur von den seinerzeit so genannten „Rüstungskontrollab-kommen" bis zum Gleichgewicht des Schreckens und des Abschrek-kens, und es prägte die Muster der täglichen Wahrnehmung, der Produktion und Rezeption des Konsums an Bildern und Worten der Gewalt:

Da herrschte vollständiges Einverständnis darüber, daß der Ver-trieb an gewalttätigen Produkten, auf dem Videomarkt zum Bei-spiel, durch geeignete juristische Maßnahmen gestoppt werden müßte. *Gleichzeitig* bewegte sich derselbe Markt zum ersten Mal unter dem Boom einer neuen Gattung, die das Phänomen in einer bisher nicht gekannten Weise zu perfektionieren wußte, etwa in Form der seinerzeit erstmals in Europa als Massenphänomen reüs-sierenden Musik-Videoclips, die das Phänomen in einer bisher nicht gekannten Weise zu perfektionieren wußte, in der Art Wagne-rischer Gesamtkunstwerke in Taschenformat in Destruktionsphan-tasien und -verklärungen schwelgte. Es bedurfte also noch nicht einmal des Wechsels des Mediums, eine Verschiebung im Genre ge-nügte, um das tabuisierte Phänomen wieder zum Gewinnspiel zu machen.

Synchronie der Gegensätze läßt sich auch jenseits der elektroni-schen Medien selbst beobachten, wenn zum Beispiel eine Diskus-sion über das Thema „Friedenssicherung" zeitgleich mit einem tech-nokratisch-euphorischen ZDF-Bericht über das seinerzeit aktuelle SDI-Projekt in Sendung ging. Entsprechende Synchronien lassen sich natürlich auch in der gegenwärtigen Phase nachweisen, etwa wenn Berichte vom friedenssüchtigen Evangelischen Kirchentag in München mit Horrorszenarien in Bosnien und Brandanschlägen in Solingen unmittelbar aneinandergeraten, ohne sich letztlich jeweils zu berühren. Es handelt sich dabei sicherlich nicht um eine zufällige Zeitgleichheit, auch nicht um eine höhere Einheit der Gegensätze, noch um synthetische Aufhebung der Gegensätze. Die Doppelstim-migkeit der Mitteilung ist Teil und Konsequenz des pluralistischen Systems.

Ähnliche Spaltungen oder Doppelungen wie im politischen und sozialen Bereich bzw. in den Medien lassen sich in den Institu-tionen der kulturell arrivierten Literatur beobachten. So zum Bei-spiel gaben die Münchner Kammerspiele im Jahre 1983 zum einen eine anrührende Lesung von Christa Wolfs ›Kassandra‹ mit fast parasakralen Begleiterscheinungen, während in der Dependance, dem Werkraumtheater, Bodo Strauß' ›Kalldewey, Farce‹ in Szene ging, ein Stück, bei dem ein Mensch auf offener Bühne in seine Bestandteile zerlegt wird. Auf der anderen Seite der Münchner Theaterstraße wiederum gab man William Mastrosimones Vergewaltigungsthriller ›Bis zum Äußersten‹, wobei es bei der naturalistischen Darstellung ›der gewalttätigen Übergriffe auch zu wahrhaften Knochenbrüchen der Akteure kam.

Regie und Auditorium dieser Produktionen pflegten sich im allgemeinen an diesen Hardcore-Angeboten für kritische Intellektuelle durchaus zu delektieren. Selbstredend nicht nur in Münchens Maximilianstraße, sondern bundes-, europaweit. Konjunkturritter aller Couleur konnten sich die Darstellungen eines authentischen Lebensgefühls ohne Momente härtester Gewalt kaum noch vorstellen, – man denke an Peter Zadeks Rituale bei der Inszenierung von Hopkins' Bestiarium ›Verlorene Zeit‹ oder an die sadomasochistischen Inszenierungen elisabethanischer Stücke wie Websters ›Die Gräfin von Malfi‹.

Wie überhaupt festzustellen ist, daß die progressive Elite sich seinerzeit in besonderem Maße empfänglich zeigte für den diskreten Charme edel verpackter Gewalt – „Terrorist chic" pflegte man die flott aufgemachte Ware zu nennen. Von „bildertrunkener Apotheose der blanken ästhetischen Mordlust" sprechen alerte *Zeit*-Rezensenten, und die US-Kritikerin Pauline Kael diagnostiziert eine Art reinigendes Suhlen:

> „Häufig ist es, als hätte das Publikum „a high great time" – und ich spüre diesen Nihilismus, der natürlich kein gedanklicher oder philosophischer ist; er ist von der Art, wie in einer Pornoshow [...] dort alles, man selber eingeschlossen, in Dung verwandelt wird."

Genüßlich wird diese Verwandlung von der Berichterstatterin dokumentiert, und es steht zu vermuten, daß ein Gutteil der stupenden Erfolge dieser Machwerke aus eben jener intellektuellen Lust an der Selbstbesudelung in einem kollektiven Konsumentenrausch resultiert. Nur so ist zu erklären, daß eine kultivierte Kritikerin sich in Genußmetaphern ergeht und von „der absolut vergnüglichsten und purstem physischen Tragödie, die je gedreht wurde" spricht, von „hübsch schrecklichem Terror", „köstlichen Meta-Monstern" und zu allem Überfluß auch noch von „pansexuell dunklen, magischen Nächten der Libido". Billiggewalt als Lösemittel für gelehrten Triebstau? Oder erschöpft sich auch hier alles im Wort? Fast steht dies zu vermuten, liest man die zeittypische Sprache des kritischen Genusses weiter, vergegenwärtigt man sich die selbstgefälligen Wortspielräusche der spätbildungsbürgerlichen Feuilletonisten: ›Triebwerke des Teufels‹ überschreibt einer seine Spiegelglosse, in der das Szenarium der Grausamkeit dann folgendermaßen gestylt wird:

„Die Bühne ist eine Folterkammer. Auf dem Spielplan steht moderner Grand-Guignol. Blut und Tränen fließen, Knochen knacken, Frauen wimmern im Würgegriff brutaler Gangster [...] haßerfüllt und hochgerüstet stehen sie einander gegenüber. Sex und Gewalt, Ekel vor dem anderen, das sind offenbar zentrale Themen der laufenden Saison, das Grauen geht um."

Man darf sich darüber im klaren sein, daß es sich hier um potentielle Personen handelt, die gestern in der Friedens- und heute in der Lichterkette gegen die von ihnen selbst ästhetisch goutierte Gewalt einträchtig und gewaltfrei demonstrieren. Es ist offenkundig, daß hier gesellschaftsspezifische Markt- und Vermarktungsmechanismen ihren Ausdruck finden. Es geht bei all den angedeuteten Gleichzeitigkeiten von Tabu und Konsum nicht so sehr um Gespaltenheit oder Schizophrenie, sondern primär um die profitorientierte Regel des „sowohl als auch". Emblematisches Abbild dieses verwirrenden Simultandenkens war in unüberbietbarer Prägnanz der mittlerweile legendär gewordene „Doppelbeschluß". Als Äquivalent steht diesem ein ästhetischer Doppelbeschluß in Gestalt der Synchronie von literarischer Gewaltstilisierung bei gleichzeitiger ethischer Achtung gegenüber. Ein Riß im Bewußtsein, mit dem die europäische Literatur sich angewöhnt hat, profitabel zu leben.

Innerhalb des „christlich-abendländischen" Kulturbereichs gibt es im wesentlichen zwei Grundthesen in bezug auf das Phänomen „Gewalt": Sie kann danach entweder als Inszenierung eines Opfers – zumeist mit der Perspektive transzendentaler Ausdeutung – oder als Ausdruck des vorgegebenen Aggressionspotentials des biologischen Wesens Mensch betrachtet werden.

Was die erste These betrifft, so öffnet sich insbesondere in Deutschland eine äußerst wirkungsvolle Tradition, die insbesondere durch die todesverklärenden Ideen der Romantik (z. B. Novalis) gekennzeichnet ist und sich bis zum Schlußkapitel von Thomas Manns ›Zauberberg‹ fortsetzt.

Was die zweite Linie angeht, so ist sie zwar nicht jüngeren Ursprungs, dennoch zeigt sie insbesondere in der Moderne Wirkung, Wiederbelebung und Neuinterpretation. Ich verweise hier auf Sigmund Freud und dessen in den Auswirkungen nicht zu überschätzende, weil wissenschaftlich beglaubigte Legende vom Todestrieb. Noch in einem Briefwechsel mit Albert Einstein aus dem Jahre 1932 erneuert Freud seine Thesen diesbezüglich:

> „Ich kann nun daran gehen, einen anderen Ihrer Sätze zu glossieren. Sie verwundern sich darüber, daß es leicht ist, die Menschen für den Krieg zu begeistern und zu vermuten, daß etwas in ihnen wirksam ist, ein Trieb zum Hassen und Vernichten, der solcher Verhetzung entgegenkommt. [...] Wir glauben an die Existenz eines solchen Triebes und haben uns gerade in den letzten Jahren bemüht, seine Äußerungen zu studieren. [...] Wir nehmen an, daß die Triebe des Menschen nur von zweierlei Art sind, entweder solche, die erhalten und vereinigen wollen, wir heißen sie erotische [...] oder sexuelle, mit bewußter Überdehnung des populären Begriffs von Sexualität – und andere, die zerstören und töten wollen; wir fassen diese als Aggressionstrieb oder Destruktionstrieb zusammen."

Es ist in diesem Zusammenhang angebracht, darauf hinzuweisen, daß die hier umrissene Position durchaus nicht als überholt betrachtet werden kann, sondern dieser ins Mythische gewendete, voraussetzungslos postulierte Zusammenhang zwischen Aggression und Sexualität über die Vermittlung der Verhaltensforschung (vgl. z. B. Konrad Lorenz) bis in jüngere Statements weiterwirken konnte.

Beide skizzierte Thesen sollen im nachfolgenden zunächst weitgehend ausgespart bleiben zugunsten einer dritten, möglicherweise weniger attraktiven Gegenposition, die das Phänomen der Gewalt weder als sublime Bestimmung noch als biologische Heimsuchung begreift, sondern als Teil eines jeweils spezifischen Sozialisationsprogrammes und mithin als provokative Herausforderung an den menschlichen Verstand und seine Fähigkeit zur Analyse und Kontrolle eben dieses Phänomens.

Ohne hier eine auf Moderatheit gestimmte Moralität im Umgang mit dargestellter Gewalt predigen zu wollen, sei ein kurzer Rückblick gestattet auf solche Formen der Darstellung und Vermittlung, die sich deutlich von den gewalttrunkenen Szenarien Artauds, Ezra Pounds, D'Annunzios, Jüngers, den Manifesten der Futuristen und Surrealisten absetzen, Texten, in denen immer wieder davon die

Rede ist, daß „die Schönheit terroristisch, atemberaubend und dämonisch zu sein habe" oder, wie André Bretons Postulat, daß im Surrealismus letztlich nichts anderes erstrebt sei als „die Gewalt". Auch an Marinettis Manifest darf hier erinnert werden. Ingeborg Bachmann zitiert aus diesem Text im Rahmen ihrer 2. Frankfurter Poetikvorlesung, und sie scheut sich nicht, angesichts der hier manifest werdenden ästhetischen Lust an der Zerstörung, ernsthaft die „Schuldfrage in der Kunst" zu stellen. Etwa wenn sie auf eine Stelle verweist, in der sich militärische Technologie ästhetisch verwandelt darstellt:

> „Seit siebenundzwanzig Jahren erheben wir Futuristen uns dagegen, daß der Krieg als antiästhetisch bezeichnet wird [...] wir stellen fest: [...], der Krieg ist schön, weil er dank der Gasmasken, der schreckenerregenden Megaphone, der Flammenwerfer und der kleinen Tanks, die Herrschaft des Menschen über die unterjochte Maschine begründet [...] Der Krieg ist schön, weil er eine blühende Wiese um die feurigen Orchideen der Mitrailleusen bereichert.
>
> Der Krieg ist schön, weil er das Gewehrfeuer, die Kanonaden, die Feuerpausen, die Parfums und Verwesungsgerüche zu einer Symphonie vereinigt.
>
> Der Krieg ist schön, weil er neue Architekturen, wie die der großen Tanks, der geometrischen Fliegergeschwader, der Rauchspiralen aus brennenden Dörfern und vieles andere schafft."

Gegen solches Umschlagen in L'art-pour-l'art-Konzepte protestiert Bachmann, indem sie eine poetische Gegenposition setzt: kontrapunktisch und programmatisch gegen die entmenschlichte Gasmaskenästhetik Marinettis etwa das kritische, humane Entlarvungsgedicht ›Bräutigam Froschkönig‹ von Marie-Luise Kaschnitz; ein Text, in dem die ästhetische Stilisierung als Fälschung erfahrbar gemacht wird:

> „Wie häßlich ist
> Dein Bräutigam
> Jungfrau Leben
>
> Eine Rüsselmaske sein Antlitz
> Eine Patronentasche sein Gürtel
> Ein Flammenwerfer
> Seine Hand..."

Kaschnitz und – mittels ihrer Stimme – Bachmann bekämpfen so im Ansatz, nämlich auf der Ebene des falschen Wortes, die bewußtseinsdeformierende Wirkung derartiger Texte. Die Auflösung der Ambivalenz besitzt hier – gegenüber der Autonomie des artistischen Freiraums – absolute Priorität.

Ein zweites Beispiel analytischer Texte soll das Gemeinte verdeutlichen. Christa Wolfs Erzählung ›Kassandra‹ aus dem Jahre 1983 zeigt exemplarisch, daß es nicht um ein aseptisches Tabuisieren des Themenbereichs geht, sondern vielmehr um das Transparentmachen der Ursachen, die dann zu faktischer Gewaltanwendung führen. Hintergrund ist dabei ein Szenarium der Heldenepik, der trojanische Krieg. In einem durchgehenden Monolog, der die Geschehnisse von den Anfängen her beleuchtet, leistet die Protagonistin des Textes, die Seherin Kassandra, wenige Stunden vor der eigenen Hinrichtung Bewußtwerdungsarbeit. Dabei spricht sie von der Vorkriegszeit, von der Täuschung durch die Eigenen. Von der wechselseitigen Fehleinschätzung der Parteien, den diversen Tarnsprachen. Vom Irrtum der sich seinerzeit stets pragmatisch Wähnenden. Von deren Leitsatz, dem „so macht man das". Vom allmählichen Anpassen des eigenen Verhaltens an das des Feindes – vielleicht auch nur an das des selbstentworfenen Feindbildes – und schließlich von der konkret manifest werdenden Gewalt:

„Dann kam Achill das Vieh. Des Mörders Eintritt in den Tempel, der, als er im Eingang stand, verdunkelt wurde. Was wollte dieser Mensch. Was suchte er bewaffnet hier im Tempel. Gräßlichster Augenblick: Ich wußte es schon. Dann lachte er. Jedes Haar auf meinem Kopf stand mir zu Berge, und in die Augen meines Bruders trat der reine Schrecken. Ich warf mich über ihn und wurde weggeschoben [...] Wie näherte sich dieser Feind dem Bruder. Als Mörder? Als Verführer? Ja gab es das denn: Mörderlust und Liebeslust in einem Mann? Durfte unter Menschen das geduldet werden? Des Opfers starrer Blick. Das tänzelnde Herannahn des Verfolgers, den ich jetzt von hinten sah, ein geiles Vieh. [...] Die plumpe kurzfingrige haarige Hand an des Bruders Kehle. Pressend, pressend. Ich an des Mörders Arm gehängt, an dem die Adernstränge vortraten wie Schnüre. Des Bruders Augen aus den Höhlen quellend. Und in Achills Gesicht die Lust, die nackte gräßliche männliche Lust."

Weder Wolf noch ihre Figur, Kassandra, geraten aller Emotionalität zum Trotz in einen diffusen Blutrausch. Die Erstarrung löst sich im Nach-denken und läßt hinter der Tat ein ursächliches Prinzip erkennbar werden – das Prinzip des „Objektmachens". Ein Prinzip, das von Tätern an Opfern, von Männern an Frauen, von

Menschen an Menschen als Machtstruktur strategisch angewandt wird. Dieser Systemzusammenhang wird anhand des exemplarischen Einzelschicksals erfahrbar und spürbar gemacht.

2. Gegenwartsszenarien

Ich mache hier einen Schnitt und leite zum zweiten Teil meines Materials über. Zu reden ist nun von den fiktiven Gewaltszenarien der 90er Jahre – nahe und anscheinend doch um einiges entfernt von den eben skizzierten Positionen, jener kritisch-humanistischen Haltung, die man mittlerweile glaubt, als Pose enttarnt zu haben. An die Stelle dessen sind neue Losungsworte getreten: Von den Ideen der 60er und 70er Jahre wird nur mehr ironisch mokant als von Illusionen gesprochen, das soziale Schlachtfeld der „härteren Verteilungskämpfe der Gegenwart" ist allgemein akzeptiert. Vor dem Hintergrund der veränderten Rahmenbedingungen lassen sich Kontinuitäten aber auch anscheinende Differenzmomente in der ästhetischen Überformung entsprechender Gegenstandsbereiche ausmachen. Wiederum sei ein Feuilleton, diesmal der „Frankfurter Rundschau", exakt zehn Jahre nach dem vorher Zitierten, zum Zeitzeugen gemacht, wiederum findet sich eine Zusammenstellung herausragender Gewaltinszenierungen auf den Theaterbühnen der Gegenwart und wiederum steht die Maximilianstraße in München exemplarisch für die bundesdeutsche Szene. Identisch ist auch der bereits vertraute, amüsiert resümierende Zwischenton beim Versuch, die Szene zu umreißen:

> „[Da] wird abends auf den Theaterbühnen geprügelt und gewürgt, vergewaltigt, gefoltert, erschossen, erstochen und erschlagen, werden die Leichen gefleddert und Tote beschlafen, daß man denken kann, die Theater hätten sich die serbische Praxis zum bevorzugten Stoff erkoren."

Einige Beispiele des Berichts illustrieren zunächst den Eindruck von einigen Produktionen der laufenden Spielzeit: George Taboris Stück ›Der Großinquisitor‹ im laufenden Programm des Residenztheaters, Werner Schwabs ›Volksvernichtung oder Meine Leber ist sinnlos‹, aufgeführt an den Kammerspielen, schließlich Marlene Streeruwitz' ›New York, New York‹ werden dabei exemplarisch umrissen. Nicht ohne sanften Genußschauer beschreibt der Kritiker, wie in Taboris Stück ein junges Strichmädchen von einem Mann entblößt, gedemütigt und physisch gequält, schließlich im Rhythmus des dazu aufgesagten Vaterunsers auf und hinter einer Parkbank vergewaltigt wird oder wie bei Werner Schwab ein junger Krüppel im obszönsten Mutter-Sohn-Streitgespräch der Theaterliteratur die Vorstellung ausmalt, er würde, wenn er die Mutter erst erschlagen habe, der Toten das Haupt aufmeißeln und dann „seinen einsamen Lulu seiner Mutter in das frischgebohrte Kopfloch hineinstecken". Das Stück tue sich später damit wichtig, daß ein Vater sich seine Tochter in aller Familienruhe als Sexualobjekt zurechtrückend vornehme. Am Ende schneide sich eine Frau Goldfeuer nach einem wirren Monolog, der sie als Naziweib ausweist, die eigene Leber aus dem Leib und klatsche sie vor sich auf den Bühnenboden. Der Berichterstatter, Peter Iden, sieht jedoch dies alles noch eher als „Formen sanfter Gewalt" an, verglichen mit der fast 15minütigen, nahezu stumm vollzogenen Hinrichtung einer jungen Frau durch einen Zuhälter in einem Wiener Pissoir, in ›New York, New York‹. Die Frau wird darin von dem Zuhälter zunächst mit Fäusten traktiert, dann mit Füßen getreten, bis sie bewußtlos ist, der schon leblose Körper wird herumgezerrt und wieder und wieder auf die Bretter geknallt, schließlich muß der selbst durch den Tod nicht von seinem Peiniger erlöste Frauenleib noch als Leichnam dem Mann zur Befriedigung herhalten. In wilder Lust wirft sich der Zuhälter auf den blutigen Rest.

Gleichwohl einige Zuschauer dem physischen Druck dieser Darstellung nicht gewachsen waren und das Theater verließen, waren die folgenden Veranstaltungen doch durchweg gut besucht.

Auf der Suche nach Erklärungen für diese und andere exzessive Darstellungen und erfolgreiche Vermarktungen von Gewaltszenarien zählt Peter Iden im folgenden eine Reihe von Gründen auf, die nur zum Teil zu überzeugen vermögen. Zum einen wird daran erinnert, daß „Gewalt" per se theatralisch sei, das heißt geeignet, „spannende Situationen zu schaffen". Zum zweiten sei Theater als „der Kunstraum par excellence" immer zugleich ein Megazeichen dafür, daß der so praktizierte Gestus nur fiktiv zu verstehen, insofern also entlastet sei, wobei als Frage zumindest angemerkt werden darf, wodurch und auf welche Art dieser Entlastungsprozeß denn stattfinden solle. Die Bühne fungiere mithin als ein idealer Ersatzraum, in den das Ich risikofrei entführt werden könne. Als „ein kulturell-zivilisatorisches Phänomen" führt der Verfasser des Feuilletons zum dritten die Vermutung ein, es ließen sich nun, nach dem Zusammenbruch der Ideologie Risse im Netz kultureller Übereinkünfte beobachten, wobei offenbleibt, ob Momente ästhetisch vermittelter Gewalt als Kitt in den Ritzen des zerfallenden Wertsystems fungieren oder als Sprengstoff. Der Vordergründigkeit der Gesamtargumentation entsprechend wird als vorerst letzter Begründungsversuch für die beobachtete Praxis ein Zustand „ratloser Erschöpfung" der Theater eingebracht, die gleichsam gehalten seien, durch welche Mittel auch immer ein Minimum an Resonanz zu erzielen und dabei den Schock der vulgären Gewaltdarstellung in Anspruch nehmen. All dies sind nun eben gerade keine Erklärungen, sondern allenfalls Mutmaßungen über mögliche Motive, sind eher Teil des Systems denn Elemente seiner Analyse.

Im weiteren versucht der Autor eine Historisierung der beobachteten Phänomene, wobei der Rückgriff zunächst auf die 70er und 80er Jahre erfolgt. Zurecht wird an nicht minder krude Performances jener Jahre, wie z. B. Heiner Müllers ›Macbeth‹ – Adaptionen oder an Edward Bonds ›Gerettet‹, das seinerzeit durch die grausame Steinigung eines Babys schockierte, erinnert. Die in diesem Zusammenhang formulierte These, daß die damaligen Darstellungen des Terrors sich vor dem, was heute auf den Bühnen dargestellt werde, durch die „Funktionalisierung der Gewaltszenen im Kontext einer politischen Kritik an den Verhältnissen" auszeichneten, ist indes nicht stichhaltiger als die zuvor gemachten Beobachtungen. Im Gegenteil, das Argument der Funktionalität dort und der Funktionslosigkeit hier findet bekanntermaßen immer dann Anwendung, wenn es um den Nachweis ästhetischer Qualität zu tun ist. Man denke nur an die Wiederkehr dieser Argumentationsfolge im Kontext der Differenzierung zwischen der Darstellung sexueller und erotischer Phänomene im literarischen Kontext gegenüber den dagegengeschalteten Darstellungen im Bereich auf den Index gesetzter pornographischer Produktionen. Dennoch sollte man dieses Argument zunächst zumindest in Erinnerung halten, denn es wird sich im weiteren zeigen, daß in der Tat hinter der Veränderung der Oberfläche auch eine solche der Tiefenstruktur, was die Motivation der dargestellten Gewaltphänomene betrifft, zu erkennen ist.

Um das Material unserer Untersuchung zu erweitern, seien noch einige erfolgreiche Romane und Filme der vergangenen Jahre zumindest kurz gestreift. Dabei ist es unabdingbar, über den Bereich der deutschen Literatur und des deutschen Films hinauszugehen, zumal nahezu alle Produkte des US-Markts, welche für unser Thema von zentralem Interesse sind, in Deutschland beachtliche Resonanz fanden. Dazu zählen zum Beispiel die Romane des jungen amerikanischen Erfolgsautors Bret Easton Ellis, vor allem ›Unter Null‹ und sein zweites, nun auch auf deutsch vorliegendes Buch ›American Psycho‹, ein 550 Seiten starker, immerhin vom renommierten Verlag „Kiepenheuer und Witsch" vorgelegter Band. Die seriöse, linksliberale deutsche Kritik zum Beispiel der „Frankfurter Rundschau" zögerte nicht, den Roman als lesenswert und zwar „von der ersten bis zur letzten Seite" zu empfehlen, wobei wiederum die bereits bekannte Denkfigur zu beobachten ist: Es gehe nicht darum, die Gewaltszenen um ihrer selbst willen als kultisch perverse Schaustücke zu lesen, deren Schrecken zu verdammen und zu genießen ein und dasselbe sei. Statt dessen gelte es, diesen „monströsen Solitär" als eine literarische Markierung des ausgehenden 20. Jahrhunderts zu lesen, als einen „Fin-de-siècle-Roman mithin, auf den man sich wird beziehen können, wenn man die dunkelste Tendenz des Zeitalters literarisch kennzeichnen will".

Als besondere Qualitäten des Romans hebt die Kritik der „Frankfurter Rundschau" drei Aspekte hervor. Zum einen fasziniere am Roman der Versuch, einen Mörder „ohne" Innenleben, genauer einen Mörder *mangels* Innenleben „anzubieten". In der Differenzierung einer Fläche ohne Seele läge – so der Kritiker – eine spezifische Qualität und so gesehen – dies ist ein zweiter Aspekt – sei das grausame Wüten in Menschenkörpern auch als eine „Suche nach und zugleich Vernichtung von" Innenleben zu lesen: Patrick Batemens orgiastischer Körperterror als Ekstase eines Süchtigen, der anderen mit dem Messer ans Leben will, das sich ihm längst entzogen hat. Dabei komme es – so der dritte Aspekt der intellektuellen Lesart des Gewaltszenariums – zur Zerstörung des Gestylten, Glatten, Präparierten. Die gesamte maskierte Oberfläche aus Konsumartikeln, welche vorher zur Betonung eines spezifischen Lifestyles durch die Designernamen Armani, Gaultier, Gianfranco Ferré, Yves St. Laurent und andere sorgsam aufgebaut worden war, werde nun durchbrochen:

125

„Blut saugen, Haut und Fleisch fressen, Innereien verschlingen, [...] Auslaufende Augen, sprudelndes Blut, spritzendes Fett – der reinliche und körpertrainierte Modefanatiker besudelt seinen Körper, seine Kleidung, seine Wohnung".

Dementsprechend findet sich der zur Diskussion stehende Artikel auch mit dem sinnfälligen Titel ›Lifestyle und Massaker‹ überschrieben. Und genau in dieser Formulierung, nämlich der Antithese von perfektioniertem, postmodernem Konsumszenarium auf der einen und der Sehn-sucht nach archaischen Wurzeln der Existenz, zwischen kutanem und subkutanem Dasein, hautnah und an der Hand ausgetragen, spiegelt sich die gegenwärtig dominierende Ästhetik der Destruktion wider. Die Designerebene wird dabei allerdings nicht, dies wäre verfehlt anzunehmen, als täuschende Oberfläche diskreditiert, sondern als wesensmäßiger Bestandteil einer ganz spezifischen Lebensform gesehen und entfaltet. Ja, man kann sagen, daß im gleichen Maße, indem sich diese Schicht systematisiert und verfeinert findet, auch die Techniken des destruktiven Eingriffes erweitert und entwickelt werden, ohne daß dazwischen ein Kausalzusammenhang festgemacht würde.

Die Verbindung von Momenten eines spezifischen, meist luxuriösen Lifestyles mit denen der Eskalation spezifischer Gewaltpraktiken ist in einer Reihe weiterer Texte zu beobachten, wobei Chiffren wie Armani nachgerade als Leitmotive figurieren.

In diesem Zusammenhang sei an Helen Zahavis Buch ›Schmutziges Wochenende‹ erinnert, das zunächst in England, neuerdings aber auch in Deutschland Furore macht, ein Erfolgsroman, der in England innerhalb von drei Tagen vergriffen war und von der Kritik einerseits als „gewissenlos" und „widerlich" oder aber als befreiend und avantgardistisch apostrophiert wurde. Denn die Protagonistin, ein eher fragiles junges Mädchen namens Bella, durchläuft im Verlauf des im Titel genannten Wochenendes die Mutation vom passiven Opfer zur Rachedämonin, wobei sie mit nahezu allen gesellschaftlichen Gruppen in Berührung kommt. Einen gewissen Höhepunkt der Tötungssequenzen bietet dabei jene Szene, in der Bella drei junge Männer, welche im Begriff sind, eine alte Obdachlose in einer Nebenstraße anzuzünden, durch Pistolenschüsse liquidiert. Auch diese drei jungen Männer sind eindeutig ausgewiesen als Vertreter einer rasch arrivierten Schickeria des schnellen Geldes. Wieder tauchen die bekannten Markennamen als Insignien dieses

Lebensstils auf. Vollständig ohne Motiv greifen die drei jungen Männer die alte Frau auf und setzen sie einer Reihe psychischer und physischer Folterungen auf offener Straße aus. Dabei dominiert ein Ton halbamüsierter Didaktik mit ritualisierten Nebenkomponenten, die sich über ihren Gegenstand wie über sich selbst gleichsam permanent erheben, wobei es der Erzählerin hauptsächlich darauf anzukommen scheint, erwartete, normative Reaktionen, zum Beispiel solche des Mitleids, programmatisch zu unterlaufen:

„Wir geben dir ein bißchen Nachhilfe", sagte er. „Zurück in die Schule, marsch."

Es gefiel ihm, wie sie vor ihm zurückzuckte. Es gefiel ihm, wie ihre Finger ins Leere griffen und der eingefallene Mund in ihrem Gesicht zitterte. Es gefiel ihm, wie sie sich duckte, aber er haßte sie dafür, daß sie sich duckte.

„Sie braucht eine Lektion."

„Wenn sie keine Lektion bekommt, lernt sie nichts." [...]

Wir sind die Polizei. Er sah seine Freunde lächelnd an. „Wir sind das Gesetz."

Er versetzte ihr einen Faustschlag an den Kopf.

Und das war der starke Arm des Gesetzes.

Ihr Schrei erfüllte die Gasse. Er schwoll an, und er schwoll ab. Er senkte und hob sich wie ein Rohr im Winde [...] Ein unheimlicher Laut, wie von einem Tier. Sie schauderten, als sie ihn hörten.

Der Schweigsame kicherte.

Der Kleine schnippte Asche vom Ende seiner Zigarre.

Der Finstere zog sie an den Ellenbogen hoch. Er drückte ihr die Hand auf den offenen Mund. [...]

Sie war nur Haut und Knochen. Haut und Knochen und Gestank. Ihm war schleierhaft, wie Menschen so herunterkommen konnten. Sie hatten es nicht anders verdient, wenn sie so herunterkamen.

[...]

Sie hatte keine Form. Sie war formlos. Ein formloses Geripppe ein o-beiniges, arthritisches formloses Geripppe [...] Sie mußten lachen. Sie konnten nicht anders. Sie mußten einfach lachen. Sie stand in ihrer Unterhose vor ihnen, mit ihrer blutenden Kopfhaut und weinte, während sie lachten. [...]

„Ich denke", sagte der Finstere, „wir haben es hier mit einem Umweltproblem zu tun."

Er hielt sie fest. Sie war Schwäche und Verwesung. Sie war Gestank und Verfall. Der Tod war das Beste für sie.

„Wir sollten für ein sauberes England sorgen." [...]

„Verbrennen wir die Hexe." [...] Verbrennen wir sie, sagt man. Und es klingt richtig, da hinten in der dunklen Gasse.

Verbrennen wir sie, denkt man und spricht es laut aus. Und wenn man es einmal ausgesprochen hat, muß man es tun. Verbrennen wir sie. Es erscheint gar nicht mehr so gemein, wenn man es sagt. Es hat beinahe etwas Freundliches, wenn man es recht bedenkt.

[...]

Sie wollten nur ihren Spaß haben. Sie wollten nichts Böses, nichts für ungut, sie wollten nur zusehen, wie sie brennt. Sie wollten ihren Entzündbarkeitsfaktor testen, sie wollten sie brutzeln hören. Sie wollten sie rösten wie eine Risolle. Sie war eine Pennerin, darum würde sie brennen. So was kommt hin und wieder vor."

Was Zahavi in diesen und anderen Szenen zum Ausdruck bringt, läßt sich mit jener Antipsychologie „eines schwarzen Lochs" umschreiben, mittels dessen auch Ellis in ›American Psycho‹ provozierte. Deshalb steht auch die Frage, ob Tötung aus Bosheit, Notwendigkeit oder beiläufig geschieht, nicht mehr im Vordergrund. Interessanter erscheinen demgegenüber die technischen Varianten in bezug auf die Durchführung des tödlichen Angriffs. Im Falle des vorliegenden Buches von Zahavi wird eine nahezu vollständige Palette aller gängigen Modi – vom Erschlagen mit dem Hammer über ein lustvolles und mehrfaches Überrollen mit einem Auto bis zu den technisch avancierteren Spielarten des Erschießens und schließlich der Erdolchung geboten. (Eine andere, die angewandte Gewalt motivierende Lesart bestünde darin, die zu beobachtenden Überzeichnungen und Ironiesignale als Technik der Groteske zu lesen. Bellas Gewalttaten wären dann als Akte einer rächenden Gegengewalt zu verstehen, wobei ihre Aktionen mit denselben Versatzstücken beschrieben werden, die bisher nur männlichen Massenmördern vorbehalten waren.) Wie dem auch sei, insbesondere was das Verfahren der Erdolchung betrifft, soll es dem Leser nicht verborgen bleiben, daß für die Täterin damit ein in besonderem Maße bemerkenswerter, zynisch anmutender Erkenntnisprozeß verbunden ist. Im Verlauf des Eindringens in den Körper des männlichen Gegners kommt es zum Gefühl einer gewissen Intimität, jedenfalls deutet sich etwas wie ein persönliches Erkunden des anderen auf diesem Wege an:

„Und es war etwas Seltsames an diesen Stößen mit dem Messer. Das war etwas anderes als das Niederhämmern Timbos. Etwas anderes als Normans Auslöschung. Etwas anderes als das Niederwalzen Reggies. Etwas anderes als ihr kugelsicherer Triumpf in der Gasse.

Diese Stöße mit dem Messer, entdeckte sie, waren etwas merkwürdig Intimes. Man brauchte Gefühl, um das Messer so sauber zu setzen. Ihn mit dem Messer erstechen, entdeckte sie, hieß, ihn kennen. Man muß dem anderen sehr nahe kommen, um ihm das Messer hineinzustoßen. Man kann nicht distanziert bleiben mit einem Messer. Setz dein Vertrauen in das Schwert und das Schwert in seine Seite. Aber schnell, sauber, nichts Unappetitliches. [...]

Sie nahm das Heft in beide Hände. Sie stieß mit ihrer ganzen Kraft zu. Sie stieß ihm die Klinge mitten in die Brust, in seine pulsierende Mitte, in sein dumpf klopfendes Herz der Finsternis.

Er ergriff mit seinen Händen die ihren. Es war eine ergreifende Szene. Der Schlag seines Herzens durchpulste den Stahl. Die Klinge vibrierte mit dem Schlag seines Herzens. Sein Puls wurde schwach. Sein aussätziger Atem wehte ihr ein letztes, abscheuliches Mal ins Gesicht. Sie glaubte, ihn sagen zu hören, er heiße Jack.«

Es ist sicher nicht übertrieben zu sagen, daß hier – wie in einer Vielzahl anderer Szenarien der Gegenwart, man denke an Romeros neuen Kultfilm ›Stark‹ oder an viele Filme in der Tradition des sogenannten Splatter-Kinos, zum Beispiel ›Das Schweigen der Lämmer‹ – gewalttätige Akte dieser Dimension überhaupt noch die einzigen Momente sind, in denen eine Art zwischenmenschlicher Kommunikation, wenn auch ausschließlich unter den Zeichen der Destruktion, stattfindet. Oder umgekehrt formuliert, die obsolet gewordene Intimität der Familie oder des alltäglichen gesellschaftlichen Verkehrs findet sich abgelöst durch eine elementare materialistisch definierte Intimität des zwischenkörperlichen Austauschs über den Akt der wechselseitigen Auslöschung. Deshalb sind nahezu alle destruktiven Akte folgerichtig und hierin auch in einer langen abendländischen Tradition stehend mit Konnotationen oder Denotationen der Sexualität liiert. Unter den Insignien einer „animalischen Intensität der Gewalt" hat man auch das Gesamtszenarium der literarisch bzw. künstlerisch kodierten Darstellungsweisen von Destruktivität in den frühen 90er Jahren dieses Jahrhunderts zu sehen. Dabei dürfen keine engen Grenzen gezogen werden zwischen literarischen und nicht-literarischen Systemen, im Gegenteil, die gegenwärtige mediale und technologische Situation ist dazu angetan, solche Unterschiede zu verwischen bzw. die Überblendung zum Sujet zu machen. Als ein Beispiel hierfür möge der englische Elitehooligan Bill Buford zitiert werden, dessen Erfolgstitel ›Geil auf Gewalt‹ von seiner Erfahrung mit gewalttätigen Fans berichtet. Im

Rahmen eines Münchner Literatursymposions vom Mai '93 hielt Buford vor einem ebenso gutwilligen wie elitären Publikum einen einschlägigen Vortrag. Resultat ist ein Dokument, in dem sich alle oben genannten Spezifika noch einmal konzentriert und amalgamiert finden. Von der „ehrfurchtsgebietenden" und „erregenden" „Reinheit des Hasses" ist dabei ebenso die Rede, wie vom Moment der „Epiphanie" im Moment der Entscheidung zur Gewalt. Diese Epiphanie beschreibt sich als ein „Augenblick, in dem ein paar der Phänomene, die mich in den letzten Jahren beschäftigt hatten, plötzlich verständlich wurden" oder auch als ein „Zerreißen des Vorhangs". Gewalt als eine Erfahrung der Bewußtseinsreinigung, Potenzierung und als ein Durchbrechen der konventionellen, nivellierenden Netz- und Regelwerke, als der absolute Verstoß: „Das sind Wahrnehmungen ohne Bedeutung, ohne Beziehung, federleichte Augenblicke bevor Verständnis sie umschließt":

> „Worauf ich hinaus will, ist dies: Gewalt ist eine erschreckend aufdringliche Sache, weil sie die Regeln bricht. Und in dem Augenblick, in dem die Regeln gebrochen werden, erschrickt man, denn man weiß nicht, was mit einem geschieht."

Im Schlußteil dieses Essays findet sich eben dieses Geschehen dann doch konkretisiert und auf dubiose Art in Verbindung gebracht mit Kategorien wie „Spaß", „Droge", „Privileg" spielen dabei ebenso eine Rolle, wie die seinerzeit von Ernst Jünger immer wieder berufene Erhöhung des Lebensgefühls unter den Stichworten der „Vielstimmigkeit", des „Überlebenskampfes", des „magischen Augenblicks", der „absoluten Gegenwart", schließlich der Begierde nach „befreiender, vergiftender Kraft der Gewalt". Mit all diesen Prädikaten wird das Phänomen einerseits als abschreckend beschrieben, andererseits jedoch als Faszinosum und integrativer Bestandteil der menschlichen Natur und somit auch Kultur identifiziert und vor einem sich elitär wähnenden Publikum legitimiert.

3. Medienkonstrukte, Kultfiguren und die neue Rechte

Auf breiter Ebene, alle Medien und Gattungen durchdringend, läßt sich eine entsprechende Verschiebung des Interesses einer arrivierten Avantgarde hin zu einer Rückkehr des Animalischen, Trieb-

haften, und als dessen Signatur der Akt der Gewalt figuriert, beobachten. Unter dem reißerischen Titel ›Rückkehr der Triebe?‹ expo-
nierte zum Beispiel das sonst eher seriös reflektierte Magazin der
„Süddeutschen Zeitung" vom 12. März 1993 einen umfassenden
Artikel zum Thema ›Sex und Gewalt‹ insbesondere im amerikanischen Film neben einem eindrucksvollen Interview mit der amerikanischen Literaturtrendsetterin Camille Paglia. Paglia figuriert
gleichsam als Seismograph einer mentalen Klimaverschiebung, zumindest innerhalb der westlichen Kultur. Jahrelang unter dem Ver-
dikt, „reaktionär und rassistisch" zu sein, von Verlegern abgelehnt,
wird sie innerhalb weniger Monate zum Kultstar einer medial vermittelten Werteumbaugemeinschaft stilisiert. Mit dieser Umdeu-
tung koinzidiert eine überraschende Reanimierung des nun wahr-
haft überwunden geglaubten „Eros"-„Thanatos"-Modells Freud-
scher Provenienz. Von der „verstörenden, zerstörerischen Kraft der
dunklen, animalischen und gefährlichen Seite der Sexualität" ist in
zunehmendem Maße und auch in dem hier zitierten Artikel die
Rede. Folgerichtig sind es „Basic Instincts", „Thriller der Triebe",
hormonal gesteuerte Zwangsläufigkeit von Aggression und Sexualität, die das Klima bestimmen und eine Botschaft vermitteln, die
im krassen Gegensatz zu den lang erkämpften Möglichkeiten der
60er und 70er Jahre zu stehen scheinen:

„Sex ist böse. Sex ist lebensgefährlich. Sex bringt den Tod."

Camille Paglia wird die Tendenzwende auf die verhängnisvolle
Formel bringen:

„Aids ist die Rache der Natur an der verratenen Sexualität. Aids
ist *Faschismus.*"

Faschismus wird hier als Lebensform gesehen, die, dadurch
positiv definiert, gleichsam die Rechte der von der demokratischen
Zivilisation verratenen Natur wieder ins Szenarium des Lebens ein-
bringt. Deckungsgleich zu den eben genannten Tendenzen fordert
Paglia immer wieder einen Extremismus der Sexualität, eine „Rückkehr dunkler Triebe", Sadomasochismus, Aggressivität und Anima-
lität als Alternative zur alltäglichen Verödung. Dabei entwirft sie
das gleichfalls in seinem Kern antiquierte, triadische Bild eines Leit-
figurenmusters innerhalb dessen Mann, Genie und Gewalt gleichgesetzt erscheinen:

„Wir müssen aufhören, Männer zu kritisieren. Picasso bleibt ein Genie,
auch wenn er ein Chauvinist war. Er hätte mit einem Maschinengewehr rei-

131

henweise Frauen niedermähen können, trotzdem bliebe er für mich der größte Künstler des Jahrhunderts. Wer will schon Männer, die feministische Erwartungen erfüllen? Es gab keinen weiblichen Mozart, weil es keinen weiblichen ‚Jack the Ripper‘ gab. Frauen sind zu beidem nicht fähig."

Man mag einwenden, daß es sich hierbei um inszenierte Posen einer rabiat extrovertierten Außenseiterin handle. Wichtig ist indessen nicht das Phänomen an sich, sondern die Tatsache, daß es ihm derzeit gelingt, über ein ganzes Bündel an medialer Vermittlung, Interesse und öffentliche Aufmerksamkeit zu erlangen. So fügt es sich lückenlos in das Gesamtszenarium des Werte- und Verhaltenswandels ein als dessen Beglaubigung und Steigerung zugleich.

Die zeitgenössische Kritik mag amüsiert und analytisch versiert klingen. Sie mag auch die Thesen der Paglia als Stammtischparolen und „Schrottanleihen" diskreditieren und entlarven, dennoch schwingt am Ende solcher Attacken wenn nicht ein Gestus der verdeckten Bewunderung, so doch der amüsierten Resignation mit, wie zum Beispiel bei Michaela Haas, die ihre Kritik über Werk und Wirken Paglias mit dem dubiosen Zugeständnis enden läßt:

„Ich bin", tönt Camille Paglia, „genau das, was Euch gefehlt hat."

Und das wirklich Bedrückende ist: Es sieht so aus, als hätte sie wenigstens damit recht.

„Recht" hat die mediale Kulturkritikerin allenfalls vielleicht mit dem Befund, daß die aufgeklärten, intellektuellen und moralischen Eliten der 70er und 80er Jahre allmählich dem Gestus, der Grundhaltung anämischer Selbstaufhebung und larmoyanter Verweigerung so verfallen waren, daß sie dazu beitrugen, exakt jene ideologische Lücke zu schaffen, in die nun die Paglia als Medienkonstrukt einfallen konnte. Was sie als „feministisch-presbyterianisch-pietistische", bürgerliche Aufklärungsfront ablehnt und ridikülisiert, ist entweder vollständig zynisch geworden oder hoffnungslos naiv geblieben. Die intellektuelle Linke hat sich so lange hinter einem Apparat intellektualistischer Differenzierungsmanie verschanzt, daß sie zuletzt selbst begann, sich in analysierbare Kleinbestandteile zu zerlegen und als lebendige oder wahrnehmbare Kraft auszulöschen. Nicht so sehr die in Filmen und Texten dargestellte Gewalt ist es, die, in den gesellschaftlichen Verhaltenskreislauf eindringend, zu einer Brutalisierung der Gesellschaft führt, sondern der satte, selbstgenügsame Gestus moralischer Besserwisserei bzw. Indifferenz, der in immer stärkeren Dissens zur alltäglich beobachtbaren Wirklichkeit gerät und, weil er windmühlenartig stabilisiert und reproduziert, zur Angriffsfläche eines immensen Potentials nicht befriedigter politischer, sozialer und menschlicher Bedürfnisse wird. Im gleichen Maße als es demokratischen, bürgerlichen Systemen nicht mehr gelingt, emotionale und affektische Bedürfnisse der Individuen und Bürger, die in ihm leben, auch nur ansatzweise zu decken oder zu befriedigen, werden notwendig dramatische Ersatzspielplätze gesucht werden. Nicht so sehr in ihren Konsequenzen als vielmehr in der Analyse der intellektuellen und politischen Situation der Gegenwart ist Paglias Ansatz in bezug auf die geforderte Rückkehr des Animalischen somit zutreffend, und so mag auch erklärt sein, weshalb ihr derzeitiger Erfolg nicht nur ein gemachtes Ereignis ist, sondern auch eine Aussage über Wirklichkeit darstellt.

Im übrigen bestätigt sich die massive Tendenz zur künstlichen Revitalisierung der Gesellschaft derzeit auf allen Ebenen. Aggressive Kunstgefühle bestimmen die Motti von Filmfestivals („Liebe, Haß und Leidenschaft"), Opernfestspielen („Sex und Gewalt bestimmen unser Leben") bis hin zu neueren literarischen Produktionen. All diese Produkte sind selbstredend nicht als privatistische Abweichungen und Ausnahmen oder als Elemente einer künstlichen Gegenwirklichkeit zu betrachten, sondern sind korrektes Abbild und somit Ausdruck der mentalen Befindlichkeit unserer Kultur und Wirklichkeit.

Dieser Versuch einer Bestandsaufnahme kann nicht enden, ohne sich einem weiteren, verhältnismäßig angehoben erscheinenden Phänomen und Symptom zu widmen, nämlich dem immer intensiver zu spürenden Interesse der literarischen und künstlerischen Intelligentia an Positionen der Rechten. Diese Tendenz hatte sich zwar bereits in den 70er Jahren vereinzelt zu erkennen gegeben — etwa durch Karlheinz Bohrers fasziniertes Interesse an Ernst Jünger. Nunmehr jedoch verdichten sich Indizien für ein wachsendes Interesse an Phänomenen rechter Gewalt in breiteren Kreisen, die bislang als immun gelten durften. Repräsentativ hierfür ist der Fall des Schriftstellers Botho Strauß, dessen Spiegelartikel ›Anschwellender Bocksgesang‹ jüngst für Furore sorgte. Unter den Vorzeichen härter werdender Verteilungskämpfe, gesteigerter Unduldsamkeit und Aggression postuliert er ein neues Credo, in dem alle Träume des "anything goes" als naiv und rückständig, jedenfalls wirklichkeitsfern diskreditiert werden. Dazu gehört das Projekt der Multikulturalität ebenso wie – natürlich – linke Utopien. Rechts zu sein, rechte Positionen zu billigen, bedeutet für den Botho Strauß dieser 90er Jahre zugleich, dichterische Phantasien in Kraft zu setzen. Denn, so die neue Logik, „Rechtssein" bedeutet auch die Teilhabe an einem

„anderen Akt der Auflehnung: gegen die Totalherrschaft der Gegenwart, die dem Individuum jede *Anwesenheit* von unaufgeklärter Vergangenheit, von geschichtlichem Gewordensein, von mythischer Zeit rauben und ausmerzen will. Anders als die linke, Heilsgeschichte parodierende Phantasie, malt sich die Rechte kein zukünftiges Weltreich aus, [...] sondern sucht den Wiederanschluß an die lange Zeit. Die Unbewegte ist ihrem Wesen nach Tiefenerinnerung und insofern eine religiöse oder protopolitische Initiation. Sie ist immer und existentiell eine Phantasie des Verlustes und nicht der (irdischen) Verheißung. Eine Phantasie also des Dichters von Homer bis Hölderlin."

Die rechte Phantasie als die Revokation des Poetischen, das klingt beinahe wie Paglias nicht minder bizarre Gleichung, innerhalb derer der Faschismus als Rehabilitation des verlorengegangenen Naturgefühls gesehen worden war. Beide Formen führen bewußt in die Irre (unter gleichzeitiger Teilhabe an einer womöglich richtigen Analyse der Gegenwartssituation). Beiden geht es auch nicht mehr darum, durch schwache Relativierungs- und Distanzierungsversuche – wie im Falle Botho Strauß – etwa dem Verdacht des Faschistoiden entgegenzutreten. Der Pakt, mit dem Rechtsradikalismus einmal argumentativ geschlossen, ist nicht mehr durch eine Fußnote revidierbar. Dies vor allem auch deshalb nicht, weil das biologistische Modell in Koppelung mit einem mythischen „Bann des Vorgefühls", ja einem „Terror des Vorgefühls" ebenso verheißungsvoll wie ominös angeboten und schließlich ins Sakrale gesteigert wird. Die sakrale Dimension selbst bleibt folgerichtig in gezielter, gedanklicher Unschärfe. Entsprechend verhängnisvoll vollzieht sich die Assoziation von rechtslastigem Gedankengut, Repoetisierung und Resakralisierung in Form von Referenzen dubioser Art, wie etwa auf René Girard, dessen Buch ›Das Heilige und die Gewalt‹ hier reflexartig eingebracht wird, oder George Steiner, dessen Pamphlet gegen die Welt des Sekundären (›Von realer Gegenwart‹, 1990) wertvolle Argumentationshilfe leistet. Fast im gleichen Kontext ändert sich die Sprechform des Artikels in Richtung auf ein als Kollektiv vorausgesetztes „Wir", bevor dann, vor dem Hintergrund der Folie dieser neuen Elite, der gleichfalls wieder an Paglia gemahnende Ausfall gegen die Konventionen des „intellektuellen Protestantismus" bürgerlicher Provenienz riskiert wird. Als neues Leitbild figuriert der Dichter, das große Individuum, die korporierte Minderheit, die politische Sezession:

> „Wo noch etwas Überlieferbares gedeiht [...], das nur wenigen zugänglich ist und aus dem nichts herausdringt, was für die Masse von Wert wäre. *Tolerante Mißachtung der Mehrheit.*"

Botho Strauß' Kampf gegen die ihn erstickenden Konventionen des intellektuellen Bürgertums mündet in einen delirierenden Ästhetizismus, der mit dem Signum „konservativer Revolution" nur bedingt beschreibbar ist. In den ›Fragmenten der Undeutlichkeit‹ wird an der Grenze zwischen Zitat und eigenem Text dann schon mal mit undeutlichen Deutlichkeiten gespielt, wie: „Faschist oder nicht – wen kümmert's?" oder auch mit forcierten Aussagen wie: „Ich bin kein Humanist." Ohne larmoyant sein zu wollen, sei doch darauf verwiesen, daß diese Haltung der Indifferenz in Kombination mit ähnlich atavistischen Ausfällen in Richtung auf einen „wahren Heroismus" poetischer oder politischer Provenienz auch am Ende der Weimarer Republik gestanden hatte.

Dieses, an sich verhängnisvolle Phänomen, erfährt eine weitere Steigerung durch andere analoge Bewegungen, etwa in Form einer anhaltenden und nahezu kultischen Verehrung Ernst Jüngers gerade in diesen Jahren. Man darf schon Verwunderung äußern, wenn das Präsidium der „Biennale '93" keine andere Stimme als die des mehr als nur ambivalenten Altmeisters preis- und einleitungswürdig empfindet und ihn als dubiosen Nachlaßverwalter Nietzsches und Spenglers auf der Basis einer Worthülse wie „Gestaltwandel" als großen politisch-ästhetizistischen Geisterseher herbeizitiert. – Ein letzter, nicht sehr plakativer, möglicherweise aber entscheidender Faktor im Szenarium der Kontinuitäten und Verschiebungen der letzten zehn Jahre sei abschließend zumindest angerissen. Es handelt sich um die Veränderung der Wahrnehmungsweise der Wahrnehmungstechniken im Gefolge der jüngsten technischen Revolutionen. Theoretiker wie der Pariser Kulturphilosoph Jean Baudrillard bringen es auf den Punkt, etwa wenn sie in einem Interview provokant formulieren:

„Ich ernähre mich vom Virtuellen. Wenn man mich ins Reale schicken würde …, (lacht)."

Die sich ironisch-süffisant gebende Abwehr auch nur der Möglichkeit der Bewegung mit Wirklichkeit beinhaltet in ihrer Konsequenz ein nicht ungefährliches Operieren im Grenzbereich radikaler Verantwortungslosigkeit. Nicht daß wir mit einem naiven Postulat und Bekenntnis zur Verantwortung in Kontexten, wo diese keinen Ort mehr hat, eine hoffnungslose Position aufrechterhalten wollten. Andererseits muß betont werden, daß ein in der Konsequenz sicherlich gefährliches Gefälle zu entstehen im Begriff ist. Zum einen nämlich wird der persönliche Kontakt zur Wirklichkeit negiert, zum anderen – und eben dies ist die Botschaft Baudrillards – eine „tiefe Sehnsucht nach dem Realen" als Suchbild permanent motiviert. So entsteht eine Spannung zwischen virtuellen Welten und Wirklichkeit, die zu paradoxen Verkürzungen führt, wie sie sich in Chiffre „Krieg als Imagination", „Leben als Simulation", „Dasein als Produktion" kundtun. Mit dem Aphorismus „Der Krieg selbst nämlich ist nicht real" ist zwar ein Teil der Medienrealität, aber sicherlich nicht die eben doch existente Wirklichkeit beschrieben. Mit anderen Worten, Positionen wie die Baudrillards, in Ansätzen auch die Virilios, kreieren ein Phänomen, dessen zentrale Nutznießer sie zugleich selbst sind. Sicher ist richtig, daß Krieg und Gewalt im Kontext der medialen Vermittlung nach dem Motto „Ruhe, wir drehen!" oder „Ruhe, wir schießen!" nur mehr mediatisiert wahrgenommen zu werden vermag und daß realen Flugbahnen virtuelle, realen Fronten artifizielle gegenüberstehen. Richtig ist auch, daß man von einem Krieg der Bilder, von einem „Rückwärtsschritt der Echtzeit", von „kommunikativen Waffen" und „intelligenten Munitionen", von „elektronischen Schlachtbildern", „virtuellen Welten", „medialen Welten", „Simulationen", „Ungewißheiten" und „Telepräsenzen" zu sprechen hat, wenn man die Wirklichkeit der medialen Vermittlung von Realität umschreiben möchte. Übersehen wird dabei freilich, daß hinter der vermittelten in geschichtsloser Grausamkeit – eine reale Präsenz steht. Nicht im Sinne von mystisch-parasakraler Realpräsenz über das ästhetische Zeichen, sondern als Weg der Realpräsenz, als Einbringen der eigenen Körperlichkeit auch in den literarischen Diskurs wünschen wir uns den gegenwärtigen Pakt zwischen Literatur und Wirklichkeit. Man sollte sich auf das postmodern-verspielte Operieren mit Fiktionen nicht allzuweit einlassen. Ähnliches, auch hier ist an präfaschistische Phasen zu erinnern, war im Kontext des Surrealismus auch in den 20er und 30er Jahren dieses Jahrhunderts bereits zu beobachten gewesen, und fast die gleichen Klischees der Entstofflichung waren auch dort unter ästhetischen Vorzeichen angeboten worden. Ich denke, Louis Aragon forderte wirkungslos, doch zu Recht auf einem Schriftsteller-Kongreß zur Verteidigung der Kultur in Paris von 1935:

„Die Rückkehr zur Realität. Genug gespielt, genug wachgeträumt, [...] Seht ihr nicht, wohin euch diese sogenannte Freiheit des Experiments führt, in der Ihr euch gefallt? Hat nicht einer von euch das ‚Experiment‘ letztlich so sehr geliebt, daß er sogar in den Folterkammern der SA [...] das interessante Zubehör des Lasters [...] gesehen hat?"

Es mag sein, daß ein neuer Protofaschismus in dieser Bundesrepublik noch nicht seine ästhetische Form gefunden hat. Wir sollten alles dazu tun, daß dieser Zustand erhalten bleibt. Denn erst in der Koppelung von Ideologie und Form entsteht jenes Machtpotential, das zur Etablierung irreversibler Fakten führt. Die Produkte der Kunst wie auch die der Medienproduktion sollten hierbei nicht monokausal als Ursache für entsprechende Umgestaltungen betrachtet werden, sondern vielmehr als hochempfindliche Indikatoren übergreifender kultureller Verschiebungen innerhalb des Wertekanons. Ihre Texte und Bilder sind gleichsam die Haut, die Oberfläche des Körpers der Gesellschaft.

Literatur

Bachmann, I.: Frankfurter Vorlesungen, München 1980.
Bohrer, K. H.: Die Ästhetik des Schreckens. Die pessimistische Romantik und Ernst Jüngers Frühwerk, München 1979.
Duerr, H. P.: Obszönität und Gewalt. Der Mythos vom Zivilisationsprozeß, Frankfurt 1993.
Ellis, B. E.: American Psycho, 1993.
Lorenz, K.: Das sogenannte Böse. Zur Naturgeschichte der Aggression, München 1984.
Paglia, C.: Sex, Kunst und Medienkultur, Berlin 1993.
Strauß, B.: Anschwellender Bocksgesang, in: Der Spiegel 6/93.
Virilio, P.: Krieg und Fernsehen, München 1993.
Wolf, Ch.: Kassandra, Neuwied 1983.
Zahavi, H.: Schmutziges Wochenende, Berlin 1992.

Ute Gerhard

Diskurstheoretische Überlegungen zu Strategien des Rassismus in Medien und Politik – Flüchtlinge und Zuwanderer in Deutschland als wiederkehrendes Thema im 20. Jahrhundert

Die Frage nach dem möglicherweise gegebenen Zusammenhang zwischen den Entwicklungen im Medien- bzw. politischen Diskurs auf der einen und dem Erstarken rassistischer Tendenzen bis hin zu mörderischen Anschlägen gegen Zuwanderer in der Bundesrepublik auf der anderen Seite ist im Juni 1993 zu einem kleinen Medienskandal geworden. Ich meine die Reaktionen auf den nach den Morden von Solingen an exponierter Stelle geäußerten Verdacht, auch durchaus anerkannte Politiker, Zeitungen und Zeitschriften des demokratischen Spektrums hätten mit der Art und Weise ihrer Stellungnahmen und Berichte zum Thema Asyl einen nicht unerheblichen Anteil an den schrecklichen Ereignissen. Die in diesem Kontext erwähnte „Frankfurter Allgemeine Zeitung" reagierte auf die Kritik unter anderem mit dem Hinweis, es sei „rationalistischer Kinderglaube" anzunehmen, aus „Gedanken" folgten automatisch „Taten" (4. 6. 1993). Da sich bei den Fragen, die die aktuellen rassistischen Tendenzen aufwerfen, wissenschaftliche und politische Auseinandersetzungen notgedrungen verschränken, möchte ich die, wenngleich nicht besonders geistreiche, FAZ-Polemik dennoch zum Anlaß nehmen für einige theoretische Klärungen.

Tatsächlich geht es bei den Überlegungen zur Wirkungsmächtigkeit des Mediendiskurses weder um die Vorstellung einfacher Kausalitätsketten noch um irgendwelche „Gedanken", sondern vielmehr um den durchaus komplexen Funktionszusammenhang zwischen der öffentlichen Rede oder dem Alltagswissen einer Gesellschaft und den dadurch möglichen sowohl individuellen als auch kollektiven Haltungen und Handlungen. Was nun die in diesem Zusammenhang besonders wichtigen Verfahren alltäglicher Wissensproduktion und Wissensverbreitung betrifft, so verlaufen in modern-industrialisierten Gesellschaften diese Prozesse nahezu ausschließlich über den Mediendiskurs. In besonders hohem Maße betrifft dies die Politik. Der Mediendiskurs mit seiner permanenten Produktion und Verbreitung von Aussagen, Bildern und ganz allgemein Anschauungsschemata ist insofern der bedeutsamste Ort für die kulturelle und im engeren Sinne auch politische Ausrichtung einer Gesellschaft.

Bezüglich des Rassismus wird aus diskurstheoretischer Perspektive ferner eine ziemlich gängige Kausalitätsvorstellung gerade in Frage gestellt: die Annahme, Rassismus sei eine fast automatische Folgeerscheinung wirtschaftlicher Krise bzw. sozialer Bedrohung und Verelendung. Bereits in den einleitenden Bemerkungen ihrer bekannten Studie hat Hannah Arendt die Fragwürdigkeit solcher „Ventil-" oder „Sündenbockthesen" bezogen auf den modernen Antisemitismus betont. Sie zitiert u. a. einen jüdischen Witz der 20er Jahre, der auf die Behauptung eines Antisemiten, die Juden seien Schuld am Krieg, ganz einfach noch die Radfahrer als weitere „Schuldige" aufzählt, und auf diese Weise die notwendige Frage des „Warum" provoziert und unterstreicht (Arendt 1991, S. 29).

Bevor man also vorschnell den Rassismus genau wie den Antisemitismus als angeblich naheliegende Folgeerscheinung sozialer Probleme erklärt, erscheint es notwendig, seine Konzepte, Strategien und Verfahren der Proliferation genauer zu berücksichtigen. Bezogen auf die historischen Entwicklungsbedingungen des Nationalsozialismus hat Hannah Arendts Untersuchung interessanterweise auf den ihrer Meinung nach äußerst problematischen politischen Umfang mit den Flucht- und Wanderungsbewegungen im Zusammenhang mit dem 1. Weltkrieg hingewiesen.

Ein Blick auf die zu Beginn der 20er Jahre in Politik und Medien laufenden Debatten zum Thema ostjüdische Flüchtlinge und Einwanderer scheint diese Vermutung zu bestätigen. Denn hier wiederholen sich auf prekäre Weise Positionen, die Verbindungen zu rassistischen Konzepten herstellen bzw. solchen Konzepten weitere Evidenz verleihen. Wie Trude Maurers umfassende Darstellung zu ›Ostjuden in Deutschland‹ zeigt, unterstützen entsprechende politische Maßnahmen wie Razzien, Massenausweisungen und die Einrichtung von Sammellagern diese Segrationsperspektive.

1. Der „lästige Ausländer" als Thema der frühen 20er Jahre

Die große Debatte des Preußischen Landtags vom November 1922, auf die ich in diesem Zusammenhang etwas genauer eingehen möchte, stellt, ausgelöst durch eine Anfrage der DNVP, nur einen weiteren Höhepunkt einer diskursiven Eskalation dar, die dadurch gekennzeichnet ist, daß zwischen 1922 und 1923 ostjüdische Flüchtlinge und Einwanderer als besonders „lästige Ausländer" oft monatelang zum zentralen Thema der Presse werden. Dabei sind es nicht nur ausgewiesen völkische oder alldeutsche Politiker und Zeitungen, die etwa die Bedrohung der „Überschwemmung" in den verschiedensten Variationen entwerfen, sondern Vertreter aller politischen Positionen bis hin zur Sozialdemokratie stützen mit ihren Aussagen diese Vorstellungen. In der Landtagsdebatte erklärt sich der Abgeordnete Eynert von der DVP beispielsweise einverstanden mit der Forderung, daß das „Einfallstor gegen das Ostjudentum geschlossen" werden müsse, und behauptet im weiteren Verlauf seiner Rede: „Sie amalgamieren sich nicht mit dem deutschen Arbeiter" (Sitzungsberichte, Sp. 13575 u. 13579). Der Abgeordnete Fischbeck von der DDP (zeitweise auch Handelsminister der Preußischen Regierung) greift die Ungeziefer- bzw. Krankheitssymbolik auf (Sp. 13593):

> „Auch ein gesunder Körper sucht sich gegen Parasiten zu schützen, kann ihnen aber vielleicht noch eher Widerstand leisten; einen so schwachen Körper, wie unser Volk ihn jetzt darstellt, darf eine weise Regierung, wenn sie ein vernünftiger Arzt ist, nicht einer solchen Gefahr aussetzen, wie sie vielfach von dieser Einwanderung ausgeht."

Ein Abgeordneter der Wirtschaftspartei meint ganz „einfach", „daß Luft geschaffen werden" müsse, „damit diese Elemente, die hier nichts zu suchen haben, aus Deutschland hinauskommen" (Sp. 13597). Die Rede Quaet-Faslems (DNVP) endet schießlich in einem rassistischen Stakkato: Er will „das jüdische Blut langsam, aber sicher aus unserem Blutkreislauf ausmerzen", da der „Weg zur Freiheit [...] bei uns über die Reinigung unseres Volkskörpers von fremdstämmigen Blut" führe, „von einem Blut, daß das unsrige nicht auffrischt und nicht stärkt, sondern das unser deutsches Blut zersetzt und vergiftet" (Sp. 13619 f.). Die in den Protokollen verzeichneten Proteste von „links" im Gegensatz zum Beifall von

„rechts" dürfen nicht darüber hinwegtäuschen, daß sich gerade diese Rede durchaus zu Recht auf einen Artikel des „Berliner Tageblatts" vom Februar 1920 und vor allem auf die darin zitierte Eingabe des sozialdemokratischen Polizeipräsidenten Ernst an das Ministerium des Innern beziehen kann. In dem von Quaet-Faslem vorgelesenen Bericht über eine Razzia im Scheunenviertel, die – so der Zeitungstext – „bewiesen habe", wie groß die „geschilderte Gefahr" sei, wird dem Polizeipräsidenten dafür gedankt, daß er aus „eigener Initiative dieser Pest, die an dem Lebenskörper der Großstadt eitert, energisch ein Ende zu machen versucht". Der Text der Eingabe des sozialdemokratischen Politikers nennt neben der Gefahr in „kriminalistischer" und „politischer Hinsicht" vor allem die „Volksgesundheit", die „durch die Einwanderer stark gefährdet" sei. Die dabei akzentuierte Beschreibung von „Schmutz" und „Ungeziefer" erhält den Status einer symbolischen Gleichsetzung mit den Einwanderern, wenn es bereits zu Beginn über das Scheunenviertel heißt: „Es wimmelt hier von großen Mengen unlauterster Elemente." Die abschließende Forderung, „diese Ausländer bis zur Abschiebung in ihre Heimat in Gefangenenlager unterzubringen, oder richtiger gesagt, sie unschädlich zu machen", verstärkt diesen Aspekt durch die mehrdeutige Konnotation des „Schädlings" (Sp. 13615 f.).

Die Tendenz der symbolischen Codierung der ostjüdischen Einwanderer als „Ungeziefer" bestätigt sich ebenfalls in einem Artikel des mittlerweile Breslauer Polizeipräsidenten Ernst im „Vorwärts" vom 6. September 1922. Hier werden antisemitische Übergriffe, übrigens ähnlich wie in der o. g. Landtagsdebatte, durch den Hinweis auf die besondere Nähe zwischen Ostjuden und „Schiebertum" zu erklären versucht. Ernsts Text nennt sie die „Parasiten", die „ein raffiniertes Schlemmerleben" führen würden (Maurer 1986, S. 137).

Eine entsprechende symbolische Begründung erhielten dann auch die im Oktober 1923 stattfindenden Ausweisungen ostjüdischer Familien aus München. Wie an die Reichskanzlei berichtet wird, habe es dabei in den offiziellen Anordnungen geheißen, der Auszuweisende sei „ein gefährlicher Schädling am deutschen Volk, der die Wiedergesundung behindere" (Longerich 1992, S. 193).

Im November 1923 werden die Anwohner des Scheunenviertels dann Opfer eines Pogroms. Berücksichtigt man die symbolische

Struktur der typischen Medien- und Politikeraussagen, die das Thema „Ostjuden" bestimmen, so wird ein Zusammenhang zu diesen Ereignissen deutlich. Denn die Kollektivsymbole – als komplexe ikonographische Signifikanten, denen weitere komplexe Signifikate zugeordnet werden –, sind insgesamt konstitutiv für den Mediendiskurs, da sie die verschiedensten Wissensbereiche zu integrieren und auch gleichzeitig zu subjektivieren vermögen. Es erscheint deshalb nicht weiter überraschend, daß auch das Thema „Ostjuden" symbolisch bestimmt ist. Entscheidend ist vielmehr, welche Symbole in stereotyper Weise wiederholt werden. Denn bei „Flut", „Ungeziefer" und „Gift" handelt es sich um absolut negativ markierte oder, wie bei der „Flut", zumindest um äußerst ambivalente Symbole. Das Moment des „Körpers" verweist auf die mit der Symbolik entworfenen subjektiven Positionen. Diese gestalten sich hier als extremer Dualismus, als absoluter Gegensatz zwischen dem „Körper" als Bild der Identifizierung des Selbst und der „Flut", den „Parasiten" etc. als dem bedrohlichen Anderen. Durch die häufige Wiederholung können diese symbolischen Identifizierungsmechanismen enorme Abwehrhaltungen bzw. -stimmungen produzieren. D. h. auf den konkreten Fall bezogen, wenn die „Ärzte", die die Politiker symbolisieren, den „Körper" (also „uns") nicht genügend „schützen", dann erscheint es fast notwendig oder zumindest legal, selbst zu agieren, sich der bedrohlichen „Flut" als Pogrom-„Flut" entgegenzustellen.

Darüber hinaus funktioniert die Ostjudendebatte in der beschriebenen Form als diskursive Proliferation des sich seit der Jahrhundertwende verstärkt und quasi wissenschaftlich institutionalisierenden modernen Rassismus. Es sind zwei seiner grundlegenden Konzepte, die in den Medien- und politischen Diskurs integriert und damit für das Alltagswissen als Wahrnehmungsstruktur applikabel werden: Zum einen die Dominanz der genealogischen Bestimmung des Menschen durch biologische Abstammung oder Herkunft und zum anderen das Vermischungsverbot zwischen den auf diese Weise differenzierten und hierarchisierten Menschengruppen, was eben, wie allerdings nur der DNVP-Abgeordnete ausdrücklich betonte, auch bis zur radikalen Entmischung und „Ausmerze" gehen kann. Bei aller Unterscheidung ermöglichen jedoch die Aussagen der anderen Abgeordneten aufgrund der bildlichen Logik der Symbole den Anschluß solcher radikaleren Grenzziehungen im Namen des eigenen Überlebens. Die sich aufgrund der Wiederholung und mehr oder weniger bewußten Aufnahme durch die verschiedensten Politiker ergebende Stabilisierung einer solchen symbolischen Konstituierung der Ostjuden erscheint unter dieser Perspektive ein verhängnisvoller Faktor der weiteren Entwicklung gewesen zu sein.

Wenn ich diesen historischen Skizzierungen nun Überlegungen zu den rassistischen Tendenzen im aktuellen Mediendiskurs der Bundesrepublik anschließen möchte, dann nicht, um vorschnelle Analogien aufzubauen. Diese laufen bekanntlich Gefahr, durch Dramatisierungen den Blick auf die Gegenwart zu verstellen bzw. eine mehr als problematische notstandspolitische Perspektive zu unterstützen. Zugleich verbindet sich damit schnell eine Verharmlosung und Relativierung des Nationalsozialismus. Wenn es im folgenden also um die Frage nach Brüchen und Kontinuitäten rassistischer Strategien geht, dann steht im Vordergrund vielmehr die Kritik, an der, wie Detlev Peukert es formuliert hat, „trügerischen Ansicht, die industriegesellschaftliche Normalität sei harmlos" (Peukert 1987, S. 11).

Der Begriff der Normalität mit seiner mittlerweile gegebenen Assoziationsbreite verweist auf einen wichtigen Aspekt möglicher Kontinuitäten, und zwar auf ein Konzept, das Foucault als zentrale Machtstruktur der Moderne kennzeichnet. Danach konstituiert die „Normalisierung" mit ihren Verfahren der globalen Messung, statistischen Erfassung, Verdatung und Prognostik bezogen auf die Bevölkerung ein Wissen, das zugleich auch Praxis ist, nämlich Regulierungen impliziert. Die Aspekte dieser Strategien der Normalisierung, die zu Beginn des 20. Jahrhunderts nicht zuletzt durch die verstärkte Institutionalisierung von Bevölkerungswissenschaft und -politik eine gesteigerte Bedeutung erhalten, lassen sich an einem literarischen Beispiel der Zeit illustrieren. In Siegfried Kracauers 1928 anonym erschienenen Roman ›Ginster‹ heißt es zur Nachmusterung der Hauptfigur:

„Die Entziehung des [Militär-]Passes geschah auf Grund eines handschriftlich geführten Buches, in dem Ginster chronologisch genau verzeichnet war. Bisher hatte er in Unkenntnis darüber gelebt, daß eine Macht, die stets im Hintergrund blieb, ihn mit Notizen begleitete; wie ein Dauerexperiment, dessen Fortgang beobachtet werden muß. Nun war es mit der früheren Unbefangenheit vorbei. Wenn etwas nicht stimmte, saß der Fehler in seinem Leben. [...] Im eigentlichen Musterungsraum wurden zunächst statistische Körpermessungen vorgenommen."

Verweist das „Dauerexperiment" auf die gleichsam immer auch gegebene Praxisorientierung des Wissens, so akzentuiert die Frage nach möglichen „Fehlern" die Tatsache, daß es, wie Jürgen Link beschreibt, bei dieser Erfassung auch immer darum geht, einen Bereich von Normalität und entsprechende Grenzwerte zu bestimmen (Link 1992).

Auch für Kultur und Gesellschaft der Gegenwart ist das Konzept der Normalisierung bestimmend. Zwar werden heutzutage wohl kaum noch „Bücher" und diese schon gar nicht „handschriftlich" geführt, aber die an ihre Stelle getretenen neuen Technologien stellen sicherlich nur einen wichtigen Erweiterungsschub für die Erfassung und Verdatung dar. Das „Dauerexperiment" – um mit Kracauer zu sprechen – läuft also weiter und die kulturelle Funktion von Statistiken und Schaubildern hat sich eher noch gesteigert. Sie erscheinen unverzichtbar für den Mediendiskurs. Das „Schaubild des Tages" findet sich in den verschiedensten Tageszeitungen bereits auf der Titelseite und die Neugründungen verschiedener Wochenzeitschriften zeichnen sich durch den hohen Anteil von Statistiken, demoskopischen Umfragen und Schaubildern aus.

2. Der symbolische Komplex der „Grenzüberschreitung" in den 80er und 90er Jahren

Zahlen und Statistiken waren auch für die in den letzten Jahren eskalierende Thematisierung der Flüchtlinge und Zuwanderer von herausragender Bedeutung. Würde man die Frage stellen, wodurch diese Menschen zu einem angeblich so wichtigen Problem geworden seien, dann würde die Antwort sicherlich am häufigsten lauten: durch ihre „große Zahl". Sind Flüchtlings- und Wanderungsbewegungen von jeher grenzüberschreitende Bewegungen – sie bestimmen sich ja gerade dadurch, daß Landes- und Staatsgrenzen überschritten werden –, so kommt mit dem Hinweis auf die zu große Zahl eine andere Grenze ins Spiel, und zwar in Form des bekannten „Grenzwerts". Während die Überschreitung von Staatsgrenzen – jedenfalls aus der Perspektive westlicher Gesellschaften – etwas durchaus alltägliches hat, erhält die Überschreitung des angeblichen „Grenzwerts" möglicherweise katastrophale Aspekte. Der durchaus symbolische Status des „Grenzwerts", der bereits im Mediendiskurs der 80er Jahre bei der Auseinandersetzung um die ökologischen Gefahren des Industrialismus eine wichtige Rolle spielte, zeigt sich in der Übertragbarkeit auf die verschiedensten Bereiche. Angewendet auf das Thema Zuwanderung, wurde dieses Konzept zu einem wichtigen Anschlußpunkt für rassistische Konzepte im Mediendiskurs. Tendenzen einer solchen Entwicklung lassen sich insbesondere seit Beginn der 80er Jahre verfolgen. Als ein wichtiges Ereignis hat Jürgen Link die Entstehung des Begriffs „Asylanten" und dessen schnelle Verbreitung in Mediendiskurs und Politik beschrieben (Link 1988). Diese Untersuchungen zeigen anhand der zahlreichen und sich stereotyp wiederholenden Beispiele, wie dieser Begriff zu Beginn der 80er Jahre in das diskursive Feld von Flucht- und Zuwanderung in die BRD die Spaltung in normal und nichtnormal einträgt. Die sich im Medien- und politischen Diskurs schnell automatisierende symbolische Formulierung von den „Asylantenfluten" verbindet den Begriff mit Massen- und Bedrohungsvorstellungen. Durch die Kennzeichnung „Asylanten", das wird im weiteren Verlauf der Debatten immer deutlicher, werden bestimmte Flüchtlinge als gefährlich und nichtnormal ausgegrenzt.

Aufgrund der bereits durch den Begriff akzentuierten Infragestellung der Normalität erhielten statistische Grenzwertbestimmungen eine zusätzliche Evidenz. Im Sommer 1980 war es die für das Jahr prognostizierte Zahl von „über 100 000" Asylanträgen, die im Mediendiskurs als symbolischer Grenzwert funktionierte. Schlagzeilen wie „Dämme gegen die Asylanten-Springflut" (FAZ 10. 5. 1980) sorgten dafür, daß der „Zustrom von Asylbewerbern" zu einem „großen Wahlkampfthema" (FAZ 14. 7. 1980) werden konnte. Pressefotos und Fernsehaufnahmen, die in stereotyper Weise „dunkle Massen" in engen Fluren darstellten, realisierten auf ihre Weise die Flut- und Überschwemmungssymbolik. Gerade hier wurde deutlich, daß der angeblich nur juristische Begriff „Asylant" in der kollektiven Imagination mit ethnischen Merkmalen und entsprechenden Segregationsvorstellungen verbunden war.

Bereits zu Beginn der 80er Jahre wurde jedoch die immer wieder genannte „Asylantenfrage" zum Kristallisationspunkt der Ausgrenzung von Zuwanderung insgesamt und damit auch zu einem wichtigen Kristallisationspunkt rassistischer Tendenzen. Mit der zur

gleichen Zeit geführten politischen Debatte um „Rückführungs-
maßnahmen" und „Familiennachzugsbeschränkungen" wurden vor
allem die Arbeiter aus der Türkei und ihre Familien zum Thema. Bereits der „Spiegel" vom 16.6.1980 hatte den „Ansturm aus aller
Welt" als weitere Gefährdung für das bereits gegebene „Gemenge
fremder Kulturkreise" beschrieben (S. 32). Die ambivalenten
Aspekte des „Gemenges" als Bild für mögliche kulturelle Vermi-
schungen machen an dieser Stelle überdeutlich, daß auch der Begriff des Kulturkreises symbolisch eher die „Grenzen" unterstreicht.

Ein für die weitere Entwicklung sicherlich wichtiges diskursives
Ereignis sind die in der „Zeit" vom 21.11.1980 abgedruckten Aussagen des damaligen Präsidenten des DRK, Schilling. Er steigert
nicht nur die in den Vormonaten für den Mediendiskurs wichtige
symbolische Bedrohung durch die „Asylantenflut", wenn er behauptet: „Die Überschwemmung der Bundesrepublik hat stattge-
funden, ohne daß die Nation jemals bewußt dazu ja gesagt hat."
Vielmehr sind Schillings Aussagen in erschreckender Weise gekennzeichnet durch direkte Bezüge auf das völkisch-rassistische Repertoire. So sei es seiner Meinung nach „ein Gebot des Grundgesetzes,
den gefährlichen Tendenzen einer Verschmelzung extrem fremder
Minderheiten entgegenzuwirken", und auch die Kirchen müßten
zur Kenntnis nehmen, daß der größte Teil ihrer Gemeinde „seine eigene Identität behalten und nicht in einem ‚Völkerbrei' versinken
will". Mit der „gefährlichen Verschmelzung" und dem „Völkerbrei"
sind – man lese nur entsprechende Texte der völkischen Bewegung
oder der Nationalsozialisten der 20er und 30er Jahre – traditionelle
Kollektivsymbole des rassistischen Vermischungsverbots realisiert.
Schillings Schlußfolgerung, es müsse die „Repatriierung des größten
Teils der Gastarbeiter" erwogen werden, unterscheidet sich dann
auch nur durch Assoziationen wie Bildungs- bzw. Expertensprache
von den zur gleichen Zeit vermehrt auftauchenden „Ausländer-
raus"-Parolen offen rassistischer Gruppierungen. Ja, letztere erhalten auf diese Weise eine entsprechende Unterstützung.

Insgesamt stellt ein solcher Text in einer anerkannten Zeitung
des demokratischen Spektrums von einem anerkannt konservativen
Politiker und Funktionsträger sicherlich einen wichtigen Schritt innerhalb der diskursiven Entwicklung dar, in deren Verlauf Ausgren-
zungsperspektiven und damit auch rassistische Strategien wieder
an Akzeptabilität gewinnen konnten. Verstärkt wurde dies im wei-

146

teren Verlauf dadurch, daß auch SPD-Politiker, wie der damalige hessische Ministerpräsident Börner, in der „Westdeutschen Allgemeinen Zeitung" (10. 7. 1981) entsprechende Worte finden: „Es kommt, solange ich in Hessen zu sagen habe, kein Türke mehr ins Land!"

Anhand von Zahlen und Statistiken wurde in dieser Debatte ebenso der symbolische Komplex des Grenzwerts wichtig. Für die Sitzung des Deutschen Bundestages vom 29. 10. 1981 formulierte beispielsweise der Abgeordnete Lampersbach (CDU/CSU) folgende schriftliche Abfrage:

„Trifft es nach Auffassung der Bundesregierung zu, daß – wie ein Experte für Bevölkerungsfragen (Professor Dr. Schmidt-Kaler, Bochum) meint – bei einem Ausländeranteil von 12 v. H. der Gesamtbevölkerung eine ‚kritische Marke' erreicht sei?"

Die willkürlich erscheinende Zahlennennung erhält durch die Kennzeichnung „kritische Marke" ihre symbolische Bedeutung als Grenze der Normalität. Dabei deutet sich bereits an, daß die für unsere Kultur eingängige Perspektive der Normalisierung mit ihren scheinbar harmlosen statistischen Erfassungen und Zahlennennungen zugleich auch dazu tendieren kann, die Einwanderer selbst als das nicht Normale zu konstituieren und entsprechend zu qualifizieren. Diese symbolische Aufladung der Zahlen verläuft dabei zusätzlich über die Verbindung mit anderen negativen Statistiken oder Symbolen. Der in der schriftlichen Anfrage genannte Experte hatte u. a. in einem Leserbrief, abgedruckt in der FAZ vom 14. 8. 1981, versucht, den Grenzwert populär zu machen. Angesichts der Sparbeschlüsse der Regierung werden „Kosten" aufgezählt, die von den „Ausländern" verursacht würden, und zwar sowohl von den „eingeschleusten ‚Asylanten'" also auch von „den ‚normal' hereingekommenen Ausländern". Bereits die Anführungszeichen, in die dabei das Wort „normal" gesetzt ist, stellen die Normalität dieser nichtdeutschen Zuwanderer in Frage. Die Markierung als das Nichtnormale vollendet jedoch die Symbolik der „Zeitbombe" Kriminalität mit ihren drohenden „Aufwendungen in Milliardenhöhe".

Schmidt-Kaler gehörte dann auch zu dem Unterzeichnerkreis des Ende 1981 veröffentlichten ›Heidelberger Manifests‹ deutscher Hochschullehrer, das bezüglich der Initiatoren und ihrer Argumentationen einen für die Bundesrepublik zu diesem Zeitpunkt neuen

Zusammenschluß von anerkannt konservativen Positionen und deutlich rassistischen Konzeptionen darstellt (kultuRRevolution, 1983).

Alfred Dreggers Grundsatzrede zur „Ausländerproblematik" am 4. 2. 1982 vollzieht dann auch im Bundestag eine Verbindung von zahlenmäßigen Grenzwerten und einer Hierarchisierung von Bevölkerungsgruppen inklusiver deutlich rassistischer Vermischungsverbote. Ihm geht es nämlich um die Berücksichtigung der „wesentlichen Unterschiede zwischen den verschiedenen Ausländergruppen", denn, so Dregger: „Je näher die Ausländer dem aufnehmenden Volk stehen, um so mehr können es sein." Er stellt eine Hierarchie von vier Gruppen auf, an deren Spitze „Menschen mit einer fremden Staatsangehörigkeit, aber deutscher Sprache mit Kultur" stehen. Es folgen diejenigen aus „dem europäischen Kulturkreis". Zwei weitere Gruppen werden mit den folgenden Bemerkungen auf die unteren Plätze einer solchen Wertungsskala verwiesen:

„Türken [...] sind aber nicht nur nicht zu assimilieren, sie sind auch nur schwer zu integrieren. [...] Eine vierte Ausländergruppe, der wir begegnen, sind die Menschen aus den asiatischen und afrikanischen Ländern."

Die scheinbar graduelle und flexible Bestimmung eines zahlenmäßigen „Grenzwerts" wird durch die Vorstellung einer die Menschen genealogisch determinierenden „Kulturkreisgrenze" als Vermischungsgrenze fixiert. Wenn Dreggers Rede „Assimilation" in gleicher Weise wie „Integration" als Kriterium heranzieht, dann ist dies gleichzeitig ein Hinweis auf mögliche Verbindung zwischen den kulturalistisch argumentierenden und den traditionell biologistisch operierenden Segregationskonzepten. Insgesamt haben die beschriebenen Politiker- und Medienaussagen zum Thema Zuwanderung dazu geführt, rassistischen Positionen Anschlußmöglichkeiten an Mediendiskurs und Alltagswissen in der Bundesrepublik zu schaffen. Die dafür wichtige diskursive Verbindung von Zuwanderungszahlen und dem symbolischen Komplex des „Grenzwerts" und der „Belastungsgrenze" sorgte für eine entsprechende Wahrnehmung und mediale Verarbeitung immer dann, wenn es aufgrund von Kriegen und Bürgerkriegen zu einer Steigerung der Flucht- und Zuwanderungszahlen kam. Erinnert sei etwa an die gigantische „Asylantenflut" im Mediendiskurs der Sommermonate des Jahres 1986.

148

Die sogenannte Asyldebatte des Sommers 1991 unterschied sich, was Ausmaß sowie Art und Weise angeht, deutlich von den vorhergehenden Jahren und hatte dann auch die sich spätestens im September/Oktober zeigenden Folgen. Im Juli und August verging wohl kaum ein Tag, an dem nicht in Schlagzeilen der unterschiedlichsten Medien – Zeitungen, Fernsehen, Rundfunkkommentaren – die „Asylanten" zum Thema wurden. Erinnert sei außerdem an die zwei großen Bildzeitungsserien mit entsprechender Aufmachung und großflächiger Plakatierung. Wichtiger Ausgangspunkt waren auch hier die Zahlen und Statistiken. Die von der Verwaltungsbürokratie erfaßten und veröffentlichen Zahlen wurden im Mediendiskurs zur absoluten „Grenzüberschreitung". Dafür sorgten u. a. Kommentare, wie der aus der „Welt" (6. 8. 1991), in dem Ulrich Reitz unter dem Titel ›Asylfrage wird akut‹ schreibt:

> „Der Bundesrepublik steht in diesem Jahr ein Rekordzugang ins Haus: Letztes Jahr kamen 190 000 Ausländer zu uns. Schon dies war Nachkriegsrekord. In diesem Jahr werden es weit mehr als 200 000 sein. Denn wir liegen 15 Prozent über der alten Rekordmarke."

Die Rekurrenz des „Rekords" betont hier die Grenzüberschreitung, wobei auffälligerweise von „Ausländern" gesprochen wird.

Eine besondere Bedeutung für die Verarbeitung von Zahlen und Statistiken im Mediendiskurs haben die bereits genannten Schaubilder. Hier wiederholten sich Abbildungen steil ansteigender Kurven, die oft noch mit negativ akzentuierendem Bildmaterial, etwa einem typischen Foto von „dunklen Massen", unterlegt waren. Daneben erschienen zahlreiche Zeichnungen, die an militärische Krisenszenarien erinnerten. Anhand eines dafür typischen Beispiels aus dem „Spiegel" vom 9. September 1991 seien die bildlichen Elemente etwas genauer beschrieben. Unter dem Titel ›Breiter Strom vom Balkan‹ geht es bei diesem Schaubild um die, wie es heißt, „Rangfolge der wichtigsten Herkunftsländer". Flüchtlingszahlen, Ländernamen und Anerkennungsquote sind in neun verschieden große Dreiecke einer Landkarte der Bundesrepublik eingezeichnet. Bereits die Flächendimensionen stellen eine erstaunliche Relation zwischen Flüchtlingszahlen und Bundesrepublik her. Schiebt man etwa die Dreiecke zusammen, so wäre die Karte der BRD zumindest völlig bedeckt. Verbunden mit der Flutsymbolik des Titels kann die Bundesrepublik auf diese Weise zu einer durch

„Überflutung bedrohten Insel" werden. Gleichzeitig ergibt sich die mögliche Assoziation eines militärischen Aufmarschplanes und damit die Vorstellung einer „Einkreisung" bzw. „Einkesselung", zumal dieser militärische Kontext bereits durch den Titel des Beitrags ›Ansturm der Armen‹, in den die Grafik integriert ist, aufgebaut wird. Der „Spiegel" vom 9.11.1992 wiederholt übrigens dieses Schema mit verschärfter Akzentuierung. Die Dreiecke sind noch größer und ihre Fläche ergibt ein Vielfaches der noch kleiner gezeichneten BRD-Landkarte.

Verbildlichungen dieser Art trugen dazu bei, daß die Flüchtlingszahlen als symbolische Zahlen zum Medienereignis wurden. Inszeniert als Überschreiten eines „Grenzwerts" wurden sie zum Zeichen einer gefährlichen Denormalisierung. In diesem Sinne funktionierten die Schaubilder insbesondere aufgrund ihrer Vernetzung mit der gesamten Mediensymbolik zum Thema Asyl. Die bereits genannte „Flut" nimmt innerhalb dieser Symbolik eine herausragende Position ein. Schäubles Forderung „Asylantenflut stoppen" wurde Anfang August 1991 in den verschiedensten Schlagzeilen zitiert. Die „Uferlosigkeit" wurde beklagt. Von fehlenden „Dämmen" gegen „Überschwemmungen" war die Rede. Fotos und Fernsehbilder, die typischerweise „dunkle Massen" in engen Fluren oder Begrenzungen zeigten, wiederholten diese Überflutungssymbolik. Die damit verbundenen Imaginationen der bedrohten „Insel" BRD/ Westeuropa wurden in Karikaturen realisiert. Neben der bedrohten „Insel" war es das „Boot", das durch „Überflutung" bedroht war. Die „Schotten" seien „dicht" zu machen. Aber auch von „Schlupflöchern", „Invasionen", „Einfallstoren", „neuentstandenen Flanken" war die Rede. Wiederholt wurde, was ja auch bereits der symbolische Begriff des „Schleppers" impliziert, die Verbindung von Flüchtlingen und Krankheit einerseits sowie andererseits die von Flüchtlingen und Drogen nahegelegt. Gesprochen wurde etwa von der „Überdosis". An dieser exemplarischen Zusammenstellung wird die symbolische Konstituierung des Phänomens Flucht/Einwanderung in die BRD deutlich als drohende „Überflutung", „Invasion", „Krankheit" und „Vergiftung" durch „Drogen". Die BRD bzw. die/ der Einzelne als von „Fluten bedrohtes Haus" oder „Boot" von „Krankheit" und „Vergiftung" bedrohter „Körper" etc. Alle diese Imaginationen tendieren aufgrund der bildlichen Logik bereits zu einer absoluten Fixierung der verschiedenen symbolischen Grenzen.

150

Eine notwendige Grenzfixierung, die jede und jeder einzelne noch als die eigene Körpergrenze identifizieren oder nachvollziehen kann. Aufgrund dieser sich im Mediendiskurs enorm stabilisierenden symbolischen Konstellation konnten sich nicht nur entsprechend gewaltbereite Gruppen legitimiert, wenn nicht gar aufgefordert fühlen, zu handeln und eben auf ihre Weise „Dämme" zu bauen bzw. selbst zur Gegenflut zu werden.

Aber auch die gesamte kulturelle und gesellschaftliche Formation der Bundesrepublik erfährt dadurch möglicherweise eine einschneidende Veränderung. Läßt sich die beschriebene diskursive Entwicklung doch als ein Prozeß begreifen, in dem sich die Konstituierung der Zuwanderer als das Nichtnormale an sich vollzog. Über die für den normalisierenden Blick unserer Gesellschaft zentrale Symbolik des „Grenzwerts" konnten sich rassistische Konzepte im Mediendiskurs der BRD herausbilden und entsprechend agieren. Zentral dafür war die mediale und politische Verarbeitung des Themas Flüchtlinge und Zuwanderer, bei der sich die Beschwörung der absoluten Abschottung durchsetzte. Lieferte die symbolische Verarbeitung die Imaginationen, die Phantasmen dieser Grenze, so institutionalisierten die politischen Maßnahmen ihrerseits eine solche Segregationsperspektive. Die Asylrechtsänderung, die einer völligen Abschottung der BRD gleichkommt, Grenzsicherung durch Wachmannschaften – bei denen dann auch noch Teile der Bevölkerung angeworben werden und so die Zivilgesellschaft in die Grenzschutzperspektive integriert und mit ihr identifiziert wird –, Infrarotbewachung, Vorschläge wie Sprangers „Aids-Test" und schließlich die bereits praktizierte zwangserkennungsdienstliche Erfassung der Asylsuchenden und die Verdatung ihrer Fingerabdrücke machen diese Abgrenzungsperspektive komplett. Sowohl die kollektiven Imaginationen als auch die Praktizierung solcher absoluten Grenzen, Zäsuren und Vermischungsverbote zwischen Bevölkerungsgruppen sind zumindest Voraussetzung für eine weitere rassistische Ausrichtung oder besser Zurichtung der Gesellschaft. Schließlich sind Abschottungs- und Homogenitätsphantasmen alles andere als funktional für eine demokratische Gesellschaft.

Blickt man nun erneut auf die oben beschriebenen Kampagnen der zwanziger Jahre, so werden Unterschiede, aber auch mögliche problematische Kontinuitäten deutlich. Biologistische Konzepte, die „Säuberungen", „Ausmerze" so nahelegen, finden sich im gegenwärtigen Mediendiskurs – zumindest was den hegemonialen Bereich angeht – nicht. Begriffe wie „Schmarotzer" oder „Durchrassung" sind in offiziellen Politikerreden skandalöse Ausrutscher. An der sich abzeichnenden Stabilisierung der „Kulturkreiskonzepte", des „Grenzwerts", der beschriebenen kollektivsymbolischen Formierung des Themas Zuwanderung sowie der entsprechenden „Überfremdungsvorstellung" beteiligen sich jedoch nach wie vor die verschiedensten Medien und Politiker des anerkannt demokratischen Spektrums. Gerade dadurch können aber radikalere Vermischungsverbote bzw. Entmischungsphantasien an Akzeptanz gewinnen.

Insofern läßt sich abschließend – mit durchaus aktuellen Bezügen – Joseph Roth zitieren, der 1925 gegen den zunehmenden Entmischungsfanatismus einwendet (Werke, 2, S. 481 f.):

„Welch eine lächerliche Furcht der Nationen, und sogar der europäisch gesinnten unter den Nationen, diese und jene ‚Eigenart' könnte verlorengehn und aus der farbigen Menschheit ein grauer Brei werden! Aber Menschen sind keine Farben, und die Welt ist keine Palette! Je mehr Mischung, desto mehr Eigenart!"

Literatur

Arendt, H.: Elemente und Ursprünge totaler Herrschaft. München/Zürich 1991.

Kracauer, S.: Ginster. Frankfurt/M. 1972.

„kultuRRevolution". zs. f. angewandte diskurstheorie. nr. 2. „ausländer in deutschland". Bochum, Februar 1983.

Link, J.: Medien und „Asylanten": Zur Geschichte eines Unworts. In: D. Thränhardt/S. Wolken (Hrsg.): Flucht und Asyl. Informationen. Analysen. Erfahrungen aus der Schweiz und der Bundesrepublik. Freiburg i. B. 1988, S. 50–61.

Link, J.: Normalismus – Konturen eines Konzepts. In: „kultuRRevolution". zs. f. angewandte diskurstheorie. nr. 27. Bochum 1992.

Longerich, D. (Hrsg.): Die Erste Republik. Dokumente zur Geschichte des Weimarer Staates. München 1992.

Maurer, T.: Ostjuden in Deutschland. 1918–1933. Hamburg 1986.

Peukert, D. J. K.: Die Weimarer Republik. Krisenjahre der Klassischen Moderne. Frankfurt/M. 1987.

Roth, J.: Die weißen Städte. In: ders.: Werke 2. Das journalistische Werk 1924–1928. Hrsg. v. Klaus Westermann. Köln/Amsterdam 1990, S. 451–506.

Sitzungsberichte des Preußischen Landtags. 10. Bd. Berlin 1923.

152

Gunter Klosinski

Intrafamiliale Gewalt

1. Einleitung

Aus der Sicht der Kriminalpolizei ist Gewaltkriminalität Männersache. Diese Feststellung ist nicht nur für die Bundesrepublik
Deutschland, sondern weltweit zutreffend. Dabei bezieht sich die
Aussage auf die intra- und extrafamilialen Gewaltdelikte schlechthin. Für Gewalttaten in der Familie gilt die Aussage hingegen nur
bedingt: Sie ist richtig, was die Vergewaltigung in der Ehe anbe-
langt und den sexuellen Mißbrauch von Eltern gegenüber ihren Kindern. Was kann nun als Gewaltausübung in der Familie verstanden
werden? Was ist gesunde Selbstbehauptung und erforderliche erzieherische Maßnahme und was ist eindeutig Machtmißbrauch und
wann besteht ein Handlungsbedarf zum Schutz der Opfer? Was
kann und muß präventiv geschehen?

Ich werde meine Ausführungen wie folgt gliedern: Zunächst
werde ich definieren, welche Formen intrafamilialer Gewalt zu unterscheiden sind. Ich werde dann zweitens auf die Ursachen und
drittens auf die Folgen intrafamiliär ausgeübter Gewalt eingehen
und schließlich viertens auf die Frage der Prävention zu sprechen
kommen.

2. Intrafamiliale Gewalt:
Begriffsdefinition, unterschiedliche Formen intrafamilialer Gewalt, Häufigkeitsvorkommen

Der Gewaltbegriff hat eine Inflation erfahren. Unter Gewalt wird
meist die körperliche Gewalt verstanden. Es soll hier Gewalt und
Mißhandlung weitgehend synonym verwandt werden. Es geht um
Ausübung von Macht und Unterdrückung, wobei es fließende Über-

gänge gibt von extremsten Formen des intrafamilialen Machtmiß-
brauches bis hin zu subtilen Spielarten, die versteckt, indirekt und
lediglich angedeutet zu erkennen sind. Gewalt ist immer angelegt
in einem Abhängigkeitsverhältnis und wird zur Durchsetzung
dieser Abhängigkeit bzw. Unterdrückung meist gezielt eingesetzt.
Menschen haben seit jeher die Gewalt als ein einfaches Mittel zur
Problemlösung auf egozentrische Art benutzt. Das kann zur Gewalt gegen sich selbst, zum Suizid als Problem- oder Konfliktlösung
führen. Man kann zwischen konstruktiver und destruktiver, zur Gewalt gewordenen Aggression unterscheiden. Intrafamilial sich ma-
nifestierende Gewalt dokumentiert sich durch folgende Erscheinungsformen:

1. Eltern-Kind-Gewalt
   (Gewalt von Eltern gegenüber ihren Kinder in Form von körperlicher Züchtigung [Battered-Child-Syndrome], sexuellem Mißbrauch, seelischen und/oder emotionalen Mißbrauchsformen
   sowie von Vernachlässigung);
2. Partner-Gewalt
   (Mißhandlung und Vergewaltigung des Ehepartners);
3. Gewalt der Jugendlichen gegenüber ihren Eltern
   (das sogenannte Battered-Parent-Syndrom);
4. Gewaltformen zwischen Geschwistern
   (die Geschwisterrivalitäten, der Geschwisterstreit).

Selbstverständlich macht die Gewalt auch nicht halt, wenn noch
Großeltern mit in einer Familie leben. Auf diese Ausprägung soll
im Zusammenhang dieses Buches allerdings nicht eingegangen
werden.

Wie häufig kommt intrafamiliale Gewalt vor? Zuverlässige
Zahlen gibt es für die BRD nicht. Nach der polizeilichen Kriminalstatistik sind im Jahre 1991 im gesamten Bundesgebiet 1571 Fälle
von Kindesmißhandlung polizeilich registriert worden sowie
14 554 Fälle von sexuellem Mißbrauch. $3/4$ der Opfer waren Mädchen. Die Dunkelfeldschätzung geht von 400 000 Fällen Kindesmißhandlungen pro Jahr und 250 000 bis 300 000 Fällen von sexuellem Mißbrauch aus.

Während es bei der körperlichen Züchtigung und dem sexuellen
Mißbrauch vom Definitorischen her noch relativ einfach zu sein
scheint, ist das Problem des emotionalen Mißbrauchs weitaus komplexer und auch schwieriger zu fassen. Nicht alle erzieherischen

Maßnahmen sind gleichbedeutend mit einem psychischen Mißbrauch und es gibt ein Kontinuum von einem angemessenen „normalen" erzieherischen Verhalten der Eltern den Kindern gegenüber, bis hin zu eindeutigen Mißhandlungssituationen.

Eine aus meiner Sicht weit gefaßte, aber notwendige und brauchbare Definition von Kindesmißhandlung hat Haessler (1985) gegeben:

> „Kindesmißhandlung ist eine nicht zufällige, bewußte oder unbewußte, gewaltsame, psychische und/oder physische Schädigung, die in Familien oder Institutionen (z. B. Kindergärten, Schulen, Heimen) geschieht und die zu Verletzungen, Entwicklungshemmungen oder sogar zum Tode führt, und die das Wohl und die Rechte eines Kindes beeinträchtigt oder bedroht."

Es ist in dieser Definition der Kindesmißhandlung vom Kindeswohl und von den Rechten des Kindes die Rede. Dieser Begriff des Kindeswohls, der sich im bürgerlichen Gesetzbuch wiederfindet, ist ebenfalls vage. Wenn es um die Rechte eines Kindes geht, dann muß hier auf die „Erklärung der Rechte eines Kindes" verwiesen werden, die am 20. November 1959 von der Vollversammlung der Vereinten Nationen einstimmig angenommen wurde. In 10 Grundsätzen legt diese Erklärung die Rechte fest, auf die jedes Kind Anspruch hat:

Kinder haben

1. das Recht auf Gleichheit, Unabhängigkeit von Rasse, Religion, Herkunft, Geschlecht;
2. das Recht auf eine gesunde geistige und körperliche Entwicklung;
3. das Recht auf einen Namen und eine Staatszugehörigkeit;
4. das Recht auf genügende Ernährung, Wohnung und ärztliche Betreuung;
5. das Recht auf besondere Betreuung, wenn es behindert ist;
6. das Recht auf Liebe, Verständnis und Fürsorge;
7. das Recht auf unentgeltlichen Unterricht, auf Spiel und Erholung;
8. das Recht auf sofortige Hilfe bei Katastrophen und Notlagen;
9. das Recht auf Schutz vor Grausamkeit, Vernachlässigung und Ausnutzung;
10. das Recht auf Schutz vor Verfolgung und auf eine Erziehung im Geiste weltumspannender Brüderlichkeit und des Friedens.

Es wird jedem einleuchten, daß bei Familienkonflikten kurzfristig das Recht auf Liebe, Verständnis und Fürsorge der Kinder beeinträchtigt oder bedroht ist. Demnach läge nach Haessler eine Kindesmißhandlung vor. An diesem Beispiel wird deutlich, daß eine definitorische Abgrenzung, was Kindesmißbrauch noch nicht ist bzw. sicher ist, problematisch ist.

In der oben genannten Definition von Haessler (1985) wird auch das Problem der Bezugsnorm, das die Unterscheidung zwischen einem „angemessenen" oder nicht-schädigenden und einem mißhandelnden Elternverhalten erschwert, aus dem Bereich der elterlichen Handlungen auf den Bereich der Auswirkungen beim Kind verschoben. Da kindliche Verhaltensstörungen in ihren Manifestationsformen hochgradig alters- und entwicklungsabhängig, zudem in vielen Bereichen reversibel sind, sind Aussagen über Art, Umfang und Dauer der kindlichen Beeinträchtigung nur nach altersabhängigen, qualitativ oftmals unterschiedlichen Kriterien möglich. – Auf die Definition der körperlichen Mißhandlung möchte ich hier nicht näher eingehen, hingegen mich der schwierigen Definition intrafamilialen sexuellen Mißbrauchs zuwenden. Fegert und Fey (1987) definieren diesen Mißbrauch wie folgt:

„Als intrafamilialer sexueller Mißbrauch werden sexuelle Handlungen in einer Pseudopartnerschaft zwischen zwei Personen bezeichnet, die entweder nahe verwandt sind, oder sich selber als nahe Verwandte oder als sehr vertraut erleben (Stiefeltern, Partner der Mutter, Stiefgeschwister, Babysitter etc.), wobei diese Personen einen strukturellen Unterschied hinsichtlich Macht und Verantwortung, sowie unterschiedliche soziale und emotionale Reife und sexuelle Informiertheit trennen."

Noch schwieriger wird es, wenn wir den Bereich der psychischen Mißhandlung (Psychological maltreatment) definieren wollen. Engfer (1986) nennt drei zentrale Merkmale der psychischen Mißhandlung:

1. *Die Ablehnung des Kindes:*
   Dem Kind wird das Gefühl der eigenen Wertlosigkeit vermittelt, indem es ständig kritisiert, herabgesetzt, überfordert, zum Sündenbock gemacht wird, oder indem ihm ein Geschwisterkind ostentativ vorgezogen wird.
2. *Terrorisierung des Kindes:*
   Das Kind wird mit Drohungen geängstigt, eingeschüchtert.
3. *Das Kind wird isoliert:*

156

Es wird eingesperrt, von Außenkontakten abgeschnitten und es wird ihm das Gefühl der Einsamkeit und der Verlassenheit vermittelt.

Die psychische Mißhandlung kann demnach nur darüber definiert werden, was das Kind ängstigt, bedroht und in der Entwicklung seines Selbstwertgefühles beeinträchtigt. Da jede Form der Mißhandlung (auch die körperliche Züchtigung und der sexuelle Mißbrauch) mit psychischen Beeinträchtigungen des Kindes einhergeht, muß der Schutz des Kindes vor psychischer Mißhandlung das zentrale Anliegen aller Kinderschutzbemühungen sein. Der Kinder- und Jugendpsychiater sieht in der Sprechstunde häufig diese Formen seelischer Gewaltanwendung in allen ihren Spielarten. Beispiele:

Isolation und *Ausschluß:* Die Kinder werden im Badezimmer oder im Keller eingesperrt, ihr Umgang mit anderen Kindern wird massiv eingeschränkt. Schüler werden in der Klasse isoliert, geraten in Sündenbock-Rollen oder werden, ungeachtet bestehender Kinderfreundschaften, bei Klassenwechsel verschoben.

Bedrohung und *Beschämung:* Kleine Kinder werden mit Schauermärchen eingeschüchtert, etwa vom bösen Mann, der sie holen und in den Sack stecken wird. Man droht, sie wegzugeben oder im Stich zu lassen (ich laufe davon, wenn Du Dich so benimmst). Man droht Kindern mit brutalen Mißhandlungen, wie „ich schlage Dich tot", „ich werfe Dich aus dem Fenster". Sie werden in Schulklassen bloßgestellt, ihre Arbeit wird als Pfusch vor den Augen aller zerrissen. Oder das Kind wird bei Verwandten und Bekannten wie eine Puppe vorgezeigt und muß dabei „das Männchen" machen, z. B., indem es die Tante freundlich anlächelt, auch wenn ihm dazu gar nicht zumute ist (Herzka 1989).

Erpressung und *Korruption:* Das Kind wird mit der Androhung des Entzuges der für seine Entwicklung lebensnotwendigen Zuwendung gezähmt, oder Zuwendung wird nur als Belohnung für erwünschtes Verhalten gewährt. Geschenke und Taschengeld werden als Druckmittel im Sinne der Korruption eingesetzt, bis zum Vorenthalten von Ausbildungsbeiträgen durch die Eltern an ihre Jugendlichen, welche sich dieses Geldes in ihren Augen nicht würdig erweisen. Kinder werden von einem Elternteil unter Druck gesetzt, sich mit ihm zu verbünden und sich dem anderen Elternteil zu entziehen oder entgegenzustellen. Dies geschieht nicht nur bei Eltern, die in Scheidung stehen oder geschieden sind, sondern häufig auch während Streitigkeiten der Eltern oder zwischen den Eltern und Großeltern. Wohlgemerkt: Solche Anwendungen von seelischer Gewalt kommen zumindest in Ansätzen in jeder Kinderstube vor und werden von nahezu allen Eltern mehr oder weniger häufig praktiziert. Das Problem der seelischen Gewalt läßt sich eben nicht auf eine Minderheit, die davon übertriebenen Mißbrauch macht, reduzieren!

3. Ursachen intrafamilialer Gewaltanwendung

Hinsichtlich der Ursachen intrafamilialer Gewaltanwendung gilt es zu unterscheiden zwischen:
1. Faktoren seitens des Kindes,
2. Faktoren seitens der Eltern und
3. Merkmale der Familie als Ganzes.

Alle Gewaltphänomene innerhalb der Familie müssen in ihrem jeweiligen Kontext gesehen werden. Dieser umfaßt nicht nur die unmittelbar Beteiligten (in klassischer Terminologie: Täter und Opfer), sondern das gesamte System Familie und dessen Verflechtung mit seinem Umfeld, die Lebensbedingungen der Familie und die gesellschaftlichen Bedingungen. So löst z. B. der Begriff "Battered-Child-Syndrome" die Kindesmißhandlung von der Person des Mißhandelnden und bringt sie in den sozialen Kontext, aus dem heraus sie verständlich wird.

Brinkmann (1984) hat die Verschränkung komplexer individueller und sozioökonomischer Ursachen von Mißhandlung und Vernachlässigung wie folgt formuliert:

„Gewalt gegen Kinder wird inszeniert: die Akteure sind präpariert – die Eltern durch kindheitsgeschichtliche Erfahrungen mit Gewalt, mit einem gering entwickelten Selbstwertgefühl, mit geringer Ich-Stärke, geringen Sozialkompetenzen; mit verfestigten und im Augenblick unerfüllbaren Erwartungen aneinander und an das Kind; das mißhandelnde Kind mit schwierigen, das Zusammenleben belastenden und die Eltern überfordernden Eigenarten und Besonderheiten. Die Bühne sind die materiellen familiären Lebensverhältnisse: finanzielle Sorgen, einengender Wohnraum, unsicherer Arbeitsplatz, Überanstrengung durch Schichtdienst oder Akkord, Vorschriften und Forderungen von innen und außen, von den Nachbarn und anderen Kontrolleuren; eine Kette von Belastungen, Entbehrungen und Streßfaktoren ohne Ventil, ohne Rückzugsmöglichkeit, isoliert von entlastenden sozialen Netzen und Unterstützungssystemen. Die Sprache folgt dem sozialen Code der Gewalt und dem öffentlich-rechtlich legitimierten, konkret und medial übermittelten Angebot handgreiflicher Umgangsformen und harter Erziehungs- und Disziplinierungsmaßnahmen."

Im Hinblick auf das Zustandekommen intrafamilialer Gewalt möchte ich nun auf die jeweiligen drei Hauptfaktoren Kinder, Eltern und Familie als Ganzes eingehen.

3.1 Faktoren und Merkmale mißhandelter Kinder und die Situation ihrer Geschwister

a) Alter des Kindes:
Kindesmißhandlung kann in jeder Altersgruppe auftreten. Schwere körperliche Mißhandlungen betreffen aber besonders stark Säuglinge im 1. Lebensjahr (bis 22%). Später, in der sogenannten Trotzphase des Kleinkindes (2. und 3. Lebensjahr) ist nochmals ein Höhepunkt von Kindesmißhandlung auffällig. Der sexuelle Mißbrauch kommt in der Präpubertät und Pubertät erhöht zum Vorschein, kann aber schon im Kleinkindesalter erfolgen.

b) Geschwisterposition des Kindes:
Erstgeborene Kinder scheinen häufiger zu Opfern von Mißhandlungen zu werden als spätgeborene, insbesondere Einzelkinder. Erstgeborene mißhandelte Kinder sind häufig vor- oder unehelich geborene Kinder, die Schwangerschaft war oft nicht geplant und die Mütter sind bei der Entbindung noch sehr jung.

c) Risikofaktoren aus Schwangerschafts- und Geburtskomplikationen:
Unter den mißhandelten Kindern ist der prozentuelle Anteil von Frühgeborenen bzw. von Mangelgeburten unter 2500 Gramm zwei- bis dreimal so hoch wie im Bevölkerungsdurchschnitt (ich beziehe mich hier auf Angaben von Engfer). Wir wissen, daß sich die Entwicklung solcher Kinder mit erhöhtem Geburtsrisiko am Anfang ihres Lebens verzögert. Es entsteht das, was wir als „schwieriges Kind" bezeichnen: Es kommt zu Verhaltensproblemen.

d) Verhaltensprobleme als Tatanlaß:
Kindesmißhandlungen entstehen aus krisen- oder konflikthaften Erziehungssituationen, wobei vordergründig Verhaltensprobleme

des Kindes der Anlaß für ausufernde körperliche oder psychische Bestrafung sind: Es sind vor allen Dingen das Einnässen, das Einkoten des Kindes, gefolgt von Trotz und Ungehorsam. Bei älteren Kindern können Lügen, Stehlen und Schulprobleme Anlässe für Bestrafungen aller Art sein.

3.2 Faktoren seitens der Eltern

11 bis 25% der mißhandelnden Eltern sind als Kinder selbst mißhandelt worden: Sie haben damit Vorerfahrung mit Mißhandlungen, Vernachlässigungen und körperlicher Züchtigung. Ein nicht geringer Teil mißhandelnder Eltern ist psychiatrisch auffällig: Alkoholismus, psychotische oder schwere neurotische Erkrankungen und Persönlichkeitsstörungen, Persönlichkeitszüge wie mangelnde Impulssteuerung, Isolationstendenz und hohe Angstpegel erhöhen das Risiko, in Belastungssituationen mit körperlicher Gewaltanwendung zu reagieren.

Aber auch nicht primär auffällige Eltern können durch chronische Belastungssituationen in eine Überforderung hineingeraten, aus der heraus sie mit Gewalt reagieren: Ich denke an jene Mütter mit mehreren Kindern, die ein chronisches Schlafdefizit aufweisen, weil die Kleinkinder nachts nicht durchschlafen und die durch Beruf und Haushalt mehrfach belastet sind. Partnerschaftskonflikte sind die am häufigsten genannten Streßfaktoren, sie kommen in 55% der Familien vor, die durch Mißhandlung auffällig werden (Untersuchung von Engfer 1986).

Mißhandelnde Eltern sind überdurchschnittlich häufig vorbestraft. Insgesamt sind Mißhandlungen bei jüngeren Eltern häufiger als bei älteren.

3.3 Merkmale der Familien als Ganzes

Körperliche Mißhandlung und Vernachlässigung kommt in unteren Sozialschichten häufiger vor. Die Lebenssituation ist dort gekennzeichnet durch Armut, schlechte Wohnverhältnisse und durch einen hohen Anteil von Arbeitslosen- und Sozialhilfeempfängern. Kinderreiche Familien sind unter den mißhandelnden Familien überrepräsentiert. Mißhandelnde Familien gelten als sozial isoliert.

160

Es muß aber festgestellt werden, daß die hier aufgeführten Merkmale in Familien mit intrafamilialer Gewalt, wie sie hier beschrieben wurden, nicht nur für Kindesmißhandlung typisch sind, sondern sie sind gleichzeitig gute Prädiktoren für viele andere Formen der Delinquenz (Einbruch, Diebstahl usw.), Prostitution, Gewaltverbrechen, Alkoholismus und plötzlichen Kindstod.

Festzuhalten gilt, daß Gewalt gegen Kinder erschreckend häufig eine gescheiterte Eltern-Kind-Beziehung darstellt und immer dann als bedenklich oder als schwerwiegend einzuschätzen ist, wenn es sich um eine chronische Beziehungsstörung handelt. Aus der Sicht der Kinder- und Jugendpsychiatrie stellen Eltern, die Mißhandlungen oder Vernachlässigungen ihrer Kinder vornehmen, häufig überhöhte und verfrühte Forderungen an ihre Kinder in bezug auf den Entwicklungsstand. Mitunter erwarten solche Eltern, von ihren Kindern geliebt und versorgt zu werden, ein Phänomen, das wir als "Role-Reversal" oder „Rollenumkehr" benennen. Häufig erwarten Eltern von ihren Kindern unbedingten Gehorsam, Bravheit und Respekt vor der elterlichen Autorität. Sie haben eine irrationale Angst davor, daß sich „das Schlechte" im Kind durchsetzen könnte, daß das Kind durch Nachgiebigkeit verwöhnt oder verzogen werden könnte. Deshalb versuchen sie mit harten Disziplinierungsmaßnahmen „das Schlechte" im Kind zu unterdrücken und haben dabei das Gefühl, damit auch für das Kind „das Richtige" zu tun. Intrafamiliale Gewalt wird auch von gesellschaftlichen Bedingungen mitbeeinflußt.

3.4 Makrosoziologische Bedingungen von Gewalt

Wir wissen, daß aggressives Verhalten auch gelernt wird, daß Vorbilder hier eine Rolle spielen. Eine Brutalisierung unserer Gesellschaft, die sich u. a. in „Brutalos", „Pornos" und in entsprechenden Schlagzeilen der Printmedien äußern, können als Faktoren gelten, die entsprechende Hemmungen abbauen und aggressives Verhalten fördern (Klosinski 1987).

Das Problem liegt dabei weniger in der Gefahr direkter Nachahmungstaten; diese sind eher selten. Aggressive Modelle, wie sie die Massenmedien bieten, beeinflussen vielmehr die Werte, Normen und Einstellungen gegenüber Aggressionen. Sie fördern eine Gewöhnung an Gewalt und bauen Aggressionshemmungen ab.

Unsere Gesellschaft scheint weniger kinderfreundlich zu sein, nimmt auf die Bedürfnisse vor allen Dingen kleinerer Kinder weniger Rücksicht. Dies fängt schon an auf dem Kindergarten- und Schulweg und schließt mit ein die Probleme der Jugendarbeitslosigkeit und jene Probleme, die sich aus den finanziellen Abhängigkeiten der Jugendlichen von ihren Eltern ergeben. Damit ist auch der Aspekt der strukturellen Gewalt gesamtgesellschaftlicher Bedingungen sozialer Ungleichheit und Benachteiligung angesprochen. Wir müssen uns fragen, in welchem Maße gewaltförmige Mittel der Konfliktbewältigung in unserer Gesellschaft toleriert und sanktioniert werden, inwieweit solche Vorbilder Auswirkungen auf Konfliktbewältigungsstrategien der Familien haben. Hierauf soll jedoch nicht näher eingegangen werden.

4. Auswirkungen intrafamilialer Gewalt: Persönlichkeitsentwicklung mißhandelter Kinder

Martin und Beezley (1977) konnten 50 Kinder und deren Umgebung 4 bis 5 Jahre nach einer amtlich bekanntgewordenen körperlichen Mißhandlung nachuntersuchen. Als Ergebnis von klinischer Beobachtung, Hausbesuch und Berichten von Lehrern, Eltern und Sozialarbeitern ließ sich eine Gruppe von Symptomen bestimmen, die mit unterschiedlicher Häufigkeit, gleichwohl aber systematisch angetroffen wurde. Diese Symptome sind seither mehrfach unabhängig bestätigt worden. Sie repräsentieren das sogenannte „Psychosyndrom des mißhandelten Kindes".

Psychosyndrom des mißhandelten Kindes
Fehlen/Beeinträchtigung der Fähigkeit, sich zu freuen 66%
Verhaltensstörungen 62%
schwaches Selbstwertgefühl 52%
Rückzug/Angst 24%
Verweigerung 24%
erhöhte Wachsamkeit 22%
Perfektionismus 22%
unkindliches Verhalten 20%

Wie die Übersicht zeigt, litten zwei Drittel der Kinder an dem Verlust oder einer Beeinträchtigung der Fähigkeit, sich zu freuen. Dieses Symptom hat Übereinstimmungen mit dem, was die Psychiatrie unter Depression versteht, und zwar in ihrer still resignierten, teils auch von Traurigkeit geprägten Form. Mißhandelte Kinder haben ihre kindliche Fröhlichkeit verloren, lachen nicht frei heraus, haben keine Freude am Spiel, klagen auch nicht und machen folgsam mit.

Verhaltensauffälligkeiten mit 62% manifestieren sich in unterschiedlicher Form: als Kontaktschwäche, die sich auch in aggressiven Ausbrüchen gegenüber Gleichaltrigen äußern kann, als psychosomatische Symptomatik in Form von Einnässen, Einschlafstörungen, Angstträumen, als psychomotorische Unruhe und als Neigung zu Wutausbrüchen. All dies ist Ausdruck einer emotionalen Katastrophe, die die Mißhandlung auslöst. Über 50% der Kinder entwickelt ein gestörtes Selbstwertgefühl. Diese Schwäche läßt sich erahnen, wenn ein Kind häufig äußert: „Ich kann nicht" oder „ich bin böse". Ein Viertel der Kinder reagiert mit Rückzugstendenzen im sozialen Bereich. Dabei ist in Einzelsituationen oft schwer zu unterscheiden, was Rückzug und was oppositionelles Verhalten ist. Beide Symptome sind einzeln und gemeinsam geeignet, in der familiären Umgebung erneute Mißhandlungen zu provozieren, eine Konstellation also, die Ursache und Wirkung zugleich sein kann. Überraschend vielleicht ist ein unkindliches, pseudoerwachsenes Verhalten, das bei mißhandelten Kindern unterschiedlichen Untersuchern auffiel. Diese charakteristischen Symptome bei Kindesmißhandlung konnten, wie bereits geschildert, auch wissenschaftlich in Vergleichsstudien verifiziert werden. Die Häufigkeit von Verhaltensauffälligkeiten, schwachem Selbstkonzept sowie die Rückzugstendenzen sind bei mißhandelten Kindern statistisch signifikant erhöht (Untersuchung von Oates et al. 1984).

5. Intervention und Prävention

Die sogenannte Gewaltkommission, eine unabhängige, interdisziplinäre Regierungskommission zur Verhinderung und Bekämpfung von Gewalt, die nach einem Kabinettsbeschluß im Dezember 1987 ins Leben gerufen wurde und der 36 Wissenschaftler und Praktiker angehörten, kam nach zweijähriger Beratung u. a. zu einem konkreten Vorschlag:

„Kinder sind gewaltfrei zu erziehen. Die Anwendung physischer Gewalt und andere entwürdigende Erziehungsmaßnahmen sind unzulässig. Der § 1631 Satz 2 BGB ist entsprechend zu ändern."

Ferner wird eine Strafbarkeit der Vergewaltigung in der Ehe gefordert. Die Gewaltkommission ist damit dem schwedischen Vorbild gefolgt, das bereits 1979 die Züchtigung von Kindern durch ihre Eltern unter Strafe stellt.

Experten sind sich natürlich darin einig, daß das Problem der intrafamilialen Gewalt nicht mit einem Gesetz zu lösen ist. Würde man nur die körperliche und sexuelle Gewalt unter Strafe stellen, könnte dies bewirken, daß subtilere Formen intrafamilialer Gewalt wie emotionaler Mißbrauch und Vernachlässigung zu häufigeren Erscheinungsformen werden würden. Neben der Mißbilligung von Gewalt und dem Verbot der Züchtigung in der Kindererziehung sowie der Strafbarkeit der Vergewaltigung in der Ehe ist entsprechend den vielfältigen Ursachen intrafamilialer Gewalt unterschiedlichen Ansätzen auf verschiedenen Ebenen nachzugehen:

1. Zum einen geht es darum, Überforderungssituationen vor allen Dingen von Müttern zu erkennen. Erziehungsberatungsstellen müssen dezentralisiert ausgebaut werden. Für Familienhelfer müssen mehr Mittel bereitgestellt werden.

2. Risikogruppen von Kindern und Familien, in denen Mißhandlungen häufiger auftreten, müssen ein besseres Betreuungsangebot erfahren.

3. Besonders dramatische Konfliktsituationen, wie sie Trennungen und Scheidungen in Familien darstellen, bedürfen einer besonderen Hilfestellung. Z. B. sollten alle Kampf-Scheidungsverfahren, bevor sie vor Gericht verhandelt werden, einer Fachberatung zugeführt werden, um vor allen Dingen den emotionalen Mißbrauch von Kindern einzudämmen (Klosinski 1990).

4. Möglichkeiten zur Schnellhilfe und Entlastung in den betroffenen Familien tut not. D. h., daß vermehrt Notaufnahmegruppen, Sorgentelefone und Beratungsstellen angeboten werden müssen.

5. Es gilt vermehrt das Augenmerk auf die kritischen Phasen der Autonomieentwicklung unserer Kinder zu lenken: Dies sind das Trotzalter sowie die Pubertät. Es sind dies Zeitphasen, in denen besonders rasch eine Eltern-Kind-Beziehungsstörung

mit entsprechenden Ohnmachtsgefühlen von seiten der Eltern auftritt, die dann zu reaktiver elterlicher Gewalt mit ihren unterschiedlichsten Formen führt. Es kann nicht angehen, daß Kinder sich zum Haustyrannen entwickeln, weil die Eltern keine pädagogischen Grenzen und Strukturierungen mehr anbieten. Die Eltern müssen in diesen Trotz- und Autonomiephasen ihrer Kinder eine Gratwanderung zwischen Scylla und Charybdis durchlaufen: auf der einen Seite die Förderung der Autonomiebestrebungen, auf der anderen Seite die Begrenzung von ausufernden Egoismen und Größenphantasien, die, würden sie nicht eingeschränkt werden, zu krankhaften Selbstwahrnehmungen und großen sozialen Defiziten führen.

6. Die Familie und insbesondere die Eltern als fördernde Umwelt müssen das Zusammenspiel von Beziehungsgleichgewichten herstellen, als da sind: Gleichheit – Verschiedenheit, Befriedigung – Versagung, Stimulierung – Stabilität, Nähe – Distanz. In dieser Dialektik der Beziehungsgleichgewichte wird laut Stierlin (1980) das Instrument der Aggressionsbewältigung geschmiedet. Verschiebt sich z. B. dieses Gleichgewicht im Sinne zu großer Gleichheit, Nähe und Stimulierung, wird das Kind in den unterschiedlichen Anfangsstadien seiner psychischen Strukturierung zugleich überfordert und verwöhnt. Es fehlt ein ausgleichendes Maß an Verschiedenheit (zur Mutter), Versagung, Stabilität und Distanz. In solchem Ungleichgewicht der Beziehung wird sich das Ich zu früh und prekär polarisieren und abgrenzen.

Jugendliche in ihrer Ablösungsproblematik werden mit ihrem sexuellen, libidinös-aggressiven Potential Schwierigkeiten bekommen, wenn dieses Gleichgewicht in der Entwicklung der Beziehungspolaritäten zu ungleichgewichtig war. Identitätsstörungen des Jugendlichen mit kriminellen Verwahrlosungstendenzen, die entweder aggressiv, sexuell oder süchtige Verwahrlosung bedeuten können, sind dann die Gefahr. Ein außergewöhnlich permissives Verhalten der Eltern aus feindseliger oder hilfloser „Gleichgültigkeit" gegenüber den kindlichen Bedürfnissen nach wirklicher Anteilnahme und Anerkennung führen häufig dann in der Pubertät zu einem Oszillieren von überstrengem rigidem Erziehungsverhalten, das wieder in ein permissives verwöhnendes kippt.

Revierkämpfe unter den Geschwistern, insbesondere unter gleichgeschlechtlichen, gehören mit zur Normalität eines Evolutionsprozesses jeder Kern- und Großfamilie. Geschwisterpositionen und Geschlecht spielen mit eine Rolle, wie uns der Alltag lehrt: Insbesondere sind es die Erstgeborenen, die mit Macht sich den Weg sozusagen freikämpfen müssen, weil die Eltern noch ängstlich sind hinsichtlich Zugeständnissen von mehr und mehr Freiheitsgraden. Eltern-Kind-Koalitionen innerhalb der Familie wechseln und spielen eine wichtige Rolle, bilden die Begleitmusik der immer wieder auftretenden intrafamilialen aggressiven Tendenzen und Auseinandersetzungen. Stellvertreterkriege und Rivalitätskämpfe sind zu bestehen, sie sind normal. Sie können aber zum Kristallisationspunkt intrafamilialer Gewalt werden, die überbordet und maßlos wird.

7. Wichtig ist, daß die Eltern in der Ablösungsphase der Jugendlichen zueinanderstehen, die Generationsgrenzen einhalten und über ihre Loyalität zueinander es den Jugendlichen erst möglich machen, sich der Peer-Gruppe und Außenwelt definitiv zuzuwenden. Dem Reifungsprozeß der Pubertierenden und Adoleszenten muß ein Reifungsprozeß der Eltern parallelgehen, wenn es nicht zu extremen Ausstoßungstendenzen von seiten der Eltern oder zum Ausbilden von Nesthockersyndromen bei zu starker Bindung an die Eltern kommen soll.

8. Die Elternteile aus Rumpf-Familien sind darüber aufzuklären, daß intrafamiliale Gewaltausbrüche gegenüber einem Elternteil besonders dann ein hohes Risiko darstellen, wenn zunächst alleinerziehende Väter oder Mütter wieder einen Partner finden und der oder die Jugendliche einen Stiefvater oder eine Stiefmutter akzeptieren soll. Wegen neuerlich aufbrechenden Identitätsgefühlen mit dem gleichgeschlechtlichen, nicht vorhandenen Elternteil kommt es zu Loyalitätskonflikten und heftigen, oft aggressiven Ablehnungstendenzen gegenüber dem „Eindringling und Rivalen".

9. Die Jugendlichen müssen das Gefühl entwickeln können, gebraucht zu werden, nützlich zu sein.

10. In der Phase der Pubertätskrise sollten Paten und Mentoren zur Verfügung stehen, die vorübergehend eine Herausnahme aus der gegenseitigen verstrickten Familie ermöglichen und die verhindern, daß es zu einer zentrifugalen Ausstoßung und

Verteufelung des gewalttätigen Jugendlichen kommt. Die beste Prävention und Prophylaxe liegt in einer stabilen Elternbeziehung. In vielen Familien, in denen Trennung und Scheidung erlebt wurde, wäre es von größter Wichtigkeit, wenn die Erwachsenen wieder miteinander sprechen könnten, wenn die Ablösung des Jugendlichen nicht zu einer weiteren Destabilisierung der Eltern bzw. der Restfamilien führen müßten.

11. Eine bessere Beschränkung der Medien in bezug auf Gewaltdarstellung in den Filmen ist notwendig, alleine aber nicht ausreichend: Die Erwachsenen müssen den Jugendlichen vorleben, wie man möglichst ohne Gewalt miteinander umgehen, gutartig streiten kann! In bezug auf die Frühphase des Lebens wäre das von Stierlin (1980) beschriebene notwendige Gleichgewicht und Zusammenspiel zwischen Befriedigung und Versagung, Stimulierung und Stabilität, Nähe und Distanz sowie Gleichheit und Verschiedenheit der wohl wichtigste präventive Faktor, der ganz wesentlich zu einer fördernden Umwelt beiträgt, die einen Ablösungsprozeß und Reifungsprozeß des Kindes bis ins Erwachsenenalter ohne allzu große destruktive Gewaltfreisetzung ermöglicht. Die Bewußtwerdung der eigenen Aggression, der eigenen Gewaltanteile und Integration derselben in die Person des Betreffenden bieten letztlich die beste Gewähr dafür, daß der Teufelskreis der Projektion und reaktiven Gewalt vermindert wird. Es ist dies aber eine lebenslange Aufgabe, der wir uns alle unterziehen müssen.

Literatur

Brinkmann, W.: Gewalt gegen Kinder. Eine provokative Skizze gegen Scheinheiligkeit und vordergründige Aufregung. In: Brinkmann, W./ Honig, M. S. (Hrsg.): Kinderschutz als sozialpolitische Praxis. München 1984, S. 21–43.
Engfer, A.: Kindesmißhandlung. Stuttgart 1986.
Fegert, J./Fey, E.: Sexueller Mißbrauch – (k)ein Thema für Schulpsychologinnen und Schulpsychologen. In: Heyse, H./Wechterich, H. (Hrsg.): Kongreßbericht der 8. Bundeskonferenz für Schulpsychologie und Bildungsberatung 1987. Bonn 1988, S. 294–303.
Haessler, W. T. (Hrsg.): Kindesmißhandlung. Gruesch 1985.
Herzka, H.-St.: Seelische Gewalt gegen Kinder. In: Retzlaff, I. (Hrsg.): Gewalt gegen Kinder. Neckarsulm/München 1989, S. 106–122.

Klosinski, G.: Beitrag zur Beziehung von Video-Filmkonsum und Kriminalität in der Adoleszenz. Prax. Kinderpsychol. Kinderpsychiat. 2 1987, S. 66–71.

Klosinski, G.: Psychischer Kindesmißbrauch in Trennungs- und Scheidungssituationen. Vortrag gehalten auf dem 8. Int. Kongreß über Kindesmißhandlung und Vernachlässigung. 2.–6. September 1990. Hamburg 1990.

Martin, H. P./Beezley, P.: Behavioral observations of abused children. Develop. Med. Neurol. 19. 1977, S. 373–387.

Oates, R. K./Peacock, A./Forrest, D.: Development in children following abuse and non organic failure to thrive. Am. J. Dis. childh. 138. 1984, S. 764–767.

Stierlin, H.: Eltern und Kinder – Das Drama von Trennung und Versöhnung im Kindesalter. Frankfurt/M. 1980.

Reinmar du Bois

Mißhandelte Eltern – Analyse einer Umfrage

1. Einleitung

Erstmals Ende der 70er Jahre (Harbin, Madden 1979; Steinmetz 1978) wurde in kasuistischen Veröffentlichungen auf eine neue Spielart intrafamilialer Gewalt aufmerksam gemacht, die nicht auf die Kinder, sondern auf die Eltern gerichtet war und von den Kindern ausgeübt wurde. Die Literatur über das sogenannte "Battered Parent Syndrom" ist bis heute spärlich geblieben (Charles 1986; Gadros 1992; Ney/Mulvihill 1982; Nwokocha/Nkpa 1981; O'Toole et al 1983; Paulson/Coombs 1990; Pierce/Trotta 1986). Übereinstimmung in der Definition zeichnet sich noch nicht ab. Es muß offenbleiben, ob es gerechtfertigt ist, überhaupt ein „Syndrom" auszuweisen. Manche Beschreibungen schließen sogar Fälle von Elterntötung ein.

In der Tübinger Kinder- und Jugendpsychiatrie wird seit Ende der 80er Jahre verstärkt auf Jugendliche geachtet, die sich gegenüber den Eltern, vor allem den Müttern, tyrannisch verhalten, wobei dieses Verhalten nicht selten mit phobischen Merkmalen assoziiert ist, z. B. mit dem Scheitern des Schulbesuchs. Die Wahl der Eltern als Ziel jugendlicher Aggression verrät enge, aber unsichere Bindungen zu den Bezugspersonen. Auffällig ist die ausgeprägte Hilf- und Ratlosigkeit der Eltern, ihre Scham- und Schuldgefühle und der habituelle Charakter des aggressiven Verhaltens mit der Ausbildung immer gleicher Schikanen aus nichtigen Anlässen.

Aus der Begutachtung eines spektakulären Falles für das Landgericht Stuttgart entstand beim Autor die Idee, diesen Erscheinungen genauer nachzugehen und einen Eindruck von der Häufigkeit, den Begleiterscheinungen und den dahinterliegenden Entstehungsbedingungen zu erhalten.

Aus einer klinischen Pilotstudie mit 15 unterschiedlich gelagerten eigenen Fällen war zu vermuten, daß es sich um ein Phänomen mit hoher Dunkelziffer und mit Verdünnungsreihen handelte. Zum Zwecke einer größeren Umfrage erschien es sinnvoll, eine möglichst enge Definition zu bilden, in denen die Kinder wiederholte ernste Attacken gegen die Eltern gerichtet hatten (mindestens vier Gelegenheiten innerhalb von drei Monaten), ohne daß sich die Eltern zu helfen wußten.

2. Fallillustrationen

H. war ein 17jähriger Sonderschüler, Einzelkind mit alten gebrechlichen Eltern. Kind und Eltern lebten zurückgezogen. H. hatte Eigenheiten und Sonderlingsinteressen, die er mit Pedanterie verfolgte. Er züchtete Schlangen und Reptilien auf allen Etagen des elterlichen Hauses. Nachdem er die Normalschule ohne Abschluß verlassen mußte, unternahm er eine erste Anstrengung, selbständiger zu werden. Dabei geriet er rasch in eine suchtartige Abhängigkeit von Alkohol und Spielautomaten. Von Kumpanen schikaniert und ausgenutzt, begann H. Geld von den Eltern zu verlangen, das er angeblich anderen schuldete. Der Vater war mißtrauisch, spionierte erfolglos, überließ dem Sohn aber 90 000,– DM in einem Jahr. Seine Eltern bedrohte und schlug er, wenn er betrunken nach Hause kam. Die Mutter war mit Prellungen übersät und schämte sich, aus dem Haus zu gehen. Der Vater magerte bis auf Haut und Knochen ab. Beide Eltern litten unter starken Schuldgefühlen. Wenn der Sohn betrunken nach Hause kam, legten sie sich auf die Couch mit dem Gesicht nach unten und erwarteten seine Schläge. Während des Schlagens kam es vor, daß H. einschlief und nach dem Erwachen mit den Schlägen fortfuhr. Die Mutter beteuerte, der Sohn sei ohne Alkohol das liebste Kind. Sie umsorgte ihn liebevoll und nachsichtig.

S. war ein 14jähriger, durchschnittlich begabter Schüler. Vater und Mutter waren Lehrer und ebenso wie die beiden älteren Geschwister ihm intellektuell überlegen. Um sein Selbstbewußtsein aufzubessern und die Eltern zu schockieren, schloß er sich der örtlichen Skinhead-Szene an. Er verlangte von den Eltern, sie sollten ihm die Skinhead-Ausrüstung finanzieren, die Stiefel und den Baseballschläger. Wenn er mit der Mutter allein war, bedrohte er sie mit dem Messer, trat ihr mit den Stiefeln gegen das Schienbein. Zurückgezogen in seinem Zimmer verfing er sich in zwänglerischen Beschäftigungen. – Nach einer Schlägerei wurden er und seine Kumpane strafrechtlich verfolgt. Sein Vater griff beim Staatsanwalt ein und versuchte eine Strafverfolgung mit dem Hinweis zu verhindern, der Sohn sei unreif und psychisch gestört. Aufgrund psychotherapeutischer Beratung nahm der Vater von diesen Bemühungen Abstand. Das Gerichtsverfahren erwies sich als ernüchternde Erfahrung für S., da er erkennen mußte, daß der Vater weder willens noch in der Lage war, ihm beizustehen. Das provozierende Verhalten ließ allmählich nach. Die Eltern bestanden gegen den Protest ihres Sohnes darauf, sich regelmäßig zur Beratung mit einem Psychotherapeuten zusammenzusetzen.

Der 20jährige K. besuchte nach zwei Wiederholungen die letzte Klasse des Gymnasiums. Er wohnte bei Mutter und Großmutter. Die Eltern waren seit vielen Jahren geschieden. Er lebte in einem separaten Appartement, das mit allen Annehmlichkeiten der Unterhaltungselektronik ausgestattet war, und fuhr sein eigenes Auto. Er beschimpfte und beleidigte seine Mutter, wenn sie ihm bei den Hausaufgaben nicht helfen wollte oder wenn die Aufgabe trotz der Hilfe mißlang. Er warf ihr heißes Essen ins Gesicht, trat sie, stieß sie rückwärts gegen Möbel, spuckte ihr ins Gesicht. Er rief: „Ich bringe dich um, du Drecksau, es wird euch nicht gelingen, mich hinauszuwerfen. Ihr könnt mich auch nicht in die Psychiatrie einweisen." Die Mutter verfaßte über ihre Leidensgeschichte ein grimmiges Tagebuch.

Die 17jährige L., Einzelkind, kam wegen Schulphobie in stationäre jugendpsychiatrische Behandlung. Sie war seit über 12 Monaten trotz guter Leistungen nicht mehr in der Schule gewesen und terrorisierte zu Hause ihre Eltern, vor allem die Mutter. Die Eltern hatten große Anstrengungen unternommen, ihre peinliche Lage in dem angesehenen Villenvorort zu verbergen. Beide Eltern kamen aus traumatisch deprivierten Verhältnissen. L. warf der Mutter Porzellan und Wertgegenstände hinterher und zerriß die Kleider der Mutter. Bei einer Gelegenheit peitschte sie die Mutter in der Waschküche mit einem Wasserschlauch und sperrte sie ein. Während der stationären Behandlung zeigte sich eine Geschlechtsrollenunsicherheit. Nach der erfolgreichen Klinikbehandlung ging sie zur Berufsausbildung an einen anderen Ort. Drei Jahre später kam es während eines Aufenthaltes im Elternhaus, als sie von dort aus nach Arbeit suchen wollte, zu neuerlichen Mißhandlungen, Wutausbrüchen und Schikanen gegen die Eltern.

3. Methodik

Alle Beratungsstellen, Jugendämter, Gesundheitsämter, Jugendgerichte, Kinderpsychiater und kinderpsychiatrische Kliniken in Baden-Württemberg wurden in die Untersuchung einbezogen. Ein Fragebogen wurde nach Voranfragen gezielt verschickt und durch persönliche Rückfragen ergänzt.

In den Fragebogen gingen alle Annahmen ein, die anhand der eigenen klinischen Fälle über die Natur des Phänomens vorab formuliert werden konnten, vor allem die Annahme einer ausgeprägten Hilflosigkeit und die Kenntnis verschiedener Umstände, welche Eltern oder Kinder in diese Position bringen können. Der Fragebogen erhob zunächst demographische Daten. Weitere Daten wurden zur Vermeidung von Mißverständnissen nur halb strukturiert oder deskriptiv erfragt, hierunter vor allem Anfragen zu psychischen Auffälligkeiten bei Opfern und Tätern, Hinweise auf Kontaktstörungen und soziale Isolation der Eltern und Kinder, Drogen und Alkoholmißbrauch. Der Charakter und der Ablauf des aggressiven Verhaltens wurden narrativ erfragt und telefonisch in vielen Fällen nachexploriert.

4. Ergebnisse

Die Existenz einer Extremgruppe von Kindern, die ihre Eltern gewohnheitsmäßig schlagen, wurde bestätigt. Aus den genannten Institutionen wurden aus einem Zwei-Jahres-Zeitraum 61 Fälle im Alter von 8 bis 22 Jahren berichtet. Sie hatten zu 80% eine Laufzeit von länger als einem halben Jahr, in 40% sogar länger als 18 Monate. Die Kontakte zu den Institutionen wurden über ähnlich lange Zeiträume aufrechterhalten. Das Durchschnittsalter betrug 16,6 Jahre, der Gipfel war bei beiden Geschlechtern das 14. Lebensjahr, also die Pubertät. Männliche Täter waren dreimal häufiger als weibliche. Die Opfer waren in ca. 90% die Mütter.

Es imponierte die hohe Variabilität der Phänomene und ihrer Entstehungsbedingungen und das Fehlen eines überzeugenden statistischen Zusammenhangs mehrerer Einzelfaktoren untereinander. Sowohl psychische wie soziale Faktoren trugen offenbar zum Battered Parent Syndrom bei und waren von Fall zu Fall anders zu gewichten. In der Wahrnehmung der Berichterstatter kam das Parent Battering auch bei relativer sozialer Anpassung und psychischer Gesundheit vor und war mit intakten Verhältnissen in einer sozialen Mittelschicht vereinbar.

Unterschichtverhältnisse und zudem eine Minderbegabung der Kinder innerhalb der Unterschicht waren freilich signifikant überrepräsentiert. Alleinerziehende lagen mit 42% weit über dem Bundesdurchschnitt von 9% (1984). Familien mit mehr als 2 Kindern waren überrepräsentiert. Delinquenz, vor allem Eigentumsdelikte, selten Aggressionstaten, war bei 36% schon öffentlich in Erscheinung getreten. Über die Zusammenhänge der Delinquenz mit der Familiendynamik wird weiter unten berichtet.

Zur besseren Übersicht wurden drei Gruppen gebildet:

Zur *Gruppe A* zählten alle Fälle mit einer klar erkennbaren Psychopathologie der Kinder. Diese Gruppe war mit 44,5% die größte. Hier entstand auch der höchste Interventionsdruck. Ein Drittel dieser Kinder hatte Suchtprobleme, ein Drittel hatte Kontaktstörungen, wobei diese mit Kontaktstörungen in der *ganzen* Familie korrelierten.

In *Gruppe B* wurden alle Fälle zusammengefaßt, in denen die Eltern psychische Probleme hatten, während den Kindern gute soziale Kompetenz bescheinigt wurde, freilich außerhalb der Familie. Dies war mit 34,5% die zweitgrößte Gruppe.

Gruppe C nahm den Rest der Fälle auf, immerhin 21%, für welche die Erklärungsansätze in den Gruppen A und B nicht zutrafen. Die niedrigste Sozialschicht kam in dieser Gruppe zwar signifikant seltener vor, aber andere Risikofaktoren waren ähnlich verteilt wie in A und B: z.B. Schulversagen der Kinder, alleinerziehende Eltern, alte Eltern (über 40 bei der Geburt), Einzelkinder und Kriminalität.

Die in Zahlen auszudrückenden Ergebnisse bleiben unbefriedigend. Der Schluß legt nahe, daß die Dynamik des Parent Battering durch einen Summationseffekt von Risiken zustande kommt, die auf verschiedenen Ebenen liegen und zum Teil ganz verdeckt sind.

Eine Vertiefung des Verständnisses war nur von einer weiteren qualitativen Auswertung des Fallmaterials zu erwarten.

Die Berichterstatter der Studie, in über 50% die Beratungsstellen und zu einem Drittel die Jugendämter, nur wenige kinder- und jugendpsychiatrische Einrichtungen und wenige Jugendgerichte, ließen im narrativen Teil der Protokolle ihre eigenen Erklärungsansätze erkennen. Sie zielten auf:

1. *Erzieherische Mängel der Eltern:* Mangel an Regeln, Positionen und klaren Orientierungen
2. *Traumatische Vorgeschichte des Kindes:* Verdacht oder Kenntnis eines früheren emotionalen oder inzestuösen Mißbrauchs des Kindes durch die Eltern
3. *Autonomiekrise der Jugend*
4. *Psychopathologie der Eltern:* passiv-depressive Haltungen, geringe Durchsetzungsfähigkeit und Ich-Schwäche
5. *Gestörtes Familiensystem:* Das Kind muß als Puffer für verborgene Elternkonflikte dienen.

Diese Ansätze in Verbindung mit der eigenen klinischen Erfahrung und erweitert durch die Details der berichteten Fälle erlauben folgende Modellerscheinungen.

5. Regressive Erregungszustände

Die Verhaltensmuster der Jugendlichen, bei denen sie erregt auf die Eltern, meist die Mütter, einschlagen, stimmen mit anderen Mustern und modernen Stilisierungen der Jugendgewalt überein. Gemeinsam fällt auf, daß Inhalte und Ziele der Gewalt diffus und unbestimmt bleiben. Die Handlungen imponieren als unwillkürliche Abreaktion von inneren Spannungen, als Leerlaufhandlungen mit Wiederholungszwang. Die Spannung kann nicht abgeführt oder aufgelöst werden, es gelingt keine Versöhnung mit dem angegriffenen Objekt. Ein suchtartiger Drang treibt das aggressive Handeln voran. Täter und Opfer stehen gemeinsam unter dem Eindruck ihrer Hilflosigkeit und Bedürftigkeit. Diese Wahrnehmung führt zu Irritation, Unbehagen und neuen Aggressionshandlungen. Nicht nur innere Spannung, sondern auch innere Leere und Langeweile dienen als Auslöser für aggressive Impulse. Gegenstände werden zerstört, Wohnungen demoliert, die Körper der Eltern wie Übergangsobjekte hin- und hergestoßen. Eine ähnlich diffuse Aggressionsbereitschaft kann bei den Hooligans gefunden werden. Schließlich bezeugt auch der gewohnheitsmäßige Konsum grausamer Videos eine ähnliche Bedürfnislage, wobei die Jugendlichen sich abzustumpfen versuchen, indem sie sich wiederholt und bewußt den schlimmsten Szenen des Films aussetzen. Ein theoretisches Modell für diese regressiven Verhaltensmuster findet sich in Balints ›Angstlust‹ (Balint 1960, 1970), aber auch im moderneren Konzept des „Post-traumatischen Stress" (Terr 1985, 1991; Horowitz 1976).

In der neueren Traumaforschung wird diskutiert, ob auffällig aggressive Kinder in ihrer früheren Entwicklung Wechselbädern zwischen liebevoller Zuwendung und feindseliger Abwendung oder Vernachlässigung ausgesetzt waren, in Zuständen erregter Bedürftigkeit plötzlich auf sich gestellt waren, zu Zeugen oder Opfern von Gewalt wurden, durch Angst gelähmt waren und keinen ausreichenden Reizschutz oder Realitätskontrolle aufbieten konnten. Das gleiche gilt für Traumen durch die permanente Erwartung angekündigter Strafen durch kontrollschwache Eltern. Diese Eltern leben selbst in Angst, sie könnten die Nerven verlieren, wenn ein Kind schreit und nicht aufhört. Sie drohen aus diesem Grund Sanktionen an.

Das aggressive Verhalten bei Jugendlichen kann als Wiederholung und Versuch der Bewältigung dieser frühkindlichen Traumen interpretiert werden. Dabei soll die passive Opferrolle überwunden und die Kontrolle wiedererlangt werden. In der Theorie des posttraumatischen Stresses werden monotone und stereotype Aggressionshandlungen, Versuche der seelischen Abstumpfung und fixierte Rachegedanken als Merkmale hervorgehoben.

6. Ambivalente frühkindliche Bindung

Auch der Versuch, die Stilisierung der Aggression gegen die Eltern aus einer gestörten Bindung zwischen Tätern und Opfer abzuleiten, geht von einer funktionellen Regression aus. Die aggressiven Angriffe ereignen sich in abgespaltenen Bewußtseinszuständen und in primitiver Wut. Die Mutter wird wie ein Übergangsobjekt herumgestoßen. Von dem 20jährigen K. wird berichtet, daß er, wenn ihm etwas mißlang oder er sich verletzte, zur Mutter hinstürzte, um sie dafür zu bestrafen. Hier verschwimmen die Ich-Objekt-Grenzen.

Die Jugendlichen sind fixiert auf die Opfer, an die sie sich wie Kinder gebunden fühlen. Unweigerlich bleibt die Mutter Schlüsselfigur und Schlüsselreiz für die Auslösung regressiver Erregungen. Die Jugendlichen bedrohen ihre Mütter mit immer denselben läppischen Bemerkungen. Auch diese Sprachform verrät die Regression. Gleichzeitig mit dem Angriff wird der Wunsch nach kleinkindlicher Unterwerfung zum Ausdruck gebracht. Dies erklärt, warum die mißhandelten Mütter trotz der realen Gefahr die Handlungen gern als Trotzanfälle abtun und sich nicht ausreichend schützen. Selbst, wenn sie schon gefährliche Angriffe hinnehmen mußten, empfinden viele Mütter noch eine geheime Überlegenheit, nur kurz unterbrochen von Augenblicken des Entsetzens.

Ein Teil mißhandelter Eltern weist Kontaktstörungen auf, die an die Grenze autistoider Persönlichkeitseigenschaften reichen. Diese Eltern verharren in einer besonders tiefen Abhängigkeit von ihren Kindern. Die Bindung gründet in der permanenten Angst, das Kind durch deren Weiterentwicklung gänzlich zu verlieren. Möglicherweise sind die Eltern darauf angewiesen, das Kind emotional auszunutzen, um sich dabei eine Art der Befriedigung zu verschaffen, die ihnen im sozialen Raum versagt bleibt. Die elterliche Ich-Schwäche, die hiermit postuliert wird, überträgt sich auf die Kinder und wird als ererbte Konstitution noch begünstigt.

Eine solche Ich-Schwäche muß allerdings als weit verbreitete Persönlichkeitseigenschaft gelten. Sie ist mit einer normalen sozialen Integration vereinbar und wird vor allem durch stützende soziale Strukturen ausgeglichen.

7. Soziokulturelle Risiken

Moderne Gesellschaften bedrohen ihre Mitglieder auch schon in deren engerem Lebenskreis mit Anonymität. Sie bieten ihnen keine Matrix zur fraglosen Einbettung und Identifikation, Gruppenzugehörigkeit und Wertorientierung. Damit sind vor allem die genannten ich-labilen Individuen gefährdet. Um die komplexen Angebote und Freiheitsgrade moderner Gesellschaften nutzen zu können und nicht zu manipulierten Opfern der Medien und Freizeitindustrie zu werden und in Nebenrealitäten abgedrängt zu werden, bedarf es einer hohen inneren Ich-Stabilität.

Mit dem heutigen Mangel an sinnvoller Arbeit wird es für die nachwachsende Jugend immer schwieriger, sich auf dem Wege der Berufsausübung gesellschaftlich zu beheimaten. Es droht die Gefahr, daß Jugendliche ihre Herkunftsfamilie verlassen, obwohl ihnen noch keine soziale Integration gelungen ist. Damit müssen sie in den nächsten Intimraum flüchten und drohen dort zu versinken, sei es in einer voreilig gegründeten eigenen Familie, im Drogenmilieu oder in anderen regressiven Gruppen.

Die Kritik der modernen Familienstrukturen geht dahin, daß Eltern und Kinder sich zu eng und ambivalent aneinander binden, ohne sich komplementär in die umgebende gesellschaftliche Realität einzubetten. Die Versuche der älter werdenden Kinder, sich aus diesen Bindungen zu lösen, werden als frustran und aussichtslos erlebt. Paradoxerweise ist ein hohes Maß an Autonomie als gesellschaftliche Norm vorgegeben. Hiermit ist eine typische Risikokonstellation umrissen: Die Familien streben im Binnenraum eine hohe Intimität und Geborgenheit an. Sie versuchen sich auf diese Weise vor der Gesellschaft zu schützen, die sie als undurchschaubar und feindselig erleben. In der Folgezeit muß es auf dieser Basis zu gegenseitigen Kränkungen und Enttäuschungen kommen. Die Ehepartner müssen die Erfahrung machen, daß sie aus der Familie viel weniger Gratifikation und Lebenssinn schöpfen können, als sie ursprünglich erhofft und den Kindern versprochen hatten.

Aus soziologischer Sicht muß in dieser Situation ein wichtiger Auslöser für Wut und Ohnmacht der Kinder gegen die Eltern erkannt werden. Gerade in der Jugendzeit geht die Schere zwischen den gesellschaftlichen Anforderungen und dem Horizont der eigenen Möglichkeiten immer weiter auf. Bei prädisponierten Personen erweist sich die Bindung an die Familie als unentrinnbar. Liebe und Haß stehen sich seit der Frühentwicklung noch immer unvereinbar gegenüber. Der Mangel an befriedigenden außerfamiliären Beziehungen kann nur während der Kindheit durch Anpassung überspielt werden. Vor allem am Beginn einer Berufsausbildung erweisen sich diese Anpassungsstrategien jedoch als unzureichend. Nunmehr ziehen sich die Jugendlichen ins Elternhaus zurück und regredieren dort.

8. Soziale und juristische Interventionen

Die in der Studie zusammengetragenen Fälle weisen drei Zuweisungsmuster aus:

1. Die Eltern melden ihre Notlage beim Jugendamt oder bei der Polizei. Zunächst muß geklärt werden, ob hier nicht ein Tarnungsmanöver vorliegt. Gerade bei jüngeren Kindern verschaffen sich Eltern, die selbst ihre Kinder angreifen, durch Umkehrung der Rollen ein Alibi. In allen anderen Fällen muß die Selbstanzeige als ernster Hilferuf begriffen werden. Dahinter stehen oft langdauernde Leidensgeschichten, die nur selten in ihrem vollen Ausmaß zugegeben werden. Auch wenn die Eltern ihre Anzeige nach wenigen Tagen wieder zurücknehmen, sollte den Gründen für die Anzeige nachgegangen werden. Die Rücknahme der Anzeige reflektiert die tiefen Schuldgefühle, die Ambivalenz und eine noch tiefere Unterwerfung unter den Terror des mißbrauchenden Kindes.

2. Die Eltern lassen in einer Beratung, die sie wegen anderer Probleme begonnen haben, erkennen, daß sie erpreßt oder tyrannisiert werden. Die Untersucher (meist in Beratungsstellen) müssen die Angehörigen offensiv nach den Details dieses Geschehens fragen, speziell nach dem Ausmaß körperlicher Bedrohungen. Diese wichtigen Details werden aus Scham verschwiegen.

3. Manche Straftaten lassen einen Zusammenhang mit familiären Ereignissen vermuten. Die Jugendgerichtshelfer können prüfen, ob die Straftaten Bestandteil einer erpresserischen Inszenierung sind und die Eltern hilflos und willfährig machen sollen oder als Racheakt gegen die Eltern erdacht sind. Die ganze Spielbreite intrafamilialen Terrors sollte hier abgefragt werden. Assoziierte Risiken für das tyrannische Verhalten sind Drogenkonsum und Spielleidenschaft. Der Tat sind möglicherweise Geldforderungen vorausgegangen, denen sich ein Elternteil widersetzt hat.

Eltern, denen es unter dem immer stärkeren auf sie ausgeübten Druck gelungen ist, an die Öffentlichkeit zu treten oder sich an einen professionellen Helfer zu wenden, haben einen wichtigen Schritt zur Auflösung ihrer eigenen pathologischen Bindung getan. Alle angesprochenen Instanzen können Partner in diesem therapeutischen Prozeß werden, der den Eltern zur Befreiung aus ihrer hilflosen Lage dienen soll. Ziel ist stets die räumliche Trennung des Kindes von den Eltern. Bei Eingreifen der Justiz wird dieses Ziel mit Hilfe der Haft nur scheinbar erreicht. Der Jugendliche gerät durch die Haft möglicherweise in ein Vakuum, in dem er ungestört seine kindlichen Allmachts- und Ohnmachtsphantasien pflegen kann. Schuldgefühle der Eltern verhindern, daß sie die Haftzeit zur eigenen Ablösung nutzen.

Die Aufgaben der Justiz als Schützer der angegriffenen Eltern und Hüter des Rechts, des Jugendamtes als Fürsprecher der kindlichen Interessen und der Beratungsstellen als Vermittler konvergieren dort, wo jeder von ihnen als hinzutretende außerfamiliäre Instanz erlebt wird, die einen neuen Dialog eröffnet, neue Fragen aufwirft und den Blick für die Realität öffnet. Die Familie muß sich aus der Deckung begeben und vorwärts bewegen.

9. Zusammenfassung

Als Ergebnis der Untersuchung bleibt stehen, daß nicht nur ein einziger Mechanismus, sondern verschiedene Faktoren in unterschiedlicher Kombination zum Muster des Parent Battering führen können.

Das Kerngeschehen gründet

1. in einer verzerrten Beziehung zwischen Eltern und Kind mit starken, ohnmächtigen Abhängigkeitsgefühlen. Es gelingt Eltern und Kind aus verschiedenen inneren und äußeren Gründen nicht, den Konflikt aus der Familie herauszulenken, etwa mit Hilfe sozialer Arrangements, und dadurch zu lösen oder mindestens zu entschärfen. Die Aggression wird sogar angebahnt durch ein unbewußtes Entgegenkommen des Opfers.

2. In einem zumindest denkbaren früheren Mißbrauch des Kindes durch die Eltern, wenn dieser auch vielgestaltig und schwer beweisbar sein dürfte. Aus dem Konzept des Post-Traumatic Stress ist bekannt, daß sich an bestimmten Punkten der psychischen Entwicklung die Rollen vertauschen und die Täter zu Opfern werden.

3. In einer Abreaktion von frühkindlich geprägten Erregungen.

Diese sind gekennzeichnet durch Ritualisierungen, suchtartige Wiederholungen, banale und kindische Rechtfertigungen, durch die Unfähigkeit der Auflösung des Geschehens in Form einer Entspannung oder Befriedigung und durch das abrupte Nebeneinander von normalem und abnormalem Verhalten.

Im übrigen gilt für die Genese des Battered Parent Syndroms das Gleiche wie für andere psychische Syndrome der Jugend: soziale Unebenheiten und epochale Einflüsse wirken entscheidend mit, zugleich konvergieren die gefundenen Merkmale mit einer Psychopathologie von Jugendkrisen: Kontaktstörung, psychische Retardierung, Regression, elterliche Depression, Ich-Schwäche. Sie sind bekannt und müssen nicht neu beschrieben werden. Im einen Fall rücken die sozialen Störgrößen stärker ins Blickfeld, im anderen Fall die psychischen Störungen bei Kind oder Eltern. Jede dieser Komponenten, sogar beide zugleich, kann allerdings verdeckt sein.

Aufgrund der Heterogenität der Befunde ist Skepsis angebracht, ob das Parent Battering, so wie es im Schnittpunkt sozialer und psychischer Faktoren liegt, einheitlich als neues Syndrom definiert werden sollte, oder nur als Sammelbegriff dienen sollte, der im Einzelfall zu spezifizieren wäre, vor allem mit Hinblick auf die konkreten sozialen Lebensumstände, die das Verhalten begünstigen. Dringend ist auch dem Mißverständnis vorzubeugen, es könnten für das Parent Battering feste therapeutische Richtlinien ausgegeben werden.

Klar zu sein scheint lediglich, daß sowohl Psychotherapie wie auch soziales Management erforderlich sind. Konkret heißt dies: Eine Trennung der Eltern vom Kind oder umgekehrt muß nachdrücklich betrieben werden; es wäre aber ein Versäumnis, die psychische Not des schlagenden Kindes und der geschlagenen Eltern zu übersehen, zumal sich diese Not durch die äußere Entflechtung der Familie nicht sogleich und nicht von selbst auflöst.

Literatur

Balint, M.: Angstlust und Regression. Stuttgart 1960.
Balint, M.: Therapeutische Aspekte der Regression. Stuttgart 1970.
du Bois, R.: Entwicklung der Aggressivität und Gewaltphantasien bei Kindern und Jugendlichen. In: G. Hey/S. Müller/H. Sünker (Hrsg.): Gewalt – Gesellschaft – Soziale Arbeit. Frankfurt 1993.

Burgess, A.: Abused to Abuser; Antecedents of Socially Deviant Behaviours. Am J Psychiatry 144, 1987, S. 1431–1436.

Charles, A. V.: Physically abused parents. Journal of Family Violance 1, 1986, S. 343–355.

Coolidge, J. C./Willer, M. L.: School Phobia in Adolescence. A Manifestation of Severe Character Disturbance. Am J Orthopsychiatry 30, 1960, S. 599–607.

Gadros, J.: The abused parent. Poster at the 9th Congress of the ESCAP Conference. London 1992.

Harbin, H./Madden, D.: Battered Parents. A New Syndrome. Am J Psychiatry 136, 1979, S. 1288–1291.

Horowitz, M. J.: Stress Response Syndromes. New York 1976.

Jakob, A.: Battered Parents. Ergebnisse einer Umfrage. Inaugural-Dissertation Medizinische Fakultät. Universität Tübingen 1993.

Klein, M.: The Psychoanalysis of Children, London 1932.

Lempp, R.: Familie im Umbruch. München 1986.

Nave-Herz, R./Markefka, M. (Hrsg.): Handbuch der Familien- und Jugendforschung. Bd. I. Familienforschung. Neuwied/Frankfurt/M. 1979.

Ney, Ph./Mulvihill, D.: Case report on parent abuse. Victimology 7, 1982, S. 194–198.

Nwokocha, K./Nkpa, U.: Social Change and the Problem of Parent Abuse in a Developing Country. Victimology 6, 1981, S. 167–174.

O'Toole, R./Turbett, J. P./Linz, M./Metha, S.: Defining Parent Abuse and Neglect. Free Inquiry in Creative Sociology 11, 1983, S. 156–158.

Paulson, M. J./Coombs, R. H.: Youths who physically assault their parents. Journal of Family Violance 5, 1990, S. 121–133.

Pierce, R. L./Trotta, R.: Abused parents. A hidden family problem. Journal of Family Violance 1, 1986, S. 99–110.

Steinmetz, S. K.: Battered Parents. Society 15, 1978, S. 54–55.

Stern, D. N.: The Representation of Relational Patterns in Developmental Considerations. In: A. J. Sameroff & R. N. Emde (Hrsg.): Relationship Disturbances in Early Childhood. New York 1989.

Terr, L.: Psychic Trauma in Children and Adolescents. Psychiatric Clinics of North Amerika 8, 1985, S. 815–835.

Terr, L.: Childhood Traumas. An Outline and Overview. Am J Psychiatry 148, 1991, S. 10–20.

Widom, C.: The Cycle of Violence. Science 244, 1989, S. 160–165.

Winnicott, D. W.: Übergangsobjekte und Übergangsphänomene. In D. W. Winnicott: Von der Kinderheilkunde zur Psychoanalyse. München 1976.

Walther Specht

Jugendliche Gewalt – Hintergründe und Handlungsansätze

1. Vorbemerkungen

Seit 1991 mehren sich in Deutschland Berichte über die Zunahme gewalttätiger Ausschreitungen gegen Fremde und Schwache in unserer Gesellschaft. Hierzu gehören Gewalthandlungen gegen Asylbewerber, Flüchtlinge, schon viele Jahre in Deutschland lebende Ausländer, Obdachlose und Behinderte.

Wer Schwache und Ausgegrenzte treffen will, macht auch nicht halt davor, deren Helfer und Anwälte aufs Korn zu nehmen. So tauchten in Bielefeld etwa Hakenkreuze auf den Autos von Diakoniestationen auf.

Gewalt gegen Schwächere ist zweifelsohne kein neuartiges Phänomen, aber für 1992 berichtet das Bundesamt für Verfassungsschutz von einer Steigerung von über 50% mehr Gewalttaten aus Fremdenhaß und rechtsextremer Gesinnung heraus gegenüber 1991. Insgesamt waren dies 2285 „Gewalttaten mit erwiesener oder zu vermutender rechtsextremistischer Motivation". 17 Menschen wurden getötet, darunter 7 Ausländer. Hinzu kamen Angriffe auf jüdische Friedhöfe und Gedenkstätten. Etwa 70% der ermittelten Tatverdächtigen sind unter 21 Jahre alt und etwa 2% waren älter als 30 Jahre.

Diese Zunahme von Gewalt ist beunruhigend und empörend zugleich. Aggressives Verhalten gegen Menschen mit zum Teil tödlichem Ausgang sind brutale Rechtsverletzungen, für die es in unserem Rechtsstaat weder Billigung noch Rechtfertigung gibt. Angriffe und Zerstörungen von Sachen – etwa auf Unterkünfte oder jüdische Kultstätten, Friedhöfe – sind in gleicher Weise zu verurteilen.

Was gilt für uns Christen in dieser Zeit in besonderer Weise? Nicht Fremder, nicht Schwacher, nicht Schwarzer, nicht Weißer, nicht Mischling, sondern *Mensch* geworden ist Gottes Sohn. Hier liegt der Grund für alle Verständigung. Hier hat das Gebot zur christlichen Nächstenliebe seine Ursache. Dies bedeutet einmal, daß wir für Schwache, Verachtete und Ausgegrenzte da sind und soziale Schutzräume schaffen.

Da Gott aber jedem einzelnen Menschen nachgeht, ist die Kirche und ihre Diakonie auch gefragt, was sie auf der Täterseite tut, denn dort ist die Entfremdung von Gott – als die größte Not des Menschen – besonders deutlich. Die Arbeit mit Tätern – ich denke hier sowohl an die gewaltbereiten als auch an die gewaltpraktizierenden jungen Menschen – darf aber nicht erst dann einsetzen, wenn diese rechtskräftig verurteilt sind und „Straffälligenhilfe" sowie „Gefangenenseelsorge" einsetzt. Die Kirche und ihre Diakonie muß die Frage stellen und sie zu beantworten versuchen, warum junge Menschen hassen und wie es dazu kommt, daß sie andere Menschen angreifen, verletzen, entwürdigen oder gar töten.

Auch und gerade hassende Jugendliche brauchen unsere Aufmerksamkeit, Zuwendung und christliche Nächstenliebe. Wir müssen uns bewußt machen, daß wir zunächst unsere eigenen Ängste vor Berührungen mit diesen Jugendlichen überwinden müssen. Die Kirche und ihre Diakonie hat eine gute Tradition in dem Bereitstellen von Hilfe und Schutz für Kranke und Schwache entwickelt. Es fällt unserer Kirche und ihrer Diakonie aber wesentlich schwerer nachzuweisen, daß sie sich mit dem gleichen Engagement wie für Kranke und Schwache auch für gefährdete Jugendliche einsetzt, wenn diese aufgrund brutaler Gewalthandlungen als *gefährlich* wahrgenommen werden. Wir dürfen an dieser Stelle unsere Verantwortung nicht allein auf den Staat bzw. auf Polizei und Justiz abwälzen. Auch für gewaltbereite und gewaltpraktizierende Jugendliche haben wir Verantwortung. Darum geht es mir hier in diesem Beitrag.

2. Erscheinungsformen jugendlicher Gewalt – Wer sind die Täter?

Der Großteil jugendlicher Rechtsbrüche im Bereich der Gewalt-delikte liegt glücklicherweise nicht im Bereich von Brand- und Mordanschlägen. Dies soll beispielhaft aus dem Jahresbericht des Landeskriminalamtes (LKA) von Baden-Württemberg für das Jahr 1990 verdeutlicht werden. Welche Fakten und Trends zeigen sich da?

Die Zahl der in Baden-Württemberg von der Polizei ermittelten Tat-verdächtigen unter 21 Jahren (Jungtäter) war 1990 im Vergleich zum Vorjahr um 1713 oder 4,4% auf insgesamt 40913 Tatverdächtige an-gestiegen. Damit wurde ein seit 1986 deutlich rückläufiger Trend bei der Anzahl von Jungtätern unterbrochen (LKA Ba-Wü. S. 3).

Hier interessiert nun besonders der Anteil jugendlicher Gewalt-täter an der erwähnten Gesamtverdächtigenzahl. Er liegt bei 7,62%. So wurden also 1990 insgesamt 3121 Tatverdächtige unter 21 Jahren registriert. Im Vorjahr waren es noch 2972. Damit ist die Zahl der von Jungtätern begangenen Gewaltstraftaten von 1989 auf 1990 um 8,7% angestiegen. Der Aktivitätsschwerpunkt lag dabei eindeutig bei den Fällen des Raubes und der schweren Kör-perverletzung. 21% der jugendlichen Gewalttäter verübten die De-likte in alkoholisiertem Zustand (LKA Ba-Wü. S. 5).

Für entsprechende Maßnahmen im Bereich der Jugendhilfe ist nun sehr wichtig, ob die Delikte einzeln oder mit mehreren Jugend-lichen zusammen begangen wurden. Im vorliegenden baden-würt-tembergischen Beispiel wurden die Gewaltstraftaten in 68,8% der Fälle von 2 oder mehreren Tatverdächtigen *gemeinsam* begangen. Dies ist für den Bereich der Jugendkriminalität eher eine typische Erscheinung und gilt in besonderer Weise bei der Begehung von Körperverletzungsdelikten. Die Gruppe der meist Gleichaltrigen (Cliquen, Jugendbanden) hat hier sehr häufig die Funktion, zu de-linquenten Handlungen anzuregen und zu ermutigen. Im er-wähnten Polizeibericht ist hierbei von „Gruppenzwang" die Rede.

Eine Großzahl von Gewaltdelikten bei Jungtätern liegt jedoch im Bereich der Sachbeschädigungen, wenngleich viele Delikte nicht aufgeklärt werden. Hier erfahren wir aus dem Bericht des LKA Baden-Württemberg (S. 82/83) folgendes:

„Öffentliche Einrichtungen sind häufiges Ziel sinnloser Zerstörung durch junge Leute, die hierbei meist in Gruppen auftreten. An Telefonzellen, an der Beleuchtung öffentlicher Verkehrswege, insbesondere in Unterführungen und in öffentlichen Verkehrsmitteln wird hierdurch hoher Schaden angerichtet.

Z. B. erfaßte die Bundesbahndirektion im Jahre 1990 für den Großraum Stuttgart 2551 Schadensfälle in S-Bahnwagen mit einem Sachschaden von DM 951 617,–. Hauptsächlich wurden von den Tätern Polster aufgeschlitzt und beschmiert, Ablagebrettchen und Armlehnen abgetreten oder Brandschäden verursacht, indem die Täter kurz vor Verlassen des Zuges Papier entzündeten.

Geringes Fahrgast- und Passantenaufkommen wird für vandalistische Taten ebenso ausgenutzt wie Dunkelheit und abgelegene, schwer einsehbare Örtlichkeiten. Infolgedessen wird auch nur ein geringer Teil gemeinschädlicher Sachbeschädigungen aufgeklärt. Selbstverständlich ist auch davon auszugehen, daß nicht der gesamte Schaden auf das Konto der Jungtäter geht. Durch langjährige Erfahrung ist allerdings belegt, daß die beispielhaft dargestellten Schäden in S-Bahn-Zügen überwiegend von Jugendlichen und Heranwachsenden angerichtet werden."

Soweit einige beispielhafte Erscheinungsformen jugendlicher Gewalt.

3. Wie können Phänomene jugendlicher Gewalt erklärt werden? – Zu den Hintergründen

3.1 Allgemeine Erklärungsansätze

Das Landeskriminalamt Baden-Württemberg führt zur Erklärung von Jugendkriminalität im wesentlichen 6 Ursachenbereiche auf:
– „unbefriedigte Abenteuer- und Unternehmungslust;
– Langeweile;
– Aggressionen aus allgemeiner Unzufriedenheit;
– mangelnde Möglichkeiten oder Fähigkeiten zur aktiven Freizeitgestaltung;
– Alkoholeinwirkung und
– Stärke in der Gruppe demonstrieren".

Diese Erklärungsmuster der Polizei verbleiben auf einer Ebene mittlerer Reichweite und bedürfen der Ergänzung. Umfassendere gesellschaftliche Wandlungsprozesse sind damit nur indirekt erfaßt und können hier auch nur grob skizziert werden.

Im Prozeß des Erwachsenwerdens bestehen heute für Jugendliche besondere Entwicklungsanforderungen, die zu bedeutsamen Krisen führen können. Dies insbesondere in dem Versuch, ihrem Leben Sinn zu geben. Vielfach sind die erwarteten Früchte für ihre Anstrengungen im Ausbildungsbereich nicht mehr erkennbar. Lebensplanungen können nicht mehr von der Sicherheit ausgehen, daß Schule und Berufsausbildung das Eintreffen einer beruflichen Perspektive gewährleisten. Die Zukunft ist schwerer planbar geworden. Gleichzeitig findet eine zunehmende Vergesellschaftung aller Lebensbereiche statt, die auch zu einer wachsenden Verregelung des Alltags von Kindern und Jugendlichen führt. Die Liste der Lebensrisiken und -aktivitäten, die es zu verregeln, zu verrechtlichen, zu versichern gilt, wird immer länger. Vormals geforderte eigenständige, persönliche Leistungen und soziale Beziehungen werden formalisiert und kommerzialisiert. Als eine dominante Handlungsorientierung gilt das Zauberwort „Sicherheit".

Diese Entwicklung ist zu sehen vor dem Hintergrund gesamtgesellschaftlicher Prozesse, die von Soziologen mit dem Theorem der *Individualisierung* beschrieben werden (vgl. Beck 1986). Es verweist auf die uns allen bekannten Tatbestände einer zunehmenden Auflösung traditioneller Lebensverhältnisse und Normkonzepte. Die bisherige Ordnung der Lebensverhältnisse sowohl auf dem Land als auch in der Stadt weichen auf. Das Miteinanderleben in Familien geht zurück, verwandtschaftliche und nachbarschaftliche Beziehungen werden zunehmend brüchig. Vereinzelung von Menschen ist ein häufiges Ergebnis.

Zentraler Motor dieser Entwicklung sind hierbei Erfordernisse des Arbeitsmarktes. Die Zunahme der Bedeutung von Bildung und beruflicher Qualifikation als ein Verteilungskriterium für sozialen Status in der Gesellschaft ist immens. Den damit verbundenen Autonomiegewinnen stehen verstärkte Konkurrenzbeziehungen zwischen den sich qualifizierenden Individuen gegenüber. Der mit dem Prozeß der Individualisierung und Pluralisierung von Lebenslagen einhergehende Wertewandel führt zu einer Schwächung sozialer bzw. kollektiver Deutungsmuster und Handlungsformen. Der Solidarität unter den Menschen droht die Gefahr, zu einem Wert einer veralteten politischen Moral zu werden. Wo dennoch menschliche Zuwendung, soziale Hilfen geboten sind, werden diese an professionalisierte Instanzen abgegeben. Diese tendieren ihrerseits dazu, ebenfalls individualisierende Hilfen zu entwickeln und anzuwenden. Die gleichzeitige und bereits erwähnte Verregelung und Verrechtlichung des Alltags führt dazu, daß Diakonie und Sozialarbeit verstärkt Einzelindividuen gegenüberstehen, die mit bestimmten individuellen Rechten ausgestattet sind.

Fortschreitende Verregelung führt damit zwar zu immer mehr Einzelsicherheiten in unterschiedlichen Lebensbereichen, macht diese aber gleichzeitig unzugänglicher und engt entwicklungsnotwendige Erfahrungsspielräume für Kinder und Jugendliche zunehmend ein. Die Automobilisierung und die Monofunktionalität des öffentlichen Nahraumes, insbesondere in städtischen Wohnquartieren, leistet dazu einen weiteren negativen Beitrag. Die Welt der Erwachsenen wird somit von vielen Kindern und Jugendlichen als feindlich, zubetoniert, reizarm und zuweilen auch als übersättigt erlebt.

Es fehlen also in zunehmendem Maße Lernfelder im Alltag des Heranwachsenden, die eine positive Identitätsfindung durch selbstverantwortliches Handeln zulassen und fördern. Letzteres ist besonders bedeutsam für Kinder und Jugendliche aus einkommensschwachen oder armen Familien, da sie wesentlich stärker auf ihren alltäglichen Lebensraum angewiesen sind. Mit Geld läßt sich zumindest ein Teil der angedeuteten ökologischen Mängellagen – etwa durch terminkalendergeplante Besuche, Ausflüge, Reisen zu bedürfnisgerechten und attraktiven Freizeitorten – kompensieren.

Dem steht jedoch entgegen, daß es in Deutschland unter den Jugendlichen ein wachsendes Armutspotential gibt. In der Gruppe der 18- bis 25jährigen etwa gibt es für die Zeit von 1973 bis 1990 einen Anstieg der Bezieher von Sozialhilfe (Hilfe zum Lebensunterhalt) um das 13fache, nämlich von 27 000 auf 369 000. (Ernst-Ulrich Huster, a. a. O., S. 35).

Für Jugendliche notwendige Lern- und Erfahrungsfelder müssen weiter eine territoriale Identifikation unterstützen und in ausreichender und konstruktiver Weise Spaß, Freude, Abenteuer, Spannung und manchmal auch Nervenkitzel zulassen und gewährleisten.

Eingebunden in soziale, kommunikative Zusammenhänge sollen dabei persönliche und gesellschaftliche Grenzen bzw. Normen erfahrbar und ausgelotet werden können – ohne hierbei allerdings sofort von Verboten und Strafandrohungen betroffen zu sein. Letzteres ist leider aber schon zum Problem geworden, da generell Kinder und Jugendliche heute immer häufiger bei der Polizei angezeigt werden. Wo früher noch persönliche Auseinandersetzungen stattfanden, treten heute verstärkt staatliche Kontrollinstanzen auf.

3.2 Sonderform: rechtsextremistisch oder rassistisch motivierte Gewalt

Wenn sich das Bundesamt für Verfassungsschutz (s. o.) um Gewalthandlungen Jugendlicher kümmert, dann ist von einer politischen Motivation der angezeigten Delikte auszugehen. Es wird etwa die Frage gestellt, ob jugendliche Gewalthandlungen rechtsextremistisch oder linksextremistisch motiviert sind. Die oben erwähnte Steigerung von über 50% der Gewalttaten im Jahre 1992 im Vergleich zum Vorjahr hatte eine erwiesene oder vermutete rechtsextremistische Orientierung zur Grundlage. (Im gleichen Zeitraum war es auch zu einer Steigerung linksextrem motivierter Gewalttaten von 797 auf 835 gekommen.)

Da die Angriffe gegen Fremde und Schwache aus dem rechtsextremistischen Lager kamen, soll hier der mir sehr plausibel scheinende Erklärungsansatz von Heitmeyer (1992) vorgestellt werden. Die verfolgte Frage ist also auf die Inhalte rechtsextremistischer Orientierungen und Handlungsweisen gerichtet. Welche Prozesse müssen ablaufen – idealtypisch betrachtet –, daß ein Jugendlicher eine Gewalthandlung begeht, die als rechtsextremistisch motiviert bezeichnet werden kann?

Nach Heitmeyer (1992) müssen hierzu die beiden Grundelemente „Ideologie der Ungleichheit" und „Gewaltakzeptanz" zusammenkommen (S. 13 f.).

Die Ideologie der Ungleichheit enthält dabei zwei zentrale Dimensionen:

Die erste Dimension ist personen- bzw. gruppierungsbezogen und auf Abwertung, also Ungleichwertigkeit ausgerichtet. Hierzu gehören Stichworte wie nationalistische bzw. völkische Überlegenheit gegenüber Fremden, anderen Nationen oder Rassen.

Die zweite Dimension ist eher lebenslagenbezogen und zielt auf Forderungen, Fremde auszugrenzen. Die Form der Ausgrenzung schlägt sich nieder in einer Ungleichbehandlung von Fremden in sozialer, ökonomischer, kultureller, rechtlicher und politischer Hinsicht.

Das zweite Grundelement, die Gewaltakzeptanz, zeigt sich in folgenden 4 Varianten:

– Überzeugung, daß es ohne Gewalt nicht gehe;
– Billigung privater und staatlicher Gewalt;
– die eigene Gewaltbereitschaft und
– die tatsächliche Gewalttätigkeit.

Die Gewaltakzeptanz basiert also u. a. auf der Annahme, daß demokratische Regelungsformen bei sozialen und politischen Fragen und Konflikten untauglich seien und daher autoritärer und militaristischer Umgangsformen bedürften.

Wer gewalttätig handelt, braucht dazu eine besondere Legitimation. Dies ist auch gewaltpraktizierenden Jugendlichen bewußt. Für sie übernimmt – nach Heitmeyer – die Ideologie der Ungleichheit (das erste Grundelement) die dafür wichtige Legitimationsfunktion.

Von rechtsextremistisch motivierten Gewalthandlungen Jugendlicher ist also dann zu sprechen, wenn die beiden erwähnten Grundelemente zusammenfließen, d.h. wenn sich die strukturell gewaltorientierte Ideologie der Ungleichheit mit den erwähnten Varianten der Gewaltakzeptanz als Handlungsform verbindet.

Soweit das etwas verkürzt dargestellte Erklärungsmodell von Heitmeyer.

Es ist zweifelsohne ein hilfreicher theoretischer Versuch zur Erklärung des geringeren Teils jugendlicher Gewalt, die als rechtsextremistisch motiviert bezeichnet werden kann. In der Praxis – etwa in der Jugendarbeit – sind häufig Hintergründe jugendlicher Gewalthandlungen nicht so ohne weiteres als eindeutig rechtsextremistisch motiviert zu belegen. Ursachenlagen sind meist sehr komplex. Gewaltbereite und gewalttätige Jugendliche brauchen aber in jedem Fall die vertrauensvolle, nicht die vertrauensselige, Zuwendung von Menschen, von Christen. Jegliche Ausgrenzung und Stigmatisierung muß vermieden werden. Mobile Jugendarbeit, vielfach von evangelischen Kirchengemeinden, diakonischen Jugendhilfeträgern, aber auch von anderen freien und öffentlichen Trägern praktiziert, hat dazu bereits seit langem wichtige, ermutigende Erfahrungen vorgelegt.

4. Handlungskonzepte und ihre Reichweite

Mobile Jugendarbeit als ein Bereich ambulanter Jugendhilfe und offener Jugendarbeit ist ein lebensweltorientiertes Handlungskonzept (vgl. 8. Jugendbericht der Bundesregierung). Sie versucht, Beratungs- und Hilfeangebote zusammen mit gefährdeten Kindern und Jugendlichen zu entwickeln. Es geht also um alleingelassene, aggressive, lebensresignative, suchtgefährdete, arbeitslose oder delinquenzbelastete junge Menschen.

Das anwaltliche Eintreten für die genannten Zielgruppen geschieht in Form von Streetwork, Einzelberatung, Gruppenarbeit und Gemeinwesenarbeit. Dies bedeutet, auf der Grundlage lokal-, regional- und Scene-spezifischer Gegebenheiten Arbeit im Lebensfeld von Kindern und Jugendlichen, also im Stadtteil, im Wohnviertel, in der Herkunftsgemeinde, auf der Straße, in Parks, in Jugendhäusern in der „Szene", in Clubs, Beratungs- und Kulturzentren, in der Diskothek, im Fußballstadion oder allgemein an Orten, die für Kinder und Jugendliche eine hohe Anziehungskraft haben oder das Ergebnis vorangegangener Ausgrenzungs- und Verdrängungsprozesse sichtbar werden lassen.

Haben für den einzelnen Jugendlichen Cliquen, auffällige Straßengruppen oder Jugendbanden (Streetgangs) einen hohen Orientierungswert, erhält die Gruppenarbeit zentrale Bedeutung. Hinzu kommt die Kooperation mit allen für den einzelnen Jugendlichen signifikanten Bezugspersonen und -gruppen wie Eltern, Familienangehörige, einzelne einflußreiche, meist ältere Jugendliche, Schlüsselpersonen, Nachbarn, Bewohner, Schule, Betrieb, Polizei, Geschädigte, Opfer, Jugendamt, Gerichte, Rechtsanwälte, Gläubiger u. a.

Mobile Jugendarbeit betont die Wahrnehmung von Bewohnerinteressen und die Veränderung von sozial-ökologischen Lebenslagen, so daß soziale Probleme stärker in ursächlichen Zusammenhängen erkennbar und angegangen werden können. Bei diesem präventiven Aspekt spielt das Moment der gemeinde- bzw. stadtteilöffentlichen Behelligung, Mobilisierung und Beteiligung der Bewohner, der Gemeindemitglieder, an Problemlösungsstrategien durch eine intensive Öffentlichkeitsarbeit eine sehr bedeutsame Rolle. Durch den damit auch angestrebten Aufbau einer informellen Sozialkontrolle durch Bewohner sollen gleichzeitig immer weniger staatliche Kontrollorgane (Polizei) aktiviert werden müssen.

Der Schwerpunkt Mobiler Jugendarbeit liegt in der Beratung jugendlicher Cliquen und Straßengruppen im Alter zwischen 12 und 18 Jahren, so wie sich diese als Gleichaltrige natürlicherweise innerhalb ihres Wohnbereiches gebildet haben. In nicht seltenen Fällen werden auch unter 12jährige oder über 18jährige, die entweder eigene Cliquen bilden oder bestehende Straßengruppen als Randfiguren tangieren, vereinzelt sind oder in Zweierbeziehungen auftreten, beraten.

Das „mobile" methodische Element geht vom Jugendarbeiter aus. Er – oder sie – sucht Kinder und Jugendliche, die als zuwendungsbedürftig oder gefährdet definiert sind, in ihren Lebensfeldern auf und versucht, als Repräsentant einer sozialen Einrichtung auf der Straße, in Parks, Gaststätten, Spiel- und Sportplätzen, allgemein an Jugendtreff-Orten, zu Zeiten, die durch die Jugendlichen bestimmt werden (nach Feierabend, spätabends, am Wochenende, tagsüber) durch Beratungshilfen und -angebote Vertrauen zu gewinnen, um längerfristig Einstellungs-, Verhaltens- und Lebensveränderungen bei ihnen zu erreichen.

Die zentrale „Geschäftsgrundlage" zwischen Mobiler Jugendarbeit und gefährdeten Jugendlichen ist eine gegenseitig belastbare Vertrauensbasis. Um sie zu erreichen, bietet der Mobile Jugendarbeiter individuelle und gruppenbezogene Beratung für die Lebensbereiche Familie, Schule, Ausbildung, Arbeit und Freizeit an. Soziale oder materielle Probleme wie Vernachlässigung, Lernschwierigkeiten, Orientierungslosigkeit bzw. rechtsextremistische Orientierungen und Gewaltbereitschaft, Arbeitslosigkeit, legaler und illegaler Drogenkonsum, Überschuldung erfordern häufig sowohl kurzfristige Interventionen als auch eine mittel- bzw. langfristig orientierte Handlungsstrategie. Dies bedeutet, die vielschichtigen Probleme Jugendlicher in ihrer individuellen Lebenssituation ganzheitlich zu betrachten, jedoch auf den einzelnen abgestimmte Beratungshilfe anzubieten. Hinzu kommt der für delinquent handelnde, kranke oder drogenabhängige Jugendliche besonders relevante Bereich des Umganges mit Behörden, Ärzten, Kliniken, Kostenträgern und Opfern.

Für den Sozialarbeiter bedeutet dies konkret, daß er beispielsweise Jugendliche begleitet bei Vorstellungsgesprächen in Betrieben, Ämtergängen, Arztbesuchen und Gerichtsverhandlungen, Besuche durchführt zu Hause, in der Schule, am Arbeitsplatz, in der

Untersuchungshaft und Vollzugsanstalt, im Krankenhaus, in einer therapeutischen Einrichtung – oder vermittelnde Gespräche führt mit Kollegen der einrichtungsgebundenen Jugend- und Beratungsarbeit, der Sozialen Dienste, der Jugendgerichts- oder Bewährungshilfe, der Sozial- und Gesundheitsämter.

Nach dem Konzept der emanzipativen Lernschritte (Specht 1979) und dem für die Drogenarbeit von Kastner/Silbereisen (1984) entwickelten Konzept der „funktionellen Äquivalente" kommt es darauf an, delinquente Handlungen durch attraktive sozialpädagogisch inszenierte Alternativen abzulösen bzw. zu ersetzen. Diese Gegenpole zu selbst- bzw. fremdzerstörerischem Verhalten müssen für den Jugendlichen Lernorte darstellen, die eine Entlastungs- und Korrekturfunktion haben. Abweichendes Verhalten muß dabei immer mehr überflüssig werden. Zu beachten ist hierbei, daß es der Jugendliche oder seine Gruppe ist, der/die darüber entscheidet, was „attraktiv" ist und worauf es sich lohnt, sich einzulassen. Schon von daher ist es selbstverständlich, daß sämtliche Aktivitäten zusammen mit den Jugendlichen entwickelt werden müssen.

Über den engeren einzelnen oder gruppenpädagogischen Bezug hinaus ist es für die Mobile Jugendarbeit von entscheidender Bedeutung, wie es gelingt, die Kommunikationsstrukturen ausgegrenzter, stigmatisierter und kriminalisierter Jugendlicher oder ganzer Cliquen mit dem übrigen Gemeinwesen positiv zu beeinflussen. Hierzu ist eine verständigungsorientierte und aufklärende Vermittlungsarbeit in der Gemeinde, im Stadtteil erforderlich. Diese setzt in der Familie, in der Nachbarschaft, in der Gemeinde, in der Schule, in peer groups oder allgemein bei der Stadtteilöffentlichkeit an und versucht bewußt, in diesen Interaktionsfeldern gegenläufige, also Zuwendungs- und Solidarisierungsprozesse auszulösen. Hierzu ist es erforderlich, daß die betroffenen Jugendlichen selbst aus dem Schutzraum sozialpädagogischer Beratung heraustreten und stadtteilöffentlich ihr „neues" Verhalten – etwa bei Sportveranstaltungen, Bürgerversammlungen oder Stadtteilfesten – konkret erfahrbar machen. Es kommt also darauf an, daß von den vormals ausgegrenzten Jugendlichen nun öffentlich wertgeschätzte Handlungen ausgehen.

Im Rahmen einer intensiven Öffentlichkeitsarbeit sollen vor allem Familien bzw. Bewohner auf die Lebenslage benachteiligter

Kinder und Jugendlicher in ihrer Nachbarschaft aufmerksam werden und gleichzeitig die Möglichkeit erhalten, sich für deren Belange einzusetzen. Dies kann sowohl durch eine ehrenamtliche Mitarbeit als Laienberater als auch durch lokal- und jugendpolitisches Engagement auf der Gemeinwesenebene geschehen.

Erfahrungen mit dem Konzept der Mobilen Jugendarbeit aus den alten und neuen Bundesländern, wenngleich auch nicht an allen Orten unter dieser Begrifflichkeit durchgeführt, sind in vielfältiger Weise vorhanden und sehr ermutigend. Der erste entscheidende Schritt ist getan, wenn sich in einer Gemeinde oder in einem Stadtteil – etwa im Falle verstärkter jugendlicher Gewaltäußerungen – eine Initiativgruppe bildet und diese sich entschließt, zusammen mit den Jugendlichen neue produktive Wege in der Gemeinde, im Gemeinwesen zu gehen. Die Entschlossenheit, die Lebenslage von bedrohlich wirkenden Jugendlichen zu untersuchen, diese zu beschreiben und zusammen mit den Jugendlichen zu verändern, ist der Grundstein zum Erfolg. Dann werden „bedrohliche" Jugendliche zu „bedrohten" Jugendlichen – und Zuwendung und Hilfe dominieren vor Ausgrenzung und Bestrafung. Dies heißt selbstverständlich in keinem Fall, daß Rechtsbrüche, Verletzungen von Menschen oder andere Gewalthandlungen toleriert oder gar gedeckt würden, insbesondere bei relativ eindeutig als rechtsextremistisch motivierten Gewalthandlungen. Die Verfolgung von strafbaren Handlungen ist Sache von Polizei und Justiz. Jugendarbeiter, Sozialarbeiter, Pädagogen und Pfarrer dagegen haben die Frage zu stellen, wie es ihnen gelingt, das Böse oder – wie die Juristen sagen – das „Verwerfliche der Tat" zurückzudrängen oder künftig überflüssig zu machen, indem sie die oft verzweifelte Lebenssituation junger Menschen wahrnehmen und zusammen mit ihnen Veränderungen anstreben.

Aktuell und beispielhaft wird dies etwa versucht in 17 Projekten im Bundesland Sachsen, für die das Diakonische Werk der EKD die fachliche Beratung übernommen hat. In sieben Städten sind kirchliche und andere Träger daran gegangen, unterschiedlichen Zielgruppen Jugendlicher (u. a. Skinheads, Trebegängern, Gangs, Fußballfans) neue, sozial gelingende Bezüge zu eröffnen. Dies geschieht im Rahmen eines Modellprogammes des Bundesministeriums für Frauen und Jugend (AGAG).

Die oben erwähnten positiven Erfahrungen mit dem Konzept

der Mobilen Jugendarbeit aus dem Bereich der Evangelischen Kirche und ihrer Diakonie liegen auch bei anderen freien und kommunalen Trägern vor. Bundesweit hat sich eine beträchtliche Anzahl von Jugendhilfeprojekten in diesem Bereich bereits entwickelt und sehr bewährt. Nicht wenige dieser Projekte konnten den Nachweis einer hohen Integrationsleistung und einer erheblichen Gewalt- bzw. Delinquenzreduktion führen (z.B. Piaszczynski 1993) und in den entsprechenden Stadtteilen/sozialen Brennpunkten/Regionen zu einer Entspannung der Problemlagen beitragen.

Neue Situationen und regionale Besonderheiten in den Großstädten, Mittelstädten und kleineren Kommunen führen zu einer ständigen Weiterentwicklung des stets unfertigen Konzepts der Mobilen Jugendarbeit. Es kommt nun verstärkt darauf an, die im 8. Jugendbericht der Bundesregierung und im neuen KJHG erklärte Programmatik einer lebensweltorientierten und präventiven Jugendhilfe systematisch auszubauen.

Literatur

Beck, U.: Risikogesellschaft. Auf dem Weg in eine andere Moderne. Frankfurt 1986.
Heitmeyer, W. u. a.: Die Bielefelder Rechtsextremismus-Studie. Weinheim/München 1992.
Huster, E.-U.: Armut – eine gesellschaftliche Herausforderung. In: Danken und Dienen, DW EKD, 1992.
Kastner, P./Silbereisen, R. K.: Drogengebrauch Jugendlicher aus entwicklungstheoretischer Sicht. In: Bildung und Erziehung 3, 1984.
Piaszczynski, U.: Mobile Jugendarbeit mit rechtsextrem orientierten Jugendlichen in Baden-Württemberg. In: Aus Politik und Zeitgeschichte, Beilage: Das Parlament B 46/47, 1993.
Specht, W.: Jugendkriminalität und mobile Jugendarbeit. Neuwied 1979.
Bericht des Landeskriminalamtes Baden-Württemberg: Jugendkriminalität und Jugendgefährdung in Baden-Württemberg, 1990.

Hartmut Gabler

Gewalt, Jugend und Sport – Ein sportspezifisches oder ein allgemeines gesellschaftliches Phänomen?

1. Einleitung

Warum ein Beitrag zu diesem Thema mit dem besonderen Bezug zum *Sport?* Ist nicht der Sport eine der letzten Inseln von Spiel und Spaß, von freiwilliger und zweckloser, fairer und auch freudvoller Tätigkeit? Stammt nicht gerade der Begriff „Fairneß" aus dem Bereich des Sports, und wird er nicht gerade auch als konstitutives Element des Sports herausgestellt?

Auf den ersten Blick mögen solche Fragen zu bejahen sein. Bei genauerem Hinsehen aber stellen wir fest, daß der Sport zu einem bedeutsamen Teil des öffentlichen Lebens geworden ist und keineswegs mehr frei ist von gesellschaftlichen Zwängen und politischen Einflüssen. Der Deutsche Sportbund hat über 24 Millionen Mitglieder, der Sport macht einen wesentlichen Teil der Fernsehprogramme aus, er stellt in wirtschaftlicher Hinsicht eine bedeutsame Größe dar, und auch die Politik bedient sich des Sports, z. B. dann, wenn es um internationale Anerkennung und Prestige geht.

Der Sport ist zu einem Teil der Alltagskultur geworden. Er ist auch im Blick auf eine Gesellschaft, die von zunehmender Gewalt gekennzeichnet ist, keine Insel mehr. Vielmehr zeigt sich beim genaueren Hinsehen, daß es auch im Sport und im Zusammenhang mit dem Sport vielfältige Formen der Gewalt gibt: zum einen auf dem Sportplatz selbst; zum zweiten am Rande sportlicher Ereignisse (denken Sie an die Zuschauerausschreitungen jugendlicher Fußballfans, und erinnern Sie sich hier vor allem auch an die Katastrophe von 1985, als im Brüsseler Heysel-Stadion 39 Menschen zu Tode kamen); und zum dritten im Rahmen der Darstellung sportspezifischer Gewalt in den Medien.

Der Sport ist *ein* Teil unseres sozialen Lebens. Insofern ist er auch durch vielfältige gesellschaftliche Bedingungen geprägt; und doch ist er auch (und nach wie vor) in vielerlei Hinsicht eigenständig und selbstbestimmt – zumindest entspricht dies seinem Selbstverständnis. Und im Blick auf die Jugend ist nicht zu verkennen, daß der Sport über das Sporttreiben mit Gleichaltrigen, aber auch mit Erwachsenen und über das passive Erleben des Sports im Fernsehen eine bedeutsame Sozialisationsfunktion hat.

Auf diesen Vorüberlegungen basiert das mit einem Fragezeichen versehene Thema, das ich mir gestellt habe – „Gewalt, Jugend und Sport – ein sportspezifisches oder ein allgemeines gesellschaftliches Phänomen?". Mit dieser Fragestellung verbinde ich auch die Frage nach der Verantwortung für die Ursachen der Gewalt von Jugendlichen im und am Rande des Sports. Auf drei Felder möchte ich das Thema beziehen:

1. Gewalt im Sport, d. h. Gewalt zwischen Sportlern und ihr Einfluß auf jugendliche Sportler.
2. Gewalt in den Medien, d. h. Berichterstattung über Gewalt im Sport und ihr Einfluß auf jugendliche Zuschauer.
3. Gewalt am Rande des Sports, d. h. Zuschaueraggressionen jugendlicher Fußballfans inner- und außerhalb des Stadions.

Bevor ich das erste Teilthema „Gewalt bei Sportlern" konkretisiere, möchte ich zunächst klären, was ich unter dem Begriff „Gewalt im Sport" verstehe. Herr Thiersch hat in seinem Beitrag in Anlehnung an Neidhardt vor einem zu breiten Gewaltbegriff gewarnt. Dies lade dazu ein, Konflikte zu dramatisieren, was wiederum rasche Maßnahmen, Verurteilungen und Gesetze rechtfertige. Er plädierte dagegen für eine differenzierte Betrachtung der Gewaltphänomene und für eine enge Bestimmung des Begriffs „Gewalt". Dabei ging er davon aus, daß Menschen in sozialen Settings (wie z. B. in der Situation Familie oder in der Situation Straße und damit – so meine Anmerkung – auch in der Situation Sport) im Rahmen bestimmter Rollen und Machtstrukturen interagieren, wobei sich Konflikte dann ergeben, wenn der Konsens, der diesen sozialen Interaktionen zugrunde liegt, in Frage gestellt wird. *Eine* Form, Konflikte zu thematisieren, so Thiersch, ist Gewalt als unmittelbare, tätliche, körperliche Schädigung von Personen und Sachen.

Ich kann mich inhaltlich an diese Vorgabe anlehnen, auch wenn ich im folgenden den Begriff Gewalt als Oberbegriff für die gesamte

Thematik der Schädigung von Personen und Sachen verwende und die von Thiersch im Rahmen seiner Begriffsbestimmung angesprochene unmittelbare Schädigung von Personen als aggressive Handlung kennzeichne, sofern die Schädigung beabsichtigt war. Allerdings gilt es nun noch zu klären, was im Sport einerseits unter *Konflikt* und andererseits unter *Schädigung*, als *eine* Form, diesen Konflikt zu thematisieren, zu verstehen ist (vgl. Gabler 1987).

Bei der Beantwortung dieser Frage ist es notwendig, von einem konstitutiven Merkmal des Sports, vor allem des Wettkampf-Sports auszugehen. Danach ist der sportliche Wettkampf dadurch gekennzeichnet, daß Hindernisse und Konflikte *willkürlich* geschaffen werden und sich die Beteiligten über die gemeinsamen Regeln zur Problemlösung verständigen; dies bedeutet stets auch eine Einengung der individuellen Handlungsmöglichkeiten. Im Judo, Tennis und Volleyball beispielsweise ist es zentraler sportlicher Sinn, die Handlungsmöglichkeiten des Gegners einzuschränken. Es gehört also zur Idee des sportlichen Leistungsvergleichs, daß sich die „Gegner" an der Erreichung ihrer jeweiligen sportlichen Ziele zu behindern versuchen. Demnach kann der Wettkampf auch nicht von vornherein als gegenseitige (unsoziale) Schädigung aufgefaßt werden. Der Gegner, ohne den kein Wettkampf stattfinden kann, ist deshalb auch nicht als Feind und als Opfer zu verstehen, sondern als Gegenüber, als „Gegen-Spieler" im engen Sinne des Wortes, ja als Partner, mit dem mehr oder weniger ausgesprochen eine gemeinsame Vereinbarung über die jeweils zu befolgenden Regeln und Normen besteht.

Es zeigt sich also deutlich, daß der Sport sein eigenes Regel- und Normensystem besitzt. Dieses Bezugssystem legt fest, was als aggressiv und was als nicht-aggressiv zu bewerten ist. Daß dieses Bezugssystem nicht nur sportspezifisch, sondern sogar sport*art*spezifisch ausgelegt werden muß, zeigt sich darin, daß gleiche Aktionen unterschiedlich zu bewerten sind, je nachdem in welchem normativen Rahmen sie stattfinden. Man stelle sich nur den im Eishockey den Regeln entsprechenden, von allen Gegenspielern akzeptierten, mit kraftvollem Körpereinsatz durchgeführten Bodycheck zum einen beim Sommerschlußverkauf im Kaufhaus und zum anderen beim Einlauf in die Zielgerade eines 800-m-Laufs vor. Oder man stelle sich die im Ringen den Regeln entsprechenden Kampfhandlungen im Alltag als Mittel zur Durchsetzung eigener Ziele und Interessen vor.

Was als aggressiv zu bezeichnen ist, bezieht sich also auf das sportartspezifische Regel- und Normensystem, wobei zwischen Regel- und Normabweichungen unterschieden werden muß. Ein Beispiel dafür: Das Festhalten des Gegners beim Handball ist zwar eine offiziell nicht erlaubte, also eine regelabweichende Handlung; sie wird jedoch von den am Handballspiel Beteiligten weder als aggressiv noch als unsportlich oder unfair aufgefaßt, da sie die inoffiziell gültigen Normen noch nicht verletzt. Handlungen im Sport sind demnach dann als aggressiv zu bezeichnen, wenn sie nicht nur die Regeln brechen, sondern auch den Normen nicht mehr entsprechen, die zwischen den Beteiligten als gültig anerkannt werden. Normabweichende Handlungen im Handball sind etwa: den Kreisläufer von hinten stoßen, einen Sprungwurf mit angezogenen Knien ausführen, den Gegner beleidigen, absichtlich ins Gesicht des Torwarts werfen, im Gedränge (für den Schiedsrichter nicht erkennbar) verdeckt zuschlagen, in den Wurfarm des Gegners beim Torwurf blockierend eingreifen. Solche Handlungen haben eines gemeinsam: Es sind nicht die Handlungsziele des Gegners, die primär angegriffen werden, sondern es ist die *Person* des Gegners, auf die die Schädigung gerichtet ist; zumindest wird die Schädigung der Person des Gegners in Kauf genommen. Diese Schädigung kann in Form von körperlicher oder psychischer Verletzung und Schmerz erfolgen.

Zwei Formen der Aggressionen im Sport sind im wesentlichen voneinander zu unterscheiden:

1. Ein Fußballspieler „revanchiert" sich z. B. für ein zuvor selbst erlittenes Foul. Es geht ihm dabei explizit um die personale Schädigung des Gegenspielers, indem er ihn außerhalb des Spielgeschehens tritt oder schlägt. In diesem Fall sprechen wir von einer *expliziten Aggression.*

2. Der Spieler versucht, den Gegenspieler am Torschuß zu hindern, indem er z. B. in dessen Beine hineingrätscht; dabei nimmt er im Interesse des übergeordneten Leistungsziels eine Verletzung des Gegners, also eine personale Schädigung, in Kauf. In diesem Fall sprechen wir von einer *instrumentellen Aggression,* d. h., die aggressive Handlung wird als Mittel zum Zweck bzw. zur Erreichung eines übergeordneten Leistungsziels eingesetzt.

2. Gewalt im Sport

Nach dieser Begriffsbestimmung kann nunmehr geklärt werden, ob aggressive Handlungen im Wettkampfsport im Laufe der letzten Jahre zugenommen haben. Zunächst sei allerdings im Sinne eines kurzen historischen Exkurses, in Anlehnung an Elias (1975), darauf hingewiesen, daß die expliziten, affektgeladenen Aggressionen im Verlaufe des Entwicklungsprozesses des Sports zunehmend gedämpft wurden. Die ursprünglich gesellschaftlich tolerierten körperlichen Aggressionen wurden durch ein differenziertes Regelwerk mehr und mehr zurückgedrängt. So weisen Berichte von Wettkämpfen bei den antiken Olympischen Spielen in Athen viele Beispiele brutaler Handlungen auf. Elias berichtet von zwei Faustkämpfern der Antike: „Der erste versetzte seinem Gegner einen Schlag auf den Kopf, den dieser zwar überlebte. Als Letzterer aber seine Deckung vernachlässigte, stach der Gegner ihm mit ausgestreckten Fingern in die Seite und riß ihm die Eingeweide heraus und tötete ihn so" (1975, S. 93). Leon Tiskos wurde im Pankration, dem altgriechischen Zweikampf, der das Ringen und den Faustkampf in sich vereinigte, nicht etwa deshalb zweimal Olympiasieger, weil er seine Gegner zu Fall brachte, sondern weil er ihnen die Finger brach (Elias 1975, S. 89). Auch im modernen Fußballsport wurden die ursprünglich sozial tolerierten körperlichen Aggressionen im Rahmen des von Elias beschriebenen Zivilisationsprozesses mehr und mehr zurückgedrängt. So wurde 1874 das Treten und Schlagen des Gegners verboten, und seit 1970 gibt es gelbe und rote Karten, die aufgrund ihrer schwerwiegenden Konsequenzen manchen Spieler davon abhalten, aggressiv zu handeln.

Andererseits müssen wir aber auch erkennen, daß manche Sportler angesichts der Kommerzialisierung, Professionalisierung und Politisierung des Leistungssports auch zunehmend bereit sind, eigene und fremde Erwartungen mit *allen* Mitteln zu erfüllen, d. h. auch instrumentelle Aggressionen einzusetzen. Spektakuläre Beispiele solcher instrumenteller Aggressionen sind – wie bereits angeführt – im Fußball das rücksichtslose Hineingrätschen in die Füße und Schienbeine des ballführenden Gegenspielers oder das Schlagen mit dem Ellbogen bei schnellen Körperdrehungen und im Handball das Anziehen der Knie beim Sprungwurf sowie der vorsätzliche Wurf in das Gesicht des Torwarts.

Bei solchen Aktionen wird die Verletzung des Gegners zwar nicht explizit angestrebt, aber doch im Interesse übergeordneter Leistungsziele in Kauf genommen. Gespräche mit Trainern zeigen, daß mit zunehmend höherer Spielklasse auch häufiger die Anweisung erfolgt, einen wichtigen gegnerischen Spieler von Beginn des Spiels an besonders „hart zu nehmen", um ihm „den Schneid abzukaufen". Je stärker der Erfolgsdruck ist, desto eher rangieren die Werte Leistung und Erfolg über den Werten Unverletzlichkeit und Integrität der Person des Gegners. Diese instrumentellen Aggressionen sind auch deshalb so problematisch, weil Athleten sie mit großem Geschick „verdeckt" durchführen und sie daher vom Schiedsrichter zumeist nicht wahrgenommen werden können. Der dadurch erreichte Erfolg gibt den „Sündern" aus ihrer Sicht sogar noch recht. Der Erfolg heiligt die Mittel; man darf sich nur nicht erwischen lassen – ein Beispiel dafür, wie sehr der Sport auch Prinzipien der Gesellschaft übernommen hat und selbst noch verstärkt.

Wie ist nun die weitere Entwicklung dieser „Gewalt *im* Sport" zu beurteilen? Führt der von Elias beschriebene Zivilisationsprozeß dazu, daß aggressive Handlungen zwischen Sportlern weiter zurückgedrängt werden, oder führen allgemeine gesellschaftliche Entwicklungstendenzen auch zu einer Eskalation der Gewalt im Sport?

Zwei Entwicklungstendenzen stehen sich gegenüber. *Zum einen* zeigt beispielhaft ein in meinem Arbeitsbereich durchgeführter, analytischer Vergleich der Fouls, die bei den Fußballweltmeisterschaften 1974 in der Bundesrepublik Deutschland bzw. 1990 in Italien von den Schiedsrichtern abgepfiffen wurden, eher eine Abnahme der aggressiven Handlungen. 8% der 1974 begangenen Fouls im Vergleich zu 2% 1990 stellten explizite Aggressionen dar; 66% der Fouls 1974 im Vergleich zu 53% 1990 waren per Videoanalyse als instrumentelle Aggression zu kennzeichnen, d. h., zur Erreichung übergeordneter Leistungsziele wurden hier mögliche personale Schädigungen des Gegners in Kauf genommen (Al-Kayed 1990). Zum anderen zeigen gegenläufige Tendenzen, daß Gewalt im Sport mit zunehmendem Leistungsdruck ebenfalls zunimmt. So ergaben – wiederum beispielhaft – geschlechtsspezifische Untersuchungen am Beispiel des Handballsports zur Aggressions- bzw. Fairneßthematik, daß kaum mehr Unterschiede zwischen Männern und Frauen im Wettkampfsport bestehen bezüglich der grundsätzlichen Bereitschaft, instrumentelle Aggressionen im Interesse des Erfolgsstrebens einzusetzen (Kern 1993; vgl. auch Pilz 1982, S. 252). Ich denke, daß dies weniger dahingehend zu interpretieren ist, Frauen hätten ihre Einstellungen den Männern angepaßt, gleichsam im Sinne einer Emanzipation von einer frauenspezifischen Rolle. Vielmehr können wir eher davon ausgehen, daß bei zunehmendem Leistungsdruck, der durch zunehmende Kommerzialisierung und Professionalisierung bedingt ist, Frauen und Männer gleichermaßen bereit sind, z. T. auch unsportliche Mittel einzusetzen, auch wenn sich die Aggressionen der Männer von denen der Frauen im äußeren Erscheinungsbild unterscheiden.

Projiziert man die verschiedenen Untersuchungsergebnisse auf junge Wettkampfsportler und berücksichtigt dabei weitere Untersuchungsergebnisse, die belegen, daß im Rahmen des sportspezifischen Sozialisationsprozesses Jugendliche mit zunehmendem Alter das Normensystem ihrer erwachsenen Vorbilder übernehmen (vgl. Frogner/Pilz 1982 und Kähler/Volkamer 1982), dann läßt sich im Blick auf die Fragestellung meines Beitrags nach diesem ersten Teil folgendes Fazit ziehen:

Der Sport hat sein eigenes Regel- und Normsystem. Es bestimmt – sozusagen aus der Innenperspektive des Sports –, welche Konflikte zu welchen Schädigungen von Personen führen. Manche aus der Außenperspektive als gewalttätig eingeschätzten Handlungen erweisen sich aus der Innenperspektive des Sports keineswegs als Gewalt. Dieses sportspezifische Regel- und Normensystem bedingt Ausmaß und Qualität der Gewalt im Sport (insbesondere in den Mannschafts-Spielsportarten). Andererseits ist der Sport aber auch allgemeinen gesellschaftlichen Entwicklungen, insbesondere dem Professionalisierungs- und Vermarktungsdruck unterworfen. Insofern ist die Gewalt im Sport sowohl ein sportspezifisches als auch ein allgemeines gesellschaftliches Phänomen. Ihre weitere Entwicklung (insbesondere auch im Blick auf Jugendliche) wird davon abhängen, ob es den im Sport Verantwortlichen gelingt, einerseits über regelbedingte Sanktionen und andererseits über das verstärkte Bewußtmachen der Fairneß-Idee die Gewalt in den Köpfen junger Menschen zurückzudrängen oder ob junge Menschen aufgrund der von Teilen der Gesellschaft übersteigerten ideellen und finanziellen Wertschätzungen sportlicher Leistungen zunehmend bereit sind, auch Gewalt als Mittel zum Zweck einzusetzen. Am deutlichsten wird dieses Spannungsverhältnis in der Auseinandersetzung um das Dopingthema, wobei wir das Einnehmen unerlaubter Substanzen nicht nur mit Unfairneß, sondern auch mit Gewalt gegen sich selbst gleichsetzen können.

3. Gewalt in den Medien

Ich komme zum zweiten (allerdings kurz gefaßten) Teilthema, der Gewalt in den Medien, d. h. der Berichterstattung über Gewalt im Sport, insbesondere im Fernsehen. Dieses Thema kann ich in vier Punkten zusammenfassen, wobei durchaus vorangestellt werden soll, daß sich viele Sportjournalisten um eine sachliche und differenzierte Darstellung von gewalttätigen Ereignissen im Sport bemühen, jedoch nicht zuletzt auch aufgrund medienstruktureller Zwänge trotzdem immer wieder gravierende, negativ zu bewertende Tendenzen sichtbar werden.

1. Gewalt im Sport hat in den Medien auch eine unterhaltende Funktion. Sie steigert die Dramaturgie der Sportberichterstattung (vgl. auch Hahn/Pilz/Stollenwerk/Weis 1988). Dies gilt vor allem für einige Privatsender im Fernsehen, die in selektiver Weise extreme Kampfsportarten übertragen (wie das Profi-Boxen und das thailändische Kick-Boxen) und z. B. nahelegen wollen, Catchen sei Sport, was nicht der Fall ist.

2. Dramatische Unterhaltung erzeugt eine Tendenz zur ständigen Steigerung dieser Dramatik. Dies zeigt auch das Beispiel der Kinofilme. Die Western der 50er Jahre erscheinen Jugendlichen heute im Vergleich zu modernen Action-Filmen belächelnswert (vgl. auch Müller/Pilz 1988, S. 106). Diese Wahrnehmungsveränderung, verbunden mit einer Steigerung des Bedürfnisses nach mehr Dramatik in der Sportberichterstattung, zeigt sich im Fernsehen auch darin, daß Gewalthandlungen durch Zeitlupe und in Großaufnahme mehrfach wiederholt werden. Dies wird mit vermeintlicher Informationspflicht legitimiert. Zeitlupen haben jedoch den Effekt, daß die Bilder eine ästhetische Tendenz erhalten. Dieser Effekt der Ästhetisierung wird auch bei Kinofilmen eingesetzt. Wie – so frage ich mich – können Kinder und Jugendliche lernen, solche Ereignisse angemessen zu bewerten, insbesondere auch Empathie zu entwickeln, also die Fähigkeit,

sich in andere hineinzuversetzen und mitzufühlen, wenn solche Ereignisse in dieser Weise verzerrt und verharmlost werden?

3. Gewalthandlungen werden in den Medien auch dadurch verharmlost, daß aggressive Handlungen der eigenen Mannschaft im Vergleich zur z. B. ausländischen Mannschaft eher legitimiert werden. Dann heißt es z. B.: „Uwe Rahn begeht im Übereifer ein Foul." Wie können – so frage ich mich – Jugendliche bei dieser doppelten Moral angemessene, insbesondere auch relativ objektive Bewertungsmaßstäbe entwickeln?

4. Gewalthandlungen werden in den Medien, insbesondere in den Printmedien, auch durch eine spezifische Sprache, die häufig praktiziert wird, verharmlost. Dabei werden vor allem die Begriffe „aggressiv" einerseits und „fair" andererseits in problematischer Weise verwendet. Ich zitiere: „Diese Begegnung ist dennoch bei aller Aggressivität relativ fair." Oder: „Es fehlte der letzte Schuß an Aggressivität, so ein Schuß an Killerinstinkt." Oder: „Sie spielten nicht aggressiv genug. Die Sturmspitzen spielten so, als wollten sie für den Friedensnobelpreis vorgeschlagen werden" (Stollenwerk 1988, S. 189).

Problematisch ist auch, daß in manchen Sportarten – ohne daß wir im besonderen darüber nachdenken – die Terminologie der Militärsprache herangezogen wird. Da wird nicht nur gekämpft und angegriffen, sondern auch in vielfältiger Weise geschossen. Die Spieler gehen in eine Schlacht, und die Fans sind die Schlachtenbummler. Der frühere Fußballnationalspieler Gerd Müller wurde zum „Bomber" der Nation gekürt. Diese Äußerungen werden sicherlich in der Regel im sportimmanenten Kontext verstanden, was nicht problematisiert werden muß. Problematisch ist allerdings, wenn diese Militär- und Jagdsprache überzeichnet wird: „Hinter den vier offensiv orientierten Spielern Mill, Criens, Lienen und Rahn sollen drei Heckenschützen das Feuer aus dem Hinterhalt eröffnen. Und daß die drei Kanoniere ihr Handwerk verstehen, haben sie zuletzt in der Bundesliga ausreichend unter Beweis gestellt" (Stollenwerk 1988, S. 195). Welches ist das Fazit aus diesen vier Punkten im Blick auf unsere Fragestellung?

Worüber die Medien berichten, ist Gewalt *im* Sport; darüber ist nicht zu streiten. Allerdings wird die Wirklichkeit des Sports selektiv und verzerrt dargestellt. Welches mag die entsprechende Wirkung auf Kinder und Jugendliche sein?

In einer Zeit, in der gerade im Fernsehen die Darstellung von Gewalt einen im Vergleich zu früheren Jahren ungeheuren Stellenwert hat, in einer Zeit, in der immer mehr „Reality auf Leben und Tod" angesagt ist, wobei die Wirklichkeit auf der Mattscheibe die Wirklichkeit des wirklichen Lebens sicherlich verzerrt, in einer Zeit, in der Kinder – wie neuere Untersuchungen belegen – insgesamt mehr Zeit vor der Glotze sitzen als im Schulunterricht, in einer solchen sich wandelnden Zeit sind verläßliche Aussagen über die Wirkung der Gewaltdarstellungen nur sehr schwierig zu treffen. Folgende drei allgemeine Erkenntnisse in Anlehnung an die internationale Wirkungsforschung scheinen sich jedoch durchzusetzen (vgl. auch Müller/Pilz 1988):

1. Die Katharsishypothese vom Abbau aggressiver Verhaltenstendenzen durch entsprechenden Medienkonsum ist nicht haltbar.

2. Die der Katharsishypothese entgegengesetzte Stimulationshypothese, bei der davon ausgegangen wird, daß das Fernsehen aggressive Tendenzen verstärkt, ist allein nicht ausreichend, d. h., Medienanregung zusammen mit sozialen und individuellen Faktoren spielen bei der Verstärkung der Aggressionstendenzen, insbesondere bei der Vermischung von Angst und Angriffslust als Grundlage vieler Aggressionen, eine wichtige Rolle.

   Das Problem besteht weniger darin, daß Gewaltdarstellungen direkt nachgeahmt werden, als vielmehr darin, daß „(erfolgreich erscheinende) aggressive Modelle ganz allmählich Werte, Normen und Einstellungen gegen Gewalt verändern, daß sie gegen Gewalt desensibilisieren und Gewalt als Problemlösungsmittel anbieten" (Selg 1993, S. 116).

3. Bedeutsam ist auch die gehäufte Wahrnehmung von Gewaltdarstellungen im Fernsehen, vor allem auch unter dem Gesichtspunkt, daß diejenigen, die per Fernbedienung von Kanal zu Kanal springen, immer wieder auf Gewaltszenen stoßen und dort so lange hängen bleiben, bis die Szene mangels „action" unattraktiv wird.

Geht man nun von diesen Erkenntnissen der allgemeinen Wirkungsforschung aus, wonach die Katharsishypothese nicht aufrechterhalten werden kann, während die Stimulationshypothese eher zutreffend sein dürfte, d. h. daß die Medienanregung zusammen mit sozialen und individuellen Faktoren bei der Verstärkung von Aggressionstendenzen durchaus eine Rolle spielen können, dann zeigt sich zweierlei: 1. Die bereits getroffene Aussage, daß Gewalt im Sport auch durch allgemeine gesellschaftliche Faktoren bedingt ist, wird durch die Sportberichterstattung in den Medien mit ihrer reziproken Wirkung auf die Sporttreibenden verstärkt. 2. Da das Bild vom Sport bei Kindern und Jugendlichen in wesentlichen Teilen ein medial vermitteltes Sportbild ist, wobei Unterhaltung und Information nicht leicht voneinander zu unterscheiden sind, können Gewalthandlungen bei Sportübertragungen im Fernsehen durchaus eine Vorbildwirkung haben; die Bilder von Gewalt prägen sich in den Köpfen junger Menschen ein – und dies vor allem dann, wenn sie einerseits mit sportlichem Erfolg verknüpft sind, und andererseits von den Kommentatoren verharmlost werden.

4. Gewalt am Rande des Sports

Ich komme zum dritten Teil meines Themas „Gewalt, Jugend und Sport", d. h. zur Gewalt am Rande von Sportereignissen, zu den Zuschaueraggressionen jugendlicher Fußballfans inner- und außerhalb des Stadions.

Dreierlei fällt bei der Betrachtung dieses Problemfelds zunächst auf:

1. Es handelt sich bei den Gewalttätigen fast ausschießlich um *Jugendliche männlichen Geschlechts,* auch wenn nicht zu verkennen ist, daß sich viele erwachsene Zuschauer (sogar auf der Haupttribüne) im Vergleich zu ihrem Alltagsverhalten sehr aggressiv und ordinär verhalten, zumindest in verbaler Form. Dieses jugendspezifische Phänomen zeigt sich erst in den Nachkriegsjahren, denn auch früher gab es schon Zuschauer als Fans im engen Sinne.

2. Bei den Zuschauerausschreitungen handelt es sich um ein vorwiegend *fußballspezifisches Phänomen.* Dies ist z. B. im Blick auf die Sportart Eishockey, in der es auf dem Eis – zumindest aus der Außenperspektive – eher gewalttätiger zugeht, erstaunlich und bislang kaum schlüssig erklärt.

Dieses Phänomen tritt weltweit auf. Zu erinnern ist hier an ein Länderspiel zwischen Honduras und El Salvador, das nach vorausgegangenen politischen Auseinandersetzungen der Auslöser für einen Krieg zwischen den beiden Ländern war. In Peking gab es nach einem Spiel, das die Volksrepublik China gegen Hongkong verlor, eine Nacht des Vandalismus wütender Zuschauer, obwohl China weder den Fußball als Volkssport noch Fußballfans als Phänomen kennt.

3. Das Problem der Gewalt inner- und außerhalb des Stadions ist *schwer zu quantifizieren und zu bewerten.* Einerseits sind es nur wenige Prozent der Zuschauer insgesamt, die zu Gewalttätigkeiten neigen, und die Gewaltbereitschaft der jugendlichen Fans wird von der Polizei im Bundesliga-Alltag häufig schon im Keim erstickt, so daß zumeist kleinere Raufereien überwiegen; andererseits kommt es doch immer wieder seit Jahren zu schweren Ausschreitungen, die – wenn Panik entsteht – sogar zu Katastrophen führen können, was die Zuschauerausschreitungen im Brüsseler Heysel-Stadion 1985 mit 39 Toten in schrecklicher Weise zum Ausdruck brachten.

Die Gewalt zwischen Fans inner- und außerhalb des Stadions ist auch deshalb schwer zu bewerten, weil zwischen den Fangruppen ein spezifisches (also faninternes) Gewaltverständnis herrscht. Diesem faninternen Gewaltverständnis kann man von außen, z. B. mit Hilfe des Strafrechts kaum gerecht werden.

Im Auftrag des Bundesinnenministeriums haben wir eine umfangreiche Feldstudie im Rahmen aller Bundesligaspiele und einiger Auswärtsspiele des VfB Stuttgart der Saison 1978/79 zur Aufklärung der Hintergründe der Zuschaueraggressionen jugendlicher Fußballfans durchgeführt (vgl. Gabler/Schulz/Weber 1982). Wir kamen zu folgendem Ergebnis:

Die Fußballfans zeigten ein stark ausgeprägtes Bedürfnis nach Spannung, „action", vielfältigen Erlebnissen und Abenteuern. Dieses von uns in Anlehnung an amerikanische Studien genannte Sensations-Seeking-Motiv stand im Vordergrund. Hinzu kamen das Bedürfnis nach sozialer Anerkennung (vor allem in der Gruppe der Gleichaltrigen), das Bedürfnis nach Macht und das Bedürfnis nach Wirksamkeit im Sinne von Selbst-etwas-verursachen-Wollen. Aggressive Handlungen wurden im allgemeinen nicht explizit angestrebt (mit Ausnahme bei historisch gewachsenen Fan-Feindschaften zwischen Fanclubs einzelner Bundesligavereine). Vielmehr waren sie eher als instrumentelle Aggressionen zu verstehen, d. h., sie dienten als Mittel zur Erreichung anderer Ziele, z. B. in der Gruppe sozial anerkannt zu sein, sich seine eigene Wirksamkeit und körperliche

Kompetenz zu bestätigen, sein Machtbedürfnis gegenüber den gegnerischen Fans zu befriedigen, oder sie wurden im Rahmen des Sensation-Seeking z. B. in der Auseinandersetzung mit Ordnungs- und Polizeikräften implizit in Kauf genommen.

Diese Hierarchie der Motive spiegelte sich nun nicht direkt in den aktualisierten Motivationen und im tatsächlichen Geschehen wider. Das tatsächliche Geschehen hing vielmehr vor allem von den vielfältigen externen Anregungen und Einflußfaktoren ab, die allein an einem Bundesliga-Samstag auf die Gruppen der Bundesligafans einwirken. So kann das Sensation-Seeking (auch ohne Aggressionen) befriedigend verlaufen, wenn „viel los ist", d. h. also, ohne daß die körperliche Auseinandersetzung als Mittel zum Zweck der Befriedigung notwendig ist oder unerwartet (z. B. durch aktuelle Frustrationen) angeregt wird. Allerdings kann es auch aufgrund einer Vielzahl von Faktoren zu aggressiven Handlungen kommen. Eine erste Grundlage liefert der Alkoholgenuß beim morgendlichen Treffen in der Stammkneipe. Vielfältige Anregungen bietet auch der Anmarschweg zum Stadion, das Aufeinandertreffen mit gegnerischen Fans und das Verhalten der Polizeikräfte. Im Stadion selbst können – wie die Untersuchungsergebnisse zeigen – die Stadionatmosphäre und die eigenen Aktionen, insbesondere die Sprechchöre, das Spielgeschehen, die Entscheidungen des Schiedsrichters und das Verhalten der Ordnungskräfte aggressionsfördernd wirken. Im Rahmen dieser Wechselwirkungen läßt sich demnach aufzeigen, wie die Bereitschaft zu einzelnen aggressiven Handlungen im Sinne eines prozeßhaften Geschehens auf dem Wege vom Fanclub bis zum Stadion verstärkt wird, wie es ggf. bereits auf diesem Hinweg zu tatsächlichen aggressiven Handlungen kommen kann, wie passive Haltungen in aktive Haltungen umschlagen und wie sich in einigen Fällen unter spezifischen eskalierenden Voraussetzungen nach dem Spiel schwere Ausschreitungen entwickeln.

Das Ergebnis dieser 1979/80 durchgeführten Studie ist auch heute noch im Blick auf einen Teil der Fans gültig. Allerdings hat sich die Fanszene in den letzten 10 Jahren deutlich ausdifferenziert. Diese Entwicklung der Fanszene läßt sich in drei Etappen aufzeigen (vgl. auch Heitmeyer/Peter 1989; Löffelholz 1993; Pilz 1992; Schwind 1990; Weis 1991).

In den 60er und 70er Jahren entstand in Deutschland im Zusammenhang mit der Bundesliga, aber auch im europäischen Ausland (insbesondere in England und Italien), eine jugendliche Fankultur mit einer eigenen typischen Struktur. Der Fußballsport steht im Mittelpunkt. Er ist nicht austauschbar. „Fußball ist mein Leben" – dies ist ein typisches Zitat aus Befragungen, und hierfür wird wöchentlich sehr viel Zeit und Geld investiert. Die Fans stehen voll hinter ihrer Mannschaft. Sie bleiben ihr treu, auch beim Abstieg. Sie kämpfen für und mit ihrer Mannschaft und sind davon überzeugt, daß ihre Unterstützung wesentlich zum Spielausgang beiträgt. Die gegnerische Mannschaft und somit auch deren Fans werden in der Regel als wirkliche Gegner angesehen. Die Niederlage der eigenen Mannschaft wird miterlitten, und am Sieg der eigenen Mannschaft kann man sich aufrichten. Ein Fan beschreibt dies typischerweise wie folgt: „Es gibt Fans, die nichts wollen als einen Traditionsclub vor dem Abstieg zu bewahren. Bei mir ist das jetzt alles ein paar Jahre her. Mittlerweile ist der Verein wie eine Familie für mich geworden. Ich brauche ihn, es ist mein Lebensinhalt. Bei uns in der Kurve sind wir alle Freunde. Jeder kennt jeden, kennt die Probleme des anderen. Gerade, wenn man selbst Probleme hat, kann man beim Fußball abschalten. Man will keine Niederlage miterleben, weil es die im Alltag schon genügend gibt. Ein Sieg des Vereins wird zu einem persönlichen Sieg" (Pilz 1992, S. 5).

Die Identifikation mit dem Verein und der Mannschaft ist groß. Sie zeigt sich im äußeren Erscheinungsbild: Fahnen, Schals, Mützen und die sog. Kutten werden in den Vereinsfarben getragen, was übrigens später zur Bezeichnung „Kuttenfans" führte. Und sie äußert sich im Stadion durch lautstarke Gesänge und Sprechchöre: „Hautse, hautse, hautse – auf die Schnauze" oder „Schlagt den Bayern die Schädeldecke ein, Schädeldecke ein, Schädeldecke ein" oder „Alle Bullen sind schwul von München bis nach Liverpool". Solche Sprechchöre mögen Außenstehenden sehr aggressiv erscheinen, für Insider haben sie dagegen eher einen karnevalistischen Charakter (vgl. Weis 1988, S. 145).

Der Fanblock im Stadion wird als eigenes Territorium angesehen und dementsprechend auch verteidigt: „Hier sind wir eine Macht." Dieses Wir-Gefühl weist auf eine starke Gruppenorientierung hin. Die Fans sind Mitglied in Fanclubs. Und in den Fanclubs dominieren die Normen und Aktivitäten des typischen Vereinslebens. Dazu gehören die Wahlen des Vorstandes, wobei die Vorsitzenden nicht selten den Titel „Präsident" führen, die Organisation der Fahrten zu Auswärtsspielen, das Entwerfen von Fan-Utensilien, das Dichten von Sprechchören und das Zurechtlegen einer Taktik für die Auseinandersetzung mit gegnerischen Fans und der Polizei. Zusammengehörigkeit, Gemeinschaft und Kameradschaft sind wichtige Wertvorstellungen; aber auch maskuline Vorstellungen wie Mut, Härte und Solidarität stehen an vorderer Stelle (vgl. Gabler/Schulz/Weber 1982).

Abweichende Verhaltensweisen, insbesondere gewalttätige Auseinandersetzungen, werden nicht explizit angestrebt, sondern entwickeln sich – wie bereits beschrieben – im Rahmen der Wechselwirkung zwischen einerseits vielfältigen Motiven, in deren Mittelpunkt das Sensation-Seeking-Motiv steht, oft beeinflußt durch nicht unerheblichen Alkoholkonsum, und andererseits den aktuellen situativen Bedingungen auf dem Weg zum und vom Stadion und im Stadion selbst.

Die Entwicklung dieser jugendlichen Fankultur in den 60er und 70er Jahren lief parallel zur Entwicklung anderer jugendlicher Subkulturen, wie z. B. den Rockern und Punkern, mit eigenständigen Strukturen und Ritualen, gleichsam als Bollwerk gegen die autoritären Strukturen der Erwachsenen.

Die zweite Etappe der Entwicklung der heutigen Fanszene ist durch verschiedene Einflüsse gekennzeichnet, die zu Beginn der 80er Jahre wirksam wurden. Zum einen führten verschäfte Disziplinierungs- und Kontrollmaßnahmen der Polizei zur Verlagerung der Auseinandersetzungen zwischen den Fans auf die An- und Abmarschwege, d. h. insbesondere auf die Innenstädte und Bahnhofsbereiche. Das Stadion war somit für die Fans nicht mehr die zentrale Bühne ihrer an "action" orientierten Bedürfnisse. Die bisherige fußballzentrierte Fanszene als jugendliche Subkultur verlor ihre bisherige Bedeutung und begann sich teilweise aufzulösen. Die Mitgliederzahlen der Fanclubs sanken ebenso wie die Anzahl der zu Auswärtsfahrten eingesetzten Busse. Durch die polizeiliche Befriedung dieser Fanclubs wurden die Verhaltensspielräume der Jugendlichen eingeschränkt, so daß sich ein neues Gewaltpotential außerhalb der Stadien entwickelte. Es kam zur Spaltung von Fanclubs unter Selbstausgrenzung der zunehmend gewaltbereiten Fans. Zu ihnen gesellten sich andere gewaltbereite Jugendliche, die der bisherigen Fanszene nicht zugerechnet werden konnten. Diese Cliquen, die sich der „Fußballrandale" verschrieben, nannten sich englischen Vorbildern folgend "Hooligans".

In diese Zeit fällt auch der Versuch rechtsextremer Gruppierungen, in der Fanszene Fuß zu fassen. Skinheads mischten sich unter die Fangruppen. Äußerungen von Fremdenfeindlichkeit und Nationalismus sowie die Verwendung rechtsradikaler Symbole stießen bei den Fans z. T. durchaus auf fruchtbaren Boden, so daß sich die öffentliche Inszenierung von Gewalt in der Fanszene Anfang der 80er Jahre deutlich steigerte. Sind doch generell Auflösungserscheinungen sozialer Orientierungen häufig mit Gewalt verbunden. Gewalt hat – dies sei eine Zwischenbemerkung – etwas Entschiedenes, das durch Sprache nicht im gleichen Maße deutlich gemacht werden kann. Gewalt ist deshalb auch eine Reaktion auf die Gefährdung sozialer Orientierung. Andererseits ist aber auch nicht zu verkennen, daß die Fanszene trotz dieser Anfälligkeit für rechtsextreme Parolen bislang eher unpolitisch geblieben ist. Vielmehr haben die Jugendlichen schnell erkannt, daß solche Parolen, deren historischer Hintergrund ihnen zumeist unbekannt ist, vor allem eine stark provozierende und schnell wirksame Funktion haben, die dem Bedürfnis nach Aufmerksamkeit unmittelbar entsprechen. Nicht die politische Parole ist also bemerkenswert, sondern das Gespür Jugendlicher dafür, worüber sich Erwachsene aufregen.

Die beschriebene Ausdifferenzierung der ursprünglich relativ einheitlichen Fanszene der 60er und 70er Jahre zu Beginn der 80er Jahre führte nun dazu, daß seit etwa Mitte der 80er Jahre, dem Beginn der dritten Etappe der Entwicklung der heutigen Fanszene, die Gruppe der Hooligans stark in das Rampenlicht der Öffentlichkeit getreten ist, während die anderen Gruppierungsformen zwar noch bestehen, jedoch stark in ihrer Bedeutung, insbesondere im Blick auf die Gewaltthematik, zurückgegangen sind.

Das zentrale Motto der Hooligans lautet: „Gewalt macht Spaß", „Randale ist geil". Hooligans bekennen sich zur Gewalt als Freizeithobby. „Die ganze Woche muß man die Schnauze halten, zu Hause keinen Ton riskieren, im Betrieb darfste nichts sagen, dafür geben wir am Wochenende so richtig die Sau ab. [...] Fußball ist für uns Krieg, der Verein darf ruhig verlieren. Wir schlagen alle" (Pilz 1992, S. 6). Bedeutsam an diesem Strukturwandel ist in erster Linie, daß sich die Gewalt aus dem sozialen Zusammenhang mit dem Fußball

210

weitgehend gelöst und verselbständigt hat. Es geht nicht mehr um den Sieg der Mannschaft, um das Image des Vereins, es geht vielmehr um persönliche Selbstverwirklichung mittels Gewalt, wobei auch Waffen verschiedenster Art eingesetzt werden. Die Hooligan-Szene ist aufgrund dieser Individualisierung nur lose formal strukturiert; um so weniger kann sie übrigens von der Polizei kontrolliert werden, zumal die Hooligans aufgrund ihrer unauffälligen Kleidung nur schwer identifizierbar sind. Der Bezug zum Fußball ist ebenfalls lose, so daß das Fußballspektakel prinzipiell auch austauschbar ist. Man geht dorthin, wo „was los ist". Moderne Fußball-Großveranstaltungen mit ihren Volksfestelementen sind allerdings insofern willkommen, als sie eine Vielzahl ausnutzbarer Reizsituationen darstellen.

Welches ist das Fazit aus dieser Analyse der Gewalt inner- und außerhalb des Stadions im Blick auf unsere Fragestellung? – Zunächst sei eines herausgestellt: Die gewalttätigen Ausschreitungen jugendlicher Fußballfans sind nicht ausschließlich allgemein gesellschaftlich bedingt, wie dies von einem Teil der Vertreter des Sports behauptet wird. Sie sind auch im Zusammenhang zu sehen mit der Gewalt im Sport, also mit der Gewalt im Stadion selbst und mit der zunehmenden Kommerzialisierung des Sports sowie der damit verbundenen Erfolgsorientierung. Wer instrumentelle Aggressionen zur Erreichung von Leistungszielen toleriert, wer Doping im Sport nicht kategorisch ablehnt und bekämpft, darf sich nicht wundern, wenn Jugendliche am Rande des Sports sich selbst instrumenteller Aggressionen bedienen. Andererseits ist aber auch klar, daß es sich bei den Fanausschreitungen – nach den Halbstarken-Krawallen der 50er und 60er Jahre – um ein jugendspezifisches Protestverhalten der 70er und 80er Jahre handelt, daß also allgemeine gesellschaftliche Entwicklungsbedingungen durchaus von zentraler Bedeutung sind.

Die in unserer Gesellschaft allgemein konstatierte Individualisierung und Vereinzelung, die wirtschaftlichen Probleme, die ökologische Bedrohung, die Störung der Primärsozialisation, insbesondere die Auflösung der Familienstrukturen, die vielfältige Werteverwirrung, von manchen als Wertezerfall bezeichnet – all dies trifft Jugendliche härter als Erwachsene, da sie sich in einem Entwicklungsabschnitt zwischen „nicht mehr Kind- und noch nicht Erwachsen-sein" befinden, d. h. in einer Orientierungsphase, in der sie nach Statussicherheit und Identität suchen. Gewalt in der Gruppe Gleichaltriger ist *eine* Möglichkeit unter anderen, Statusunsicherheit zu kompensieren und ein Stück mehr an Identität zu gewinnen. Insofern ist die Gewalt jugendlicher Fußballfans, aber auch der Hooligans, in erster Linie ein jugendtypisches, problemlösendes Verhalten, erlernt im Milieu der gleichaltrigen Bezugsgruppe.

In der gleichaltrigen Bezugsgruppe der Fans findet der einzelne das, wonach er sucht: *Identität.* Das heißt konkret: ein eigenes Territorium, einen eigenen Namen für den Club, eine soziale Rolle und einen entsprechenden Status in der Gruppe. Im Rahmen von Gruppenaktivitäten bis hin zu Gewalthandlungen wird Macht erlebt; über das Brüllen aus Leibeskräften bis hin zu Gewalttätigkeiten wird der eigene Körper unmittelbar erlebt; man nimmt sich dann am stärksten wahr, wenn man auf Widerstände stößt.

Hinzu kommt, daß in einer immer komplexer werdenden Gesellschaft, die es zu verwalten gilt, und in einer Gesellschaft, in der der passive Konsum von an "action" orientierten Fernsehsendungen ebenfalls zunimmt, das Bedürfnis nach eigenerlebter und eigengestalteter Spannung sowie nach Risiko, Abenteuer und "action" ebenfalls wächst, all dies im Rahmen von Gewalthandlungen am Rande des Spektakels Bundesligafußball relativ preiswert erlebt werden kann. Selbst die extreme Hooligan-Kultur enthält in Widerspiegelung einiges von dem, was unseren Zeitgeist prägt: elitäre Abgrenzung, Risiko- und Statusorientierung, Cleverness, Aktionismus, Aggressionslust und Aufputschung.

5. Schlußbemerkung

Abschließend seien kurz einige Konsequenzen angedeutet. Hinter der Fragestellung, ob Gewalt, Jugend und Sport ein sportspezifisches oder ein allgemeines gesellschaftliches Phänomen darstellt, steht für mich auch die Frage nach der Verantwortung für dieses Phänomen. Neigen doch viele Vertreter des Sports dazu, die Gewalt im Sport zu verharmlosen, was angesichts der anderen Gewaltphänomene in unserer Gesellschaft naheliegen mag, und die Verantwortung für die Gewalt in den Medien sowie im und am Rande der Stadien vor allem sportexternen Faktoren zuzuordnen.

Ich meine allerdings, daß der Sport in erster Linie selbst Verantwortung übernehmen muß. Er hat die Möglichkeit, das Verhalten von Sportlern durch Festlegung von klaren Regeln wirksam zu kontrollieren. Es gibt nur wenige gesellschaftliche Bereiche, in denen aus prinzipieller Sicht *Regeln* von denen, die an oberster Stelle Verantwortung tragen, so leicht zu *verändern* sind. Damit sind allerdings die normativen Gebote der *Fairneß* noch nicht gesichert. Diese können sich nur entwickeln und stabilisieren, wenn die Erziehung junger Sportlerinnen und Sportler zu Fairneß in Schule und Verein an oberster Stelle steht. Daß Übungsleiter, Trainer und Sportlehrer diese Verantwortung übernehmen müssen, liegt auf der Hand. Je mehr Gewalt im Sport reduziert wird, desto weniger können die Medien darauf zurückgreifen und desto weniger wird die Gewaltbereitschaft von Fans angeregt.

Der Sport ist ein Teil unserer Alltagskultur. Dies ist eine zentrale, anfangs herausgestellte Aussage gewesen. Insofern ist die Gewalt von Jugendlichen im und am Rande des Sports immer auch ein zentrales gesellschaftliches Phänomen, bedingt durch allgemeine gesellschaftliche Faktoren. Wenn es zutreffend ist, daß in unserer Gesellschaft immer weniger Solidarität geübt wird, immer mehr Menschen vereinzeln und soziale Bindungen verlieren, dann müssen wir zumindest bei Jugendlichen versuchen, dieser Tendenz unserer Zeit entgegenzusteuern. Denn gerade Jugendliche benötigen in ihrem Ringen um eine stabile Identität soziale Orientierungen und Solidarität im Rahmen von Bezugspersonen. Aus meiner Sicht kann dieses Entgegensteuern vor allem über eine intensivierte *Jugendarbeit* erreicht werden. Wir müssen begreifen, daß die Jugend unser „Kapital", unsere Zukunft von morgen darstellt, und wir müssen begreifen, daß eine gemeinsame Strategie aller mit Jugendarbeit befaßter Institutionen tragfähiger ist, als wenn einzelne Träger der Jugendarbeit sich verzetteln. Ich sage dies auch aus der Sicht des Sports, der zumindest darauf verweisen kann, daß rd. 50% aller Jugendlichen Mitglieder eines Sportvereins sind und hier durchaus große Möglichkeiten zu sozialer Orientierung und Solidarität finden können.

Insofern – dies sei meine Schlußbemerkung – können wir die Integrationsleistungen des Sports mit seinen vielfältigen Aktivitätsangeboten und seinen großen Sozialisationsmöglichkeiten im Blick auf gleichaltrige Bezugsgruppen, aber auch im Blick auf Erwachsene und hier wiederum im Blick auf Erwachsene unterschiedlicher Kulturzugehörigkeit, nicht hoch genug einschätzen.

Literatur

Al-Kayed, W.: Aggressive Handlungen im Fußballspiel. Empirische Untersuchungen anhand der Fußballweltmeisterschaft 1990 in Italien. Unveröffentlichte Magisterarbeit. Tübingen 1990.

Elias, N.: Die Genese des Sports als soziologisches Problem. In: Hammerich, K./Heinemann, K. (Hrsg.): Texte zur Soziologie des Sports. Sammlung fremdsprachiger Beiträge. Schorndorf 1975, S. 81–109.

Frogner, E./Pilz, G. A.: Untersuchungen zur Einstellung von jugendlichen Fußballspielern und -spielerinnen zu Regeln und Normen im Sport. In: Pilz, G. A. u. a.: Sport und Gewalt. Schorndorf 1982, S. 191–218.

Gabler, H.: Aggressive Handlungen im Sport. Ein Beitrag zur theoretischen und empirischen Aggressionsforschung. Schorndorf 1987.

Gabler, H./Schulz, H./Weber, R.: Zuschaueraggressionen – eine Feldstudie über Fußballfans. In: Pilz, G. H. u. a.: Sport und Gewalt. Schorndorf 1982, S. 23–59.

Hahn, E./Pilz, G. A./Stollenwerk, H. J./Weis, K.: Gutachten „Darstellung von Gewalt im Sport, in den Medien und ihre Auswirkungen". In: Hahn, E./Pilz, G. A./Stollenwerk, H. J./Weis, K.: Fanverhalten, Massenmedien und Gewalt im Sport. Schorndorf 1988, S. 53–84.

Heitmeyer, W./Peter, J.: Jugendliche Fußballfans. Weinheim 1988.

Kähler, R./Volkamer, M.: Einstellung von Schülern zu Regeln und Normen im Sport. In: Pilz, G. A. u. a.: Sport und Gewalt. Schorndorf 1982, S. 163–190.

Kern, G.: Haben Frauen spezifische Fairneßvorstellungen? Eine Untersuchung am Beispiel Hallenhandball. Unveröffentlichte Diplomarbeit. Tübingen 1993.

Löffelholz, M.: Ihre Losung lautet: Gewalt macht Spaß. In: Frankfurter Rundschau, 13. März 1993, S. 14.

Müller, U./Pilz, G. A.: Wirkung von Gewaltdarstellungen in den Medien. In: Hahn, E./Pilz, G. A./Stollenwerk, H. J./Weis, K.: Fanverhalten, Massenmedien und Gewalt im Sport. Schorndorf 1988, S. 87–113.

Pilz, G. A.: Wandlungen der Gewalt im Sport. Eine entwicklungssoziologische Analyse unter besonderer Berücksichtigung des Frauensports. Ahrensburg 1982.

Pilz, G. A.: „Fußballfans und Hooligans in Hannover." Struktur, Wandlungen, Ursachen, Bedingungen und sozialpädagogische Erreichbarkeit der Fußballfan- und Hooliganszene. Unveröffentlichter Arbeitsbericht. Hannover 1992.

Schwind, H. D. u. a. (Hrsg.): Ursachen, Prävention und Kontrolle von Gewalt: Analysen und Vorschläge der Unabhängigen Regierungskommission zur Verhinderung und Bekämpfung von Gewalt. Bd. I und Bd. III. Berlin 1990.

Selg, H.: Fördern Medien die Gewaltbereitschaft? Was die Wirkungsforschung über die Folgen des Konsums von Gewaltdarstellungen sagt. In: Der Bürger im Staat. Ausgabe Juni 1993, S. 113–116.

Stollenwerk, H. J.: Die Darstellung von Gewalt im Sport in den Medien. Eine empirische Analyse. In: Hahn, E./Pilz, G. A./Stollenwerk, H. J./ Weis, K.: Fanverhalten, Massenmedien und Gewalt im Sport. Schorndorf 1988, S. 169–220.

Weis, K.: „16 zusammenfassende Thesen und Beobachtungen über Ausschreitungen von Fußballfans." In: Hahn, E./Pilz, G. A./Stollenwerk, H. J./Weis, K.: Fanverhalten, Massenmedien und Gewalt im Sport. Schorndorf 1988, S. 144–147.

Weis, K.: Identitätssuche und Ausschreitungen von Fangruppen. Unveröffentlichtes Manuskript. München 1991.

Autorenbibliographie

Backes, Otto; Professor für Strafrecht, Strafprozeßrecht und Rechtssoziologie an der Universität Bielefeld.

Böhnisch, Lothar, geb. 1944; 1978 Promotion und 1983 Habilitation in Sozialpädagogik; 1981–1984 komm. Direktor des DJI, München; 1984–1991 Aufbau des Schwerpunktes Landjugend- und Regionalforschung in Kooperation zwischen dem DJI und der Universität Tübingen; apl. Professor am Institut für Erziehungswissenschaften; seit 1991 Gründungsprofessor für Sozialpädagogik und Sozialisation der Lebensalter an der Technischen Universität in Dresden.

Du Bois, Reinmar, geb. 1948; Priv.-Doz. Dr. med.; Geschäftsführender Direktor der Abt. für Kinder- und Jugendpsychiatrie an der Universität Tübingen; 1988 Habilitation über das Körper-Erleben bei juvenilen Schizophrenen. Weitere Schwerpunkte: Versorgungsstrukturen in der Kinder- und Jugendpsychiatrie, aggressives Jugendverhalten, interdisziplinäre Zusammenarbeit.

Gabler, Hartmut; Professor für Sportwissenschaft mit Schwerpunkt Sportpsychologie an der Universität Tübingen. Arbeitsschwerpunkte: Motivationspsychologische, entwicklungstheoretische und trainingswissenschaftliche Fragen.

Gerhard, Ute; Dr.; Literaturwissenschaftlerin mit Schwerpunkt Diskurstheorie an der Universität Dortmund; derzeit tätig in einem Forschungsvorhaben der Volkswagen-Stiftung zum Thema „Flucht, Wanderung und Lager nach dem Ersten Weltkrieg im Diskurs der Medien und der Literatur".

Grunwald, Klaus; Wissenschaftlicher Angestellter am Institut für Erziehungswissenschaften der Universität Tübingen.

Kerner, Hans-Jürgen, geb. 1943; Universitätsprofessor; Direktor des Kriminologischen Instituts der Universität Tübingen;

u. a. Tätigkeiten als Richter in Hamburg, als Mitglied des Rats für Strafrechtsfragen des Europarats in Straßburg, als Vorsitzender . der Neuen Kriminologischen Gesellschaft.

Klosinski, Gunter, geb. 1945; Prof. Dr. med.; 1986–1990 Direktor der Klinik und Poliklinik der Universität Bern, Ordinariat für Kinder- und Jugendpsychiatrie; 1990 Ruf auf den Lehrstuhl und die Abteilung für Kinder- und Jugendpsychiatrie; seitdem Ärztlicher Direktor der Abteilung für Kinder- und Jugendpsychiatrie an der Universität Tübingen.

Rommelspacher, Birgit, geb. 1945; Dipl.-Psych. Dr. phil.; Professor für Mädchen- und Frauenarbeit an der Fachhochschule für Sozialarbeit und Sozialpädagogik Berlin. Arbeits- und Forschungsschwerpunkte: Feministische Psychologie, Rassismus und Antisemitismus.

Specht, Walter, geb. 1938; Sozialarbeiter (grad.) und Diplom-Pädagoge; Direktor im Diakonischen Werk der EKD, Leiter der Hauptabteilung Sozial- und Jugendhilfe; Honorarprofessor am Fachbereich Sozialpädagogik der Universität Tübingen.

Thiersch, Hans, geb. 1935; seit 1970 Professor für Erziehungswissenschaft und Sozialpädagogik an der Universität Tübingen; Mitherausgeber der Zeitschrift ›Neue Praxis‹ und des ›Handbuchs zur Sozialarbeit/Sozialpädagogik‹; in der DGfE Mitglied des Vorstands, von 1978–1982 Vorsitzender; Mitglied des Kuratoriums des DJI, München; Mitglied der Sachverständigenkommission 8. Jugendbericht.

Thierse, Wolfgang, geb. 1934; Studium der Kulturwissenschaft und Germanistik in Berlin; bis 1990 Wissenschaftlicher Mitarbeiter an der Humboldt-Universität und an der Akademie der Wissenschaften der DDR, Fachgebiet Ästhetik. Er war der letzte Vorsitzende der SPD in der DDR und ist jetzt stellvertretender Vorsitzender der SPD und ihrer Bundestagsfraktion sowie Vorsitzender der Grundwertekommission der SPD.

Wertheimer, Jürgen, Professor für Neuere Deutsche Literatur und Komparatistik in Tübingen; Arbeiten zur Europäischen Literatur des 18. Jahrhunderts, zum Dialog um 1800 sowie einschlägig zum Thema „Ästhetik der Gewalt in Literatur und bildender Kunst von der Antike bis zur Moderne, Vorhaben einer umfassenderen Ästhetik der Affekte im Bereich der westeuropäischen Moderne".